Routledge
Taylor & Francis Group

大夏书系·教师教育精品译丛

高质量的幼儿教育
儿童早期的教与学

[英] 大卫·怀特布莱德 (David Whitebread)
彭尼·科尔特曼 (Penny Coltman)　主编

李 甦 等译

Teaching and
Learning
in the Early Years　4E

华东师范大学出版社
ECNUP
全国百佳图书出版单位

目　录

第8章 "我可以自己写！"
——早期阶段的书写　126

第9章 "Bromley小姐，你知道那只小狗在想什么吗？"
——图画书与学习阅读　137

第四部分

展望

译者序

对不同年龄儿童的发展特点、发展需求以及学习特点的认识和了解是开展高质量幼儿教育的基础。《国家中长期教育改革和发展规划纲要》中明确指出，学前教育要遵循幼儿的身心发展规律，要提高幼儿教师整体队伍的素质。教师对幼儿发展特点、发展需求以及学习特点的认识了解成为提升幼儿教师素质的重要一环。

在多年开展基础研究和实践研究的过程中，我发现广大幼儿教师对幼儿发展特点、发展需求以及学习特点的知识充满渴求，但在教育实践中又很难将学习到的发展心理学知识和理论应用到实践工作中去。作为一名既有学前教育又有发展心理学背景的研究者，我一直希望能有一本教材来帮助幼儿教师学以致用。令人高兴的是，华东师范大学出版社引进了由大卫·怀特布莱德和彭尼·科尔特曼主编的《高质量的幼儿教育：儿童早期的教与学》（第4版）。这本书很好地解决了发展心理学知识与幼儿教育实践有机结合的问题，这也是我愿意把这本书介绍给中国早期教育工作者的重要动力。

《高质量的幼儿教育：儿童早期的教与学》一书1996年首次出版，之后在2003年、2008年和2015年，先后出版了第二版、第三版和第四版，在英国反响很好。在当前这个版本中，作者更新了很多内容，增加新的章节，将内容扩展到了幼儿园课程的各个领域。书中介绍并讨论了早期教育的一般原则，阐述了与儿童学习和发展有关的丰富的研究成果，这些研究成果是所有幼儿教学赖以开展的基础。同时，书中也展示了如何将这些原则转化为课堂实践活动的方法和要求。作者在呈现各章内容时，特别注重先用清晰易懂的方式给读者呈现概念，使读者能够快速直接地了解章节的核心主题。之后，作者会从儿童学习的角度梳理相关领域的发展特点，并通过生动的案例将其与如何促进儿童在相关领域的发展关联起来。在每个章节的最后，作者会再次帮助读者提炼出要点以及在教学实践中应该遵循的原则。这种阐述内容的方式对于帮助读者深入理解和运用发展心理学的研究成果非常有用。

在翻译和统稿的过程中，我有两点很深的体会。第一个体会是每个章节的字里行间都渗透着对幼儿发展需求的深切关注和切实尊重，这正是本书基于发展视角来讨论幼儿的教与学的重要体现，也是使教育者对幼儿发展特点和发展需求的认识与尊重不再停留在政策或文件层面的现实表现。相信这一点会对当前我国幼儿教育实践中如何真正切实地落实"尊重幼儿"具有启发作用。

第二个体会是书中对幼儿发展需求和学习特点的科学认识。作者在强调游戏和自主学习的重要性的同时，并未忽视教师在幼儿发展中的重要作用。作者明确指出"……要认识到儿童具有巨大的学习兴趣和学习能力。但也有一点很重要，要认识到儿童在茁壮成长的过程中会存在局限性，会有他们的特殊需要。……要成为有效的学习者，幼儿需要爱和安全感，也需要智力上的挑战""……在学习环境中成人需要发挥作用，给儿童提供'支架'获得经验，也需要用各种方式参与和干预儿童的游戏活动，这样才能让儿童获益更多"。这一点对当前我国的幼儿教育理论研究和实践工作具有重要启示，特别是对于当前幼儿教育实践中如何正确看待教师的作用很有启发。尊重幼儿不等于放任幼儿，指导幼儿也不意味着高度控制幼儿。我们不应该在这两个方面做非此即彼的选择，而应对幼儿的学习及成人所应发挥的作用做出科学客观的认识。

这本书在英国出版时恰逢英国幼儿教育的快速发展时期。多年来，这本书的不同版本满足了幼儿教师接受系统和高质量专业培训的需求，并一直在为持续改善和提高幼儿教育的质量发挥着作用。在多年和幼儿园老师共同工作的过程中，我经常能感受到她们对孩子浓浓的爱，也能感受到她们工作的繁琐与辛苦。幼儿教育是一项具有挑战性的任务，教师需要接受更好的专业培训和支持。所以，我希望这本书在中国的出版能够发挥一点积极的作用，能够帮助幼儿教师在入职之前做好准备，也能帮助教师在入职后的专业发展中不断提高工作的质量，从而最终能胜任幼儿教育工作。

我要特别感谢参加本书翻译的各位译者。人民教育出版社的刘峰峰博士翻译了第2至第5章，中国教育科学院的刘玉娟博士翻译了第6章和第7章，中国科学院心理研究所的韩茹博士翻译了第10章、第13章和第18章，李晶博士翻译了第14章和第15章。我的研究生张文芳翻译了第8章和第9章，刘洁含翻译了第11、12、16和17章。我翻译了本书的前言、引言（第1章）和结语部分并对全书进行了统稿。本书的译者均为从事幼儿教育和发展心理学研究工作的专业人士，他们的专业背景和研究积累是本书质量的重要保障。

希望本书能为对幼儿教育和儿童发展感兴趣的研究者、实践者和父母提供一种思路，找到一种思考问题和解决问题的方式。正如幼儿的学习应该是有趣的、充满热情的一样，教育幼儿的工作也应该是有趣而愉快的。

李甦

2019 年 3 月于中国科学院心理研究所

前　言

　　本书的第一版是在 18 年前出版的。当时恰恰处于英国以及世界各地早期教育发展的重要时期。长久以来，良好质量的早期教育终于得到了认可并被人们认真对待。研究证据表明，儿童在学校及生活中各方面的成功可以在他们很小的时候，通过教育过程的质量而得以改善。

　　然而，在最初的兴奋之后，儿童早期教育的进展并非一帆风顺。在过去的几十年里，我们已经看到了国家和地方政府教育行政结构的改革。中央政府的控制在加强，地方政府的控制和协调在减少，而个别学校的自主性则在提高。与此同时，似乎有无数的课程方案和评估计划影响了早期教育的发展。政府成立了一个简捷且非常受欢迎的"儿童、学校和家庭部"。但是，现在这个部门又归到了教育部。充满前景的"每个儿童都是重要的"（Every Child Matters）计划已经被淘汰。2012 年，在蒂克尔评估后[①]，修订版的早期基础阶段（Early Years Foundation Stage）课程文件发布。这个文件发布所带来的一个积极结果是建立了儿童生理、个性和社会性发展及交流和语言发展的"基本领域"（Prime Areas）。但是，在读写与数学方面仍然存在不现实的以及不适宜儿童发展的要求。由于人们一直以来都在努力争取，所以，对游戏、个性、社会性和健康教育以及儿童主动发起的活动的重视在很大程度上仍保持着，并继续为 0 ～ 5 岁的儿童服务。

　　然而，正如在 2007 年所看到的，5 ～ 7 岁儿童的教育状况在继续恶化。2012 年，罗宾·亚历山大的《剑桥基础评论》（Cambridge Primary Review）发表，这是继 1967 年普洛登报告（Plowden Report）之后，范围最广的对初等教育的独立评估报告。这份报告认同幼儿可以通过有计划的游戏活动以及与成人和同伴的谈话来建立社交技能、自

[①]　2008 年早期基础阶段（EYFS）文件的颁布为所有学前期儿童获得一贯的、高质量的环境提供了框架。为检验 EYFS 的效果，Bristol 大学的蒂克尔（Dame Clare Tickell）教授及其团队进行了独立评估，评估报告在 2011 年发表。——译者注

信并发展语言能力。该评论的一个重要提议是，在基础阶段，主动的、以游戏为基础的学习应该延伸到 6 岁。或许从更激进的角度来看，报告以研究证据、专家意见和国际教育实践为基础，提出了将入学年龄提高到 6 岁的可行性的建议。

令人难过的是，越来越多的证据表明过早开始正式学习的破坏性后果，尤其是对处境不利的儿童来说更是如此。但这些结果仍然是被忽视的。事实上，在戈夫任教育大臣期间，任何对学术研究的尊重或考虑都被服从教育大臣的个人的以及被误导的思想观念所取代。这些观点认为教育就是信息的简单传播，教育质量可以通过日益严厉的评估和问责制度来提高。在最新修订的国家小学课程中，可以通过要求儿童在越来越小的年龄做更多的事情来提高他们的能力。

这样，压力便开始不可避免地向下传递。学前班的教师在课堂上讲授正式的读写和算术课程，为孩子们升入 KS1[①] 做准备，KS1 的教师以不适宜的方式进行教学，为孩子准备参加 6 岁时的语音测试做准备，并教授由大量事实组成的 KS2 课程的内容，等等。由此导致了对均衡的、整体性的及游戏性的早期学习经验的扭曲，继而引发了人们对早期教育的高度关注，也引起了许多评论人士的注意。他们发现，当前的儿童，甚至一些年龄很小的孩子都出现了令人担忧的心理健康问题。

显然，所有这些担忧和事态的发展都在持续呼吁增加优秀的幼儿教师的数量。优秀的幼儿教师要对儿童发展有清晰的理解，要了解儿童作为一个学习者和个体的人的需求。目前，很多人在呼吁将童年还给儿童，要保护他们无拘无束的自由游戏的时间，并为儿童提供在自然环境中开展户外游戏的空间。这些呼吁得到了大量研究，特别是纵向研究结果的支持。这些研究发现，早期游戏的机会有助于儿童的学业学习和健康发展。

令人高兴的是，尽管存在这些担忧，但我们的孩子们还是在训练有素的教师及其他教育工作者的教育下获得了成长。这些教师现在接受的专业培训比以往任何时候都要多。因此，尽管近年来在政策层面基本上没有什么变化，但我们很高兴地看到，有许多努力工作的幼儿教师一直持续在幼儿园环境中和教室里为儿童提供高质量的学习环境。当然，我们写作本书的目的也正是希望能够帮助幼儿教师在入职之前做好准备，在入职后的专业发展中能不断提高工作质量，从而最终能胜任对 3 至 7 岁儿童的教育工作——这是一项令人着迷又具有挑战性的任务。

撰写这本书的最初动力来自于缺少能满足幼儿教师和小学教师学习需求的资料，他们需要以一种有趣的方式来阐述教育原则和方法的书籍。所以，我们想要写一本书来介绍并讨论早期教育的一般原则，同时也要展示如何将这些原则转化为课堂上的实践活动。本书旨在传达与儿童学习和发展有关的强大的研究基础，这些研究基础是所有幼儿教学赖以进行的基础。本书还想表明，好的幼儿教学必须充满乐趣、好奇、让人兴奋。

所有好的儿童教育都是建立在对幼儿如何学习的理解之上。这本书在一开始就分析了当前这一研究领域的进展。从这些研究中得出的原则在本书的后续章节中都会涉及，

---

① 英国国家课程大纲的学制阶段（Key Stage, KS）中，关键阶段 1（KS1）是指 5～7 岁年龄段，一、二年级；关键阶段 2（KS2）是指 7～11 岁年龄段，三至六年级。——译者注

涵盖了早期教学和早期课程的不同方面。

在此基础上，本书先介绍了组织和管理室内与户外学习环境的一些基本原则和方法，接下来是一系列与游戏和语言相关的章节，这些是早期教育的基础。后面的章节介绍了艺术、数学、技术和科学、社会科学和体育等更广泛的课程。每一章都介绍了基本的原则，并用富有灵感且实用的课堂、户外和课外活动的范例进行了说明。

当然，在第四版中，我们对许多章节又进行了大量的修订和更新。此外，还增加了全新的章节来讨论有关评价（第4章），口语与学习（第6章），书写（第8章），个性、社会性、健康和情绪教育（第10章），音乐教学（第12章），创造力（第13章），时间和空间（第17章），以及接纳多样性与差异性（第18章）等问题。有关早期教育中的教室组织（第2章）和企业项目（第3章）的章节中包含了重要的新进展。此外，书中还可以看到最新的、展示当前教育实践的照片。

这本书主要是针对幼儿见习教师来撰写的，但我们也希望所有的幼儿教师以及其他关注3～7岁儿童的成人都会对书中的内容感兴趣。

长期以来，英国的托儿所和幼儿教育因其具有的高质量而一直享有国际声誉。这本书最重要的一点是对这一传统的重新肯定，并试图去帮助改善我们提供给孩子的教育质量。

大卫·怀特布莱德
彭妮·科尔特曼
2014 年 10 月

第 1 章

导论：幼儿学习与早期教育

大卫·怀特布莱德（David Whitebread）

儿童的发展与早期教育之间存在着紧密关系，这一认识由来已久。就这一点而言，这本书撰写的时间正处于令人兴奋的时代。关于发展的研究与幼儿教育实践之间的关系是当前成长与发展的繁荣领域。这本书的目的就是提炼出当前有关幼儿（一直到 8 岁）是如何发展和学习的研究成果，呈现源于这些研究成果的教育原则，同时用来自早期教育实践中的例子说明这些原则。在导论部分，我想要阐述心理学研究对儿童发展的认识是如何告诉我们教育实践中所应遵循的原则。在本书的后面部分会有实践中的例子来说明这些原则。

关于儿童与儿童早期学习的理念有着悠久的传统。在 19 世纪和 20 世纪早期，许多杰出且鼓舞人心的教育家极大地发展了这些理念。Tina Bruce（1987）对福禄贝尔、蒙台梭利、斯金纳及其他学者的思想进行了非常好的综述，提出开展儿童早期教育的十条普遍原则，并试图说明这些普遍原则与现代研究之间的关系。这些原则强调儿童学习与发展的整体性（并非把学习分成不同的学科），强调通过儿童发起的自我导引的活动发展自主性、内部动机以及自律的重要性，强调直接经验的价值以及同伴与成人在儿童发展中的重要作用。

正如我们在书中看到的，上述的许多理念已经得到现代心理学研究的强化，而且，这些理念已经以有趣而且重要的方式得到了发展。当今人们对儿童学习的很多思考都受到了三位杰出的发展心理学家的研究与思想的影响。这三位心理学家分别是让·皮亚杰、列夫·维果斯基和杰罗姆·布鲁纳。因此，我们将从阐述他们的贡献开始，展开本书的内容。

皮亚杰

对教学实践有重要影响的发展心理学家首推让·皮亚杰。他的思想在 20 世纪 60 年代受到了人们的狂热追捧。因为皮亚杰的思想是对当时心理学和教育领域中盛行的"行为主义"学习观的一种反应，那时人们对行为主义的学习观越来越不满意。行为主义的观点将儿童放在了被动的位置上，把学习仅仅看成是模仿和通过外部奖赏和强化而建立的条件反射的组合。这种学习观可以很好地解释我们是如何教鹦鹉滑旱冰的，但是用它来解释儿童多样而灵活的成就就非常不恰当了。

有关皮亚杰的理论及其对初等教育的影响的著作不计其数。Brainerd（1983）和Davis（1991）对皮亚杰理论对教育的影响进行了很好的综述。从积极的角度看，皮亚杰的研究最重要的贡献是提醒教育者认识到儿童在其学习过程中起着主动作用，以及心理活动的重要性（见Howe，1999）。皮亚杰的理论展现了儿童是如何积极地去发现世界的意义并建构自己对世界的理解。

从消极的角度看，皮亚杰强调发展的阶段，而这些阶段在理论上又是站不住脚的，严重低估了幼儿的能力（见Wood，1998）。Margaret Donaldson（1978）和许多发展心理学家的研究都表明，皮亚杰用来探查儿童认知能力的任务（比如著名的守恒任务）对幼儿来说很困难，但是产生困难的原因是大量的外部因素造成的，而这些因素与儿童对任务背后所探查的概念理解无关。这些任务太抽象了，对幼儿来说很难理解。儿童完成任务过度依赖于复杂的语言能力，而且任务是嵌入在具有误导性的社会情境之中的。有趣的是，近年来，有关幼儿学习领域的主要发现就是与儿童敏感觉察情境因素有关的。我会在本章的后面再来阐述这个问题。正如我们将要看到的，这些研究对幼儿的教学具有重要意义。

近年来的研究证据已经表明，幼儿入学时已经具有了很多能力，远比皮亚杰之前所认为的要多。Tizard和Hughes（1984）在语言领域的研究以及Gelman和Gallistel对儿童数概念的研究等开创性研究就是很好的例子。这些研究都表明，儿童的能力被教师系统地低估了。低估的原因中有很多是与皮亚杰一样的。在学校里，儿童会面对从有真实意义的场景中抽取出的内容或者任务，但是这些内容或任务又没有明确目的，因而儿童会觉得很难。在家庭环境中，当同样的内容或任务自然而然地出现，镶嵌在具有真实意义和目的的情境中，同一个幼儿就能毫无困难地理解这些内容或任务。

维果斯基

皮亚杰忽视语言以及社会性互动在儿童学习中的作用，因而受到了人们的批评，而俄罗斯心理学家列夫·维果斯基在这个领域具有重要的影响（参见Smith，Cowie & Blades，2011，第16章中的引言部分以及Moll在1990年对维果斯基理论的教育意义的详细回顾）。

皮亚杰强调幼儿与物理环境互动的重要性，他在教育领域的追随者认为，教师的角色应该是一个观察者和推动者。这种取向的普遍看法是，对幼儿的直接教授或教学是一个错误。他们认为，当教师试图教幼儿一些东西时，他们就会剥夺幼儿自己去发现的机会。

这种观点在一定程度上是对简单的行为主义模式的一种反驳，即幼儿只是在学习成人直接教授给他们的东西。然而，在某种程度上，这种观点就好像是把婴儿连同洗澡水一起倒掉一样。最近，维果斯基的研究激发了很多的研究。这些研究认为，成人以及儿童的同伴在儿童学习过程中所扮演的角色更重要。但是，这一角色并不是知识的传递者，而是作为"脚手架"（布鲁纳提出的一个比喻；参见 Smith，Cowie & Blades，2011，pp.553-569）出现的，支持、鼓励和延伸儿童主动探索对世界的理解。

也许，在维果斯基的人类学习模式中，最重要的观点是"最近发展区"，如图 1.1 所示。面对任何特定的任务或问题时，一个幼儿可以在他自己的水平上进行操作，也就是这个幼儿的"实际发展水平"。但是当成人或者更有能力的伙伴提供支持或"支架"时，他们可以在更高的层次上进行操作，也就是"潜在的发展水平"。"最近发展区"（zone of proximal development，ZPD）就是这两种发展水平之间的差异所构成的学习区域。因此，维果斯基及其追随者认为，儿童通过社会性互动，在最近发展区内，参与共同建构新的理解时可以更有效地学习。

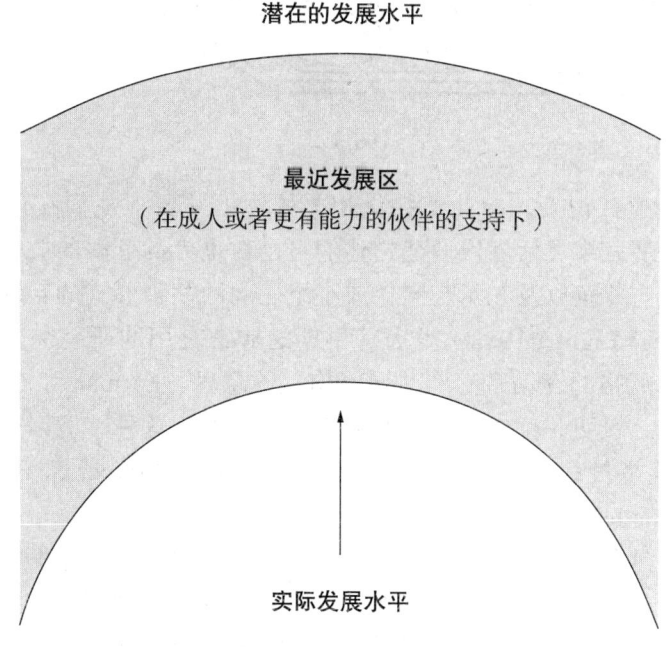

图 1.1　维果斯基的"最近发展区"模型

布鲁纳

语言在学习中的重要作用为上述观点提供了证据支持。杰罗姆·布鲁纳的工作对这个观点产生了很大的影响（例如，见 Wood 在 1998 年对布鲁纳提出的语言与思维的观点的讨论）。布鲁纳将语言描述为一种"思维的工具"，并且在一系列研究中探讨了语言能促进儿童思维发展，没有语言的支持，儿童完成任务是不可能的。例如，在著名的"九个杯子的问题"中，他给儿童呈现了一个杯子矩阵。这些儿童能够描述这个 3×3 的杯子矩阵模型（即从一边看是高的或者矮的，从另外一边看是细点的或者粗点的），也能够转换这个矩阵（即以镜像的模式安排杯子）。但是，如果没有语言的支持，儿童就只能按照他们看到的样子来摆出模型。

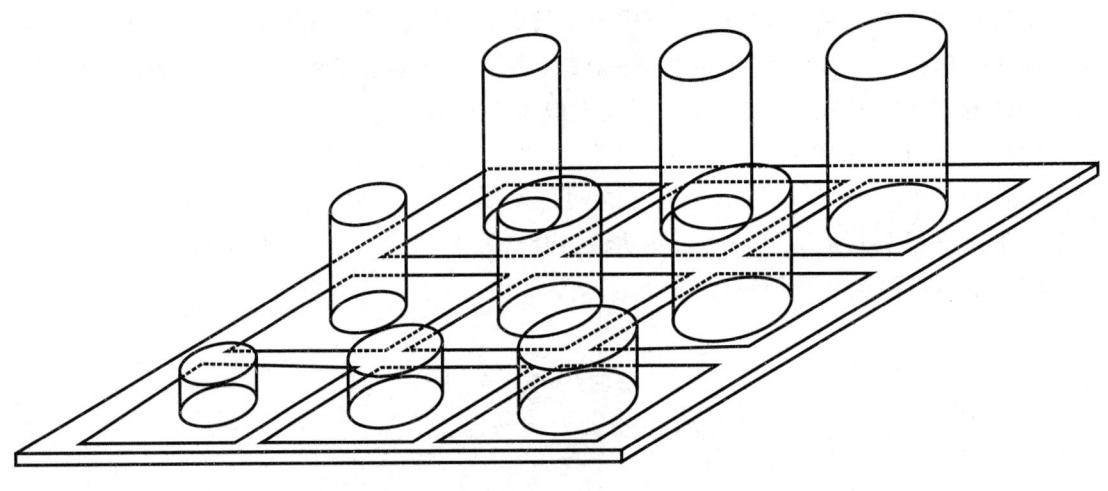

图 1.2

当前，人们普遍认识到，给儿童提供相关的词汇并要求他们在讨论中陈述自己的想法是帮助儿童发展思维灵活性以及建构他们自己对世界的理解的关键要素。这就使大家认同一点，成人与儿童以及儿童与同伴或小组之间的某种形式的互动能够大大使儿童在学习中受益。Paul Light（1983）发表了早期的非常有用的研究综述，他指出这种包含成人和儿童对话风格的互动带有"共同建构"的意思。Forman 和 Cazden（1985）同样综述了一些研究，表明儿童的合作和对话有助于学习。这种"对话式"的教学方式对于教学的作用一直是教育心理学的主要研究领域（参见 Mercer & Hodgkinson，2008；Smith，Cowie & Blades，2011；Whitebread et al，2013）。

杰罗姆·布鲁纳的另一个主要贡献是他的"螺旋课程"，这对我们理解作为学习者的儿童很有帮助。他的观点是，在原则上，只要以儿童可以理解的方式，任何东西都可以教给任何年龄的儿童。因此，在儿童小的时候，他们可以在实践层面学习一些内容。当他们长大的时候，就会利用这些知识去帮助他们在更符号化或者更抽象的水平上来理解这些内容。因此，学习被看作一个螺旋上升的过程。在这个过程中，儿童会不断地回到相同的某个点上并重新审视所学内容，但每一次回归都是在更高或者更深入的水平上进行。他举了一个成功教会 8 岁儿童理解二次方程的例子来说明。他通过给这些儿童提供实际的例子，让儿童计算出了长方形的面积（Wood，1988，第 7 章有对这些工作的综述）。

布鲁纳关于儿童学习的观点与当代的很多研究都非常吻合。皮亚杰早期的观点，比如儿童推理能力上的某类逻辑缺陷会限制他们的理解，已经在很大程度上不被认可了。正如 Margaret Donaldson（1978 年）所指出的，研究表明，成年人也会犯和幼儿一样的逻辑错误，也会在同样的推理问题上表现出困难。现在，儿童学习所受到的限制被视为仅仅是由于缺乏经验和知识的积累所造成的，他们在发现与新情境相关的东西以及找到最佳解决方案时会有更多的困难。但是，一旦任务的呈现情境是清晰的，儿童便会表现出惊人的学习潜力，而且往往超出了我们的正常预期，正如布鲁纳所证明的那样。

因此，当前儿童作为学习者的观点，是要认识到儿童具有巨大的学习兴趣和学习能力。但也有一点很重要，要认识到儿童在茁壮成长的过程中会存在局限性，会有他们的特殊需要。这些需求既有情感上的，也有智力上的。正如我们下面要阐述的，研究证据表明，要成为有效的学习者，幼儿需要爱和安全感，需要智力上的挑战。在本章接下来的内容中，我们将讨论这些需要及其对教育环境的影响。在这一章的最后一部分简要地介绍了关于大脑的新知识及其对早期教育的影响。最后，我们不要忘记我们正在进行的事业的重要性。我们会简短地讨论早期教育质量对儿童后期发展影响的证据。最后一部分与第 2 章的内容紧密联系，继续深入探讨幼儿作为一个独立的或具有自主学习能力的学习者这一新兴的主题。关于这些观点更全面的讨论，支持这些观点的研究以及对早期教育实践的深远影响，可以参考 Whitebread 2012 年的著作。

爱与安全的需要

从情绪的角度看，为了在学校里成为一个有效的学习者，幼儿需要爱和安全感。这是毋庸置疑的。早期教育传统中的一个要素就是认同儿童是一个完整的人。儿童的学习和智力发展与他们的情绪和社会性发展不能割裂。在早期阶段，除了掌握基本的技能和理解能力，幼儿也需要形成他们对于自己作为人和学习者的基本态度。在这一阶段幼儿所形成的态度对他们后期的学业进步有着重要意义。

来自发展心理学家的大量研究证据都支持这个观点。高自尊、高自我效能感与学业成功显著相关，低自尊以及"习得性无助"都与学业困难有关。在这里，我们很难确定这些因素之间的因果关系，但是自我信念与学业结果之间的相互影响显然会形成积极的循环，而自我怀疑与失败则会建立起消极的循环。Rogers 和 Kutnick（1990）已经做了一项针对这个领域的调查，对教师有着重要的意义。

从本质来看，爱和安全的需要包括三个方面的内容。幼儿的情绪和智力如果要健康发展，他们就需要感受到爱和自我价值感，需要在情绪上感到安全，他们要有掌控感。

爱和自我价值

心理学家已经研究了很多详细的方法来帮助幼儿在生命的最初几年发展自我感。从出生后第一年最早萌发的身体意识开始，幼儿会认识到自我与非我的差别，他们的自我感迅速分化。他们发展出作为一个个体的自我形象及一类人的自我认同，自己是谁以及属于哪个团体（幼儿，男孩／女孩，种族，能干什么，等等），明白私下的自我与公众的自我之间的差别（儿童会明白自己具有的越来越多的角色：儿子／女儿，兄弟姐妹，朋友，学生）。他们渴望一个理想的自我，有自尊感和自我价值感。

在所有这些因素之中，一个重要的因素是儿童在生活中被重要他人看待和对待的方式。这个领域的心理学家就此提出了一个比喻——镜中自我。在互动中，他人会把对儿童的看法传递给儿童，而儿童对自己的看法的发展正是对这种看法的一种反应。这就是在萧伯纳著名的戏剧上演之后，人们常常提到的皮格马利翁效应。在剧中，每个人都把一个卖花女当作贵族小姐来对待（在卖花女被希金斯教授打扮、训练之后），最终卖花女成为了一名贵族小姐。所有的证据表明，发展出积极的自我形象和自我价值感的儿童，他们的早期生活是被无条件的爱和温暖的情感所包围的（见 Gerhardt 2004 年针对早期温暖的情绪关系对脑发育和健康情绪发展影响的综述）。

儿童的父母或其他养育者会强有力地向儿童传递他们是被重视的，因而儿童自己也会看重自己。这种早期经验也会为情绪复原力和应对压力能力的发展奠定基础。

情绪安全

除了对自己的积极态度，幼儿需要在与环境的关系之中发展信任感。情绪安全感对儿童的意义最初是在 20 世纪 50 年代由哈洛通过研究幼猴提出来的。研究一开始，给幼猴提供两种没有生命的模型作为"妈妈"的替代物。一种是柔软的，想让人拥抱的模型；另一种是金属做的、硬的但是可以提供奶水的模型。研究发现，幼猴在大多数情况下都会去拥抱柔软的模型。更为重要的发现是，与柔软的模型在一起生活的幼猴比缺少这种舒适感来源的幼猴在探索周围环境时更具有优势。

20 世纪 50 年代，鲍尔比（1953）发展了这个观点。他提出，幼儿所需要的安全感在理想状态下应该由其亲生母亲来提供，或者是由在儿童生活中一个稳定的成人来提供。但是，Rudolph Schaffer（1977）进行了一些后续研究，并撰写了一篇很好的综述。他指出，对儿童的照料不需要由一个特定的成人持续提供。照料的质量和一致性才是我们所熟知的"安全依恋"发展的重要因素。照料的质量在很大程度上是由成人对儿童的反应程度来体现的。照料的一致性所给予儿童的一种可预测感是很重要的。也就是说，儿童通过与照料者的互动，感到他们的世界是可以预测的。一致性包含了两个要素。第一，儿童发出的行为总是能够引起成人相同的反应；第二，成人照料者之间的转换要非常小心，以便儿童理解事件进行的流程。

幼儿对公平（即一致地应用规则）几乎是如醉如痴。他们对生活常规的强烈偏好可以被看成是他们安全感需要的一个外显结果。他们喜欢没完没了地听熟悉的故事可能也是这种现象的一个表现。在儿童的经验之中，事情可预测并遵循清晰的规则与儿童在认知上对世界的理解具有密切联系，这一点我们将在后面进行阐述。从情绪上来说，这些需求也与儿童的掌控感密切相关。

掌控感

我们可能都与某个年龄段的幼儿玩过这样的游戏。幼儿做出一个动作，我们以某种方式来回应，然后幼儿大笑起来（"从婴儿车里掉出来东西"的游戏就是很好的一个例子）。很快，幼儿再次做出这个动作，我们重复相同的反应，然后幼儿笑得更厉害了。之后，游戏继续进行下去。通常情况下，成人会先对这个游戏感到厌倦。幼儿之所以喜欢玩这个游戏是因为幼儿沉浸在发现真正有意思的事情的过程之中。他们正在掌控自己的世界，他们可以让某个事情发生。

这种赋权的感受是儿童发展对自己的积极态度的基石。在现代发展心理学中，有大量的研究证据都涉及了情绪发展的这个方面及其与动机之间的关系。这些研究检验了"归因理论"，关注儿童如何解释其成功或失败的原因。如果儿童觉得他们的表现是由他们可以控制的因素所决定的（例如，他们在完成某个任务时自己付出了多大的努力），他们对失败的反应就是积极的，并会在今后继续努力，总是相信自己的能力可以成功地完成任务。如果儿童觉得他们的表现是由他们无法控制的外部因素所决定的（例如，他们的能力水平或者运气），他们对失败的态度就是消极的，他们会放弃，相信无论自己怎样努力都不会成功。很显然，"习得性无助"会极度损害儿童作为一个学习者的发展。

"归因"模型很好地解释了低自尊是如何导致动机缺失的，这反过来又导致儿童不再努力并最终使儿童的表现很差，强化了儿童对自己的看法。因此，失败的儿童陷入一种破坏性的自我实现的预言之中。为了避免出现这种情况，与儿童打交道的成人要尽力使儿童感受到控制感。

育儿风格的研究是非常有帮助的。整体来看，研究者已经发现可以将育儿风格划分成三种类型。首先是"专制型"。规则完全由父母来制定，在没有任何解释的情况下，武断地和不一致地执行规则。与此相反的另一端是"放任型"，即父母没有期望幼儿遵守的任何规则。这两种育儿方式对幼儿所传递的期待都是很低的，缺少父母的回应和一致性。在这两种养育方式下成长的儿童通常自尊很低，几乎没有情感安全。

第三种方式被称作"权威型"或"民主型"。家长会给幼儿提出需要遵守的规则，并在生活中一致地应用，也会与儿童讨论和协商规则。在这种方式下成长的儿童通常有高自尊，也有掌控感。

对幼儿教师的启示

- 创设温暖的情感氛围，使身在其中的每个儿童都感到自己是被重视的。
- 对所有儿童都表达高的期望。
- 赞扬和认可幼儿的进步，特别是当儿童付出了特殊的努力之后。
- 让教室保持有序，建立有规律的教室常规。
- 给儿童解释白天各种事情的流程，帮助他们做好过渡的准备。
- 让儿童掌控自己的学习，允许他们做出选择。
- 练习民主式的掌控，让幼儿参与课堂规则和程序的决策，公平地执行规则。
- 批评儿童的行为时，要对事不对人。

智力挑战的需要

显然，情绪与智力发展有着密切的联系。然而，仅仅有爱与安全感对儿童来说还是不够的，幼儿也需要有智力上的挑战。正如之前所提到的，皮亚杰首先提出儿童的学习是一个积极建构理解的过程。这个观点现在已经被广泛接受。所有研究证据都表明，有助于儿童主动建构的学习环境毫无疑问地需要在智力上对他们有挑战，能够激发他们的积极的思维活动。在这里，我们再一次看到儿童主动掌控的重要性。这样的环境能够给儿童提供新经验，将儿童嵌入有意义的情境之中，并且给儿童提供主动学习的机会，让儿童参与问题解决与探究，给儿童提供自我表达的机会。这其中可能最重要的就是给儿童提供在游戏中学习的机会。

游戏

如果我们要理解幼儿学习的方式，首先必须理解游戏的核心作用。在儿童的学习情境中将工作与游戏区分开，这完全是误导。因为很多证据表明，游戏是幼儿真正的学习（见 Moyles，1989）。例如，幼儿的语言发展通常都是与游戏性的方法和活动联系在一起的，包括编造一些无意义的词，说语言笑话、双关语，傻里傻气的押韵儿歌等等，都是非常有趣又有益的活动。

布鲁纳在其一篇题为"自然与不成熟"（1972）的文章中，第一次指出不同的动物物种间的学习能力与不成熟程度（或对成年人的依赖程度）之间的关系。他还指出，随着不成熟时期的延长，年轻人玩耍的程度也会拓展。他认为，游戏是年幼动物学习的重要经历之一，在游戏中其智力本身也得到发展。当然，人类需要更长的时间发育成熟，应该比任何其他动物玩得更多，玩的时间也应更长。当然，人类的学习能力是最高的。

布鲁纳认为，我们能如此有效率地学习是因为智力中的一个重要方面——思维的灵活性。他指出，游戏的各个方面都可以发展思维的灵活性。游戏提供了尝试可能性的机会，将一个情境中的不同要素以不同的方式放在一起，从不同的角度看待问题。布鲁纳用一系列的实验呈现了这些观点（例如 Sylva, Bruner & Genova，1984），在实验中要求儿童解决实践性的问题。在这些实验中，一组儿童有机会与实验材料进行游戏，另外一组儿童由成人"教"他们如何使用这些材料，从而帮助他们解决问题。随后，要求两组儿童解决问题。结果发现两组儿童中成功解决问题的人数是一样的。但是，"被教"的儿童在解决问题时如果失败，很快就会放弃。而那些与实验材料有过游戏经验的儿童在初步尝试失败后可以坚持更长的时间，也能有更多的创意，设计出更多的策略来解决问题，最终一步步地接近答案。关键是，"被教"的儿童表现出来的仅仅是学会或者没学会，用一个具体的"选项"来解决一个具体的问题，而进行游戏的儿童学习到的不仅仅是更具概括性的技巧，而且还学到了解决问题的更为积极的态度。事实上，他们学习的是如何去学习。

如果观察一下儿童的游戏，你就会发现为什么它是学习的强有力的载体。在游戏中，儿童经常会完全地沉浸在他们所做的事情之中。重复在游戏中是非常常见的，所以游戏中包含了非常强的练习要素。在游戏中，儿童会为自己设置挑战的水平，所以他们做的通常就是发展适宜性的（在很大程度上，成人为儿童设置的任务很难做到这样）。游戏是儿童自发的和主动的活动，换句话说，在游戏中儿童掌控着他们自己的学习。

Mari Guha（1987）已经指出，最后这一点特别重要。心理学有关任务掌控方面的研究中有很多例子已经说明任务掌控对于有效学习的重要性。例如，Guha 引用了与视觉学习有关的一些实验。在实验中，研究者请受试者戴上一种特殊的眼罩，使每件东西看起来是倒着的。随后，受试者坐在转椅上，学习在整个环境中安全地移动。这些实验的结果表明，与那些接受成人帮助、安全移动的受试者相比，自己在环境中移动的受试者（最初"撞"了好多次）学习得更快。

这些结果与布鲁纳的"游戏"组和"被教"组很相似，非常引人注目。这些结果对于我们如何最有效地帮助儿童学习是非常有意义的。简单地认为儿童就是学习我们教给他们的东西是不对的，成人在给儿童提供适宜的学习环境中是要发挥作用的。显然，成人要给儿童游戏提供机会。例如，当引入一个新材料或过程时，如果允许儿童先与材料进行游戏，将会提升他们的学习。当新信息引入时，也需要给儿童提供机会将其融入到游戏中去。正如之前我们讨论过的一样，在学习环境中成人需要发挥作用，给儿童提供"支架"获得经验，也需要用各种方式参与和干预儿童的游戏活动。这样才能让儿童获益更多。Manning 和 Sharp（1977）为教育工作者提供了全面而实用的分析方法。使用这些方法，教育工作者可以在教室中有效地建构和延伸儿童的游戏。近期有关游戏对儿童学习和发展的重要性的文献回顾可以参考 White Bread 等人 2012 年的文章。

新经验

任何一个人花时间和幼儿在一起，并试图回答他们一直在问的所有问题，都会清楚地意识到幼儿流露出的无法满足的好奇心。这让我想起了电影《短路》（*Short Circuit*）中狂躁的机器人 Johnny 5，他不断地、贪婪地渴望着"输入"。儿童是积极的学习者，这一观念中的一部分含义就是认识到他们迫切需要新的经验。正如我们所讨论的，如果他们在情感上感到安全，他们就会充满热情地探索环境，会被新奇事物所激励。

从心理学的角度来看，这并不奇怪。这是人脑的另一个突出的特征，它确实需要一定程度的输入。几乎与所有其他动物不同，我们很容易感到无聊。此外，如果环境提供的新信息不够充分，我们的大脑就会自己"娱乐"起来。每天我们都在做白日梦。在极端情况下（例如，在感官剥夺实验中，实验对象被关在一个完全黑暗、隔音的房间里一动不动）会导致强烈的幻觉。

在心理学研究中，这类研究的结果支持一种被称为耶基斯－多德森的定律（Yerkes-Dodson law），即个体的觉醒状态与他们在某项任务中的表现是相互联系的。太少的刺激会使个体产生厌倦，而太多的刺激则会产生焦虑。两者都会在完成任务和学习方面给幼儿带来不良影响。

因此，虽然我们需要确保幼儿能够在课堂环境中感受到掌控感，但我们也需要确保他们的教室环境是一个有新意、令人兴奋和充满动力的地方。我们决不能低估幼儿吸收新信息和应对新想法的能力。例如，他们喜欢成人给他们引入新的词汇，尤其是当单词很长或很难的时候（比如 tyrannosaurus，equilateral，strato-cumulus 等）。此外，这里还有一个与年龄有关的因素。通常，我们的最佳刺激水平会随着年龄的增长而降低。因此，如果你作为一个成年人，对课堂上活动的节奏感到非常舒服，那么一些幼儿会觉得无聊！

有意义的情境

当代心理学研究中有关人类学习的主要模式是把儿童看作主动的信息处理器。儿童试图通过对新信息进行分类、归类和排序，并将其与已知信息联系起来，从而理解并从经验中获得意义。这种归纳式的学习方式，包括从我们各种各样的经验中识别出模式和规律，是人类能力的一个非常重要的方面。幼儿们通过自己找到规则（辅以一点"妈妈语"）来学习母语的惊人能力，就是体现归纳过程力量的一个很好的例子。

这种在各种经验中寻找模式和规律的方法对幼儿理解新经验的方式具有重要意义。他们期望找到模式和规律，他们期望新的经验以某种方式与他们已经知道的内容相结合。这一点在一个实验中得到了很好的说明。在这个实验中，幼儿会被问一些"奇怪"的问题，比如"牛奶比水大吗？"或者"红色比黄色重？"（参见 Hughes & Grieve，1983）。幼儿的答案以及他们的回答方式表明，他们试图从问题的情境或者原有经验来理解这些问题。因此，他们可能会回答，"牛奶比水大，因为它更有奶味"，或者"红色比黄色重，因为黄色是一个小的塑料盒子，红色颜料装在一个大的塑料盒里"。

Hughes 和 Grieve 指出，幼儿对这些奇怪问题所做出的反应就是他们在面对新的信息或问题时所做的事情。正是因为这个原因，当任务以有助于幼儿根据他们已知的知识进行理解的方式呈现时，儿童的表现和理解能力往往会提高。换句话说，任务需要放在对幼儿有意义的情境之中。

正如我们之前所指出的，皮亚杰的许多实验任务都受到了批评，而理由恰恰是这些任务的含义不清楚。当儿童试图理解这些任务时，他们会根据以往的经验曲解了任务。唐纳森（1978）综述了皮亚杰式任务的若干备选版本，设法将其置于有意义的情境中，从而使幼儿更容易理解其目的。

例如，皮亚杰著名的数量守恒任务中，给幼儿呈现两行相等数量的纽扣（如图 1.3 所示，第 1 部分）。实验者问幼儿是白色纽扣多还是黑色纽扣多，还是一样多。随后，实验者改变其中的一行并问幼

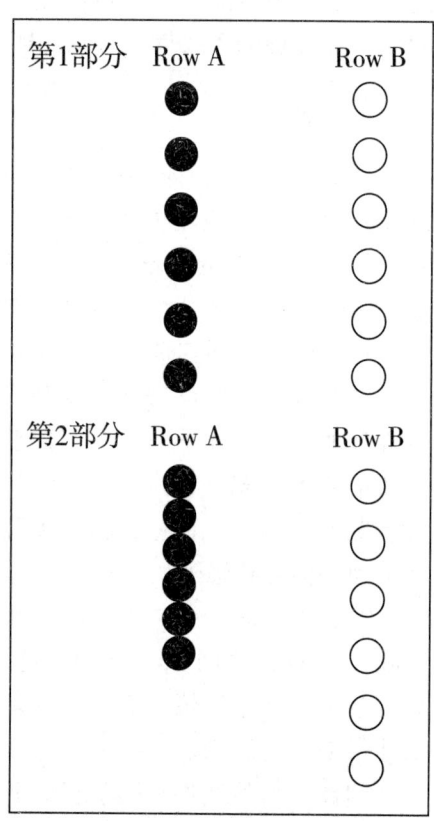

图 1.3　皮亚杰的数量守恒问题

儿相同的问题（如图 1.3 所示，第 2 部分）。皮亚杰发现，在第一种情况下，许多幼儿都能正确地识别出两行纽扣的数量是相同的。但在第二种情况下，幼儿会说白色的纽扣更多。他的结论是，这些幼儿被他们知觉到的信息所淹没，缺乏对数量守恒的逻辑理解。

然而，Margaret Donaldson 的同事重复了这个任务。实验者让一个"顽皮的泰迪"手偶把其中的一排纽扣进行变化。在这种情况下，更多的幼儿会说这两行纽扣的数量是相同的。

Donaldson 得出结论，顽皮泰迪的引入改变了儿童对第二个问题的意义的理解。这个问题在与儿童相关的社会情境以及他们自己之前的经验结合后变得容易理解。而如果由成人来变化模式并重复提问，这对于一些儿童来说意味着第一次问题的答案是错的，成人在帮助他们看到正确的答案。在泰迪手偶的版本中，第二个问题提供了一个线索来检查淘气的泰迪是不是弄丢了纽扣或者多放了纽扣。

这项研究给幼儿教师的启发是非常清晰的。幼儿不会被动地接收提供给他们的信息。他们对新信息会持续地进行主动的解释和转化。如果我们想要帮助他们理解新经验，必须确保将新信息放在有助于幼儿理解其意义的情境之中。这通常意味着要积极地与儿童的已有经验建立联系，并在故事或游戏的情境下呈现活动。由于幼儿理解符号的能力有限，这也意味着他们直接通过感官获得的信息即亲身体验，往往会更有效。这也是在儿童的兴趣或跨课程主题这些有意义的情境下组织活动的基本原理。

如果幼儿使用他们强大的归纳过程在经验中发现模式和规律，那么在各种有意义的情境中呈现同样的想法、概念或过程也是很重要的。只有这样，幼儿才能明白什么与特定的想法相关，什么是无关的。那些被教导通过一种方式来完成某一特定过程的幼儿常常会对任务的本质感到困惑。一些幼儿曾经告诉我，你不能把两个数字并排写在一起，你必须把一个数字写在另一个数字的下面。我还记得我的小女儿在参观完科学博物馆回来时，兴奋地告诉我她看到的一台机器（根据她的描述，听起来像是一台内燃机）。当我问她，她认为这台机器是干什么用的时候，她回答说，它的周围有很多碎石，所以她认为这可能是机器造成的。现在她已经在不同的环境下看到了很多机器，她推导出来博物馆里的砾石展品通常纯粹就是装饰品。

心理活动

人脑的一个重要特征是我们所有人都能在精神活动中找到乐趣。正如我们所讨论过的，皮亚杰首先引起了人们对精神活动和学习之间的基本关系的关注。学习所需要的那种心理活动可以通过解决问题和自我表达两种主要的方式来激发。这两个过程都需要我们重新构建我们所知道的，并且以新的方式来利用它。在现代发展心理学中，这种重构需要将新信息整合到我们现有的概念框架中。从一个非常重要的意义上说，这是真正的学习的本质。

在许多研究领域中，心理活动与学习之间的关系已经得到了清楚的证明。例如，在记忆研究中，一系列的研究证实了所谓的"生成效应"信息，这些信息至少在一定程度上是被生成或者是以某种方式转换成的。它们总是比那些被简单接收到的信息更令人难忘。正是因为这个原因，拼写教学通过提供字谜让儿童生成单词总是比简单地给出一个单词清单来记忆更有效。Michael Howe（1999）综述了许多非常有用的实验。在综述中他提出了更为积极的、向儿童呈现信息的方法。

问题解决是人类智力运作的基础。这需要我们理解我们的经验以及获得对环境的掌控。Robert Fisher（1987，1990）等人认为，作为教育者，我们可以把新思想和新信息作为需要解决的问题或需要探查的领域呈现给儿童，使其达到对儿童来说是有意义的和真实的目的，通过这样的方式能最有效地发掘幼儿的学习能力。他还撰写了非常好的综述来说明在小学教育中采用这种方法的理由和做法。

在纯认知的领域内，问题解决也很重要，因为它涉及问题解决过程中所包含的认知重组。有充分的证据表明，自我表达的过程对于帮助儿童了解和理解他们的经验是重要的。维果斯基关于学习的观点是指在社会情境中意义的共同建构（Light，1983），布鲁纳关于语言的观点是将其作为"思维工具"，这两个观点在这里尤为重要。

在探索幼儿在家庭和学校使用语言的过程中，Tizard 和 Hughes（1984）提出了儿童通过谈话参与智力搜索过程的证据。与成年人进行有意义的对话很可能会刺激这种心理活动。但是，他们发现这种有意义的对话在家庭环境中比在学校中更常见。他们认为，作为教师，我们必须找到一种方法，使我们能在教室里与幼儿之间发展出高质量的对话。

Costello（2000）综述了最初由 Matthew Lipman 生成的"儿童哲学"的方式，这是开展与幼儿高质量对话的一种值得追求的途径。从本质上说，这种方式通过故事情境向儿童提出道德或伦理问题，之后让儿童在哲学辩论中讨论哲学问题。教师鼓励幼儿阐明他们的想法，明确他们的假设，呈现模糊的和不一致的意见等等。研究者使用图画书对幼儿做了一项令人兴奋的工作（例如，Murris，1992）。在这个过程中，年幼儿童表现出推理和辩论的能力，能使用对话来表达意义，并发展出一系列重要的智力技能。

与家庭相比，教室环境的一个明显缺点是与师幼比有关的。由于这个原因，激发起儿童之间的富有挑战性的谈话就非常重要。因此，许多教育工作者在小学课堂中极力主张更广泛地使用协作式小组工作（例如 Dunne & Bennett，1990）。正如我们前面所回顾的，采用维果斯基观点的研究（Forman & Cazden，1985）已经证明了在团队协作过程中，同伴互动可以提高成绩和促进学习的各种方式，如要求幼儿们以小组的形式去解决问题，开展调查，以写作、戏剧、舞蹈以及各种可能有益的形式激发富有想象力的反应。最近，Webb、Franke 和 Turrou（2012）对这一领域更近期的研究进行了综述，并报道了自己的研究调查中教师在幼儿园里和小学课堂上支持创造性的小组合作方面的重要作用。他们得出结论，当儿童参与到与他人思想的交流（现在通常被称为"探索性谈话"）之中时，他们的问题解决的解释能力以及表现水平最高（参见 Mercer & Hodgkinson，2008）。教师示范性地参与到幼儿的思维之中，明确说明了儿童以这种方式互动的重要性。

重要的是，要认识到自我表达的价值并不局限于语言这一媒介。要求幼儿把他们的经验转变成各种各样的"象征性"的表达方式，可能会对他们的学习过程提供支持。当儿童画画、游戏、跳舞、建构、建模、制作音乐，甚至是游戏时，他们正在积极参与使他们的世界变得有意义的活动。这些方式对他们来说是独特的、个性化的，也是他们所能掌控的。幼儿参与这类活动的热情和纯粹的活力是说明其重要性的重要标志。

虽然我试图分离出与儿童智力挑战的需要相关的心理过程中的不同元素，但我必须强调要将所有这些元素构成一个整体。当幼儿在游戏时，他们几乎总是在解决问题或者进行探查，或者进行各种形式的自我表达。游戏常常能帮助幼儿把新信息放在有意义的情境之中。

同样重要的是，要认识到智力挑战是如何影响儿童发展中的情绪或情感要素的。人们会发现我们在这里讨论的这些活动非常有趣，这并非偶然。例如，成年人在游戏中往往喜欢解决问题（填字游戏、电锯游戏、拼图游戏、棋类游戏）或表达自己（音乐、艺术、戏剧）的精神挑战。伴随着快乐而来的是专注、努力、动力和成就。自我表达本身就很重要，因为它能培养幼儿的个性，提高自我价值感。一个经历过因为自己发现事物或解决问题而开心的幼儿，正是在学习承担风险，坚持不懈，成为一个独立的、自我调控的学习者。

对幼儿教师的启示

- 给幼儿进行各种类型的游戏提供机会。
- 给幼儿提供生动的、第一手的新经验。
- 将任务置于有意义的情境中：通过将新经验与幼儿已经知道的内容联系起米，帮助幼儿埋解新经验。
- 将相同的观点引入到各种不同的有意义的情境之中。
- 组织能激发智力活动的任务：尽可能采用问题解决和探究式的方法。
- 为幼儿提供自我表达的机会：当幼儿们学到了一些新东西时，给他们机会，让他们展示自己所学到的内容。
- 为幼儿之间、幼儿和成年人之间进行有意义的、探索性的对话提供机会。

大脑和早期教育

这一章涉及了关于人类大脑学习和发展的证据。随着20世纪90年代神经科学研究的大规模扩展——被称为"大脑的十年"——我们现在对大脑功能和发育的了解比18年前出版这本书的第一版时要多得多。神经科学家和教育工作者之间的交流越来越多，一些评论家也急于通过引用大脑研究来证明某些教育观点是正确的。

然而，在这个阶段，我们需要非常谨慎地对待神经科学研究的证据。人们对大脑的认真研究仍处于非常初级的阶段。关于人脑的一项无可争议的发现是它极其复杂。我们对它误解和过度简化的可能性是非常大的。讨论"左脑教育"或"大脑友好型的课堂"还为时过早。

我收集了一些与早期教育（Blakemore，2000）和普通教育（Byrnes，2001）相关的证据，这些证据非常有用。到目前为止，我们所掌握的证据至少支持了一些关于早期教育的重要的、普遍的立场：

- 大脑通过在"神经网络"中的脑细胞之间形成大量的连结来发展和学习；这支持了人类学习具有的归纳性质及其对经验学习、游戏和有意义情境的影响。
- 这些连结绝大多数是在生命的最初几年形成的（见图1.4），人类大脑在出生到六岁之间增长了四倍。婴儿实际上是在构建他们自己的大脑，而他们所处的环境显然非常重要。
- 幼儿大脑中的信息加工是非常泛化的。具体来说，特定适应性的大脑区域要经过出生后的头几年才能形成。因此，如果要求幼儿以依赖于尚未出现的功能的学习方式进行学习是无效的，而且可能是背道而驰的。这对于引入正式的、没有联系的学习，以及包含符号表征（如字母和数字）操作的任务是有重要警示意义的。

当我们对脑的早期发育了解更多的时候，幼儿教师显然会对其更有兴趣。想要更好了解这些内容的读者可以去阅读 Rita Carter（1998）撰写的非常生动的文章。

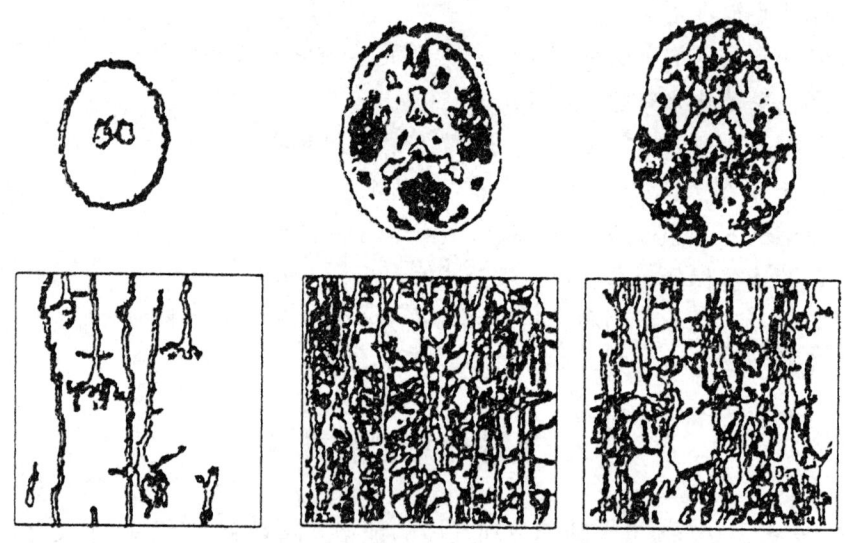

图1.4 人脑神经连结的增长（来自 Carter，1998）

[在出生时神经连结是稀疏的（左），新的连结在婴儿期以非常快的速度建立起来，到6岁时（中）它们的密度最大。之后，当不需要的连结消失时，神经连结会再次减少（右）。成年人可以通过学习在整个生命过程中增加神经连结。但是如果大脑没有被使用，连结最终会废弃。]

幼儿教育质量的影响与性质

现在，研究已经充分表明，儿童的早期教育经验既对他们的认知和社会性发展具有即时的影响，也会对他们的教育成就以及人生前景产生长期的影响。Sylva 和 Wiltshire（1993）已经综述了一系列的研究证据来支持这个观点。这些证据包括美国的早期开端计划、英国的从出生就开始进行的儿童健康和教育队列研究（CHES），以及瑞典开展的有关日托中心效果的研究。

一开始，这些不同的研究看起来得出了不同的研究结果。美国的早期开端计划证明了认知和社会性发展的即时效应而不是长期的影响。而另一方面，CHES 研究清晰地表明学前教育与 10 岁时的教育成就显著相关。但是，后期深入的分析发现，早期教育经验的长期效应依赖于早期教育经验的质量。Sylva 和 Wiltshire 特别指出了高瞻课程及其他高质量的、认知导向的学前教育方案所带来的长期效应。近期 EPPE 项目的证据（Sylva et al.，2004）进一步支持了这个结果，早期教育质量对儿童在认知和个性等各方面的收获有着积极影响。

特别有效的早期教育环境的特征与本章提到的内容是非常一致的。这种环境用我们讨论过的各种方法为儿童提供了真正的认知挑战，正如维果斯基提到的，成人发挥了"支架"的作用。Sylva 等人（2004）特别指出，在高质量的教育环境中，成人与儿童之间发生着"持续的共享思维"。在这样的教育取向中，儿童能够掌控自己的学习。这一取向中的核心要点就是鼓励幼儿成为独立的或者"自我调控"的学习者。这一点我们将在第 2 章中谈到组织课堂环境时详细阐述。

例如，在高瞻课程体系中，学习的核心模式是"计划、实施和回顾"。每个幼儿在小组中都会与教师一起计划他们的活动。然后，他们去执行计划好的活动，之后又和小组成员以及教师一起重新评论他们的进展。这一模式建立了有目的的成人–儿童和儿童–儿童的对话，这似乎是 Sylva 和 Wiltshire 提到的"维果斯基的在最近发展区进行有效指导的思想的体现"（第 36 页）。

这种工作方式也让儿童对自己的学习负责任。Sylva 和 Wiltshire 指出，所有的高质量的早期教育都是为了帮助幼儿发展他们对学习和自我的"掌控感"。这与我们在本章前面讨论的情绪问题密切相关。在高质量的早期环境中，幼儿发展出高自尊感、高抱负感和安全的自我效能感。这样的幼儿在成长中相信，通过努力，他们可以解决问题，理解新的想法以及发展能力等等。他们感到自己能掌控环境，对自己的能力充满信心。

游戏经验和儿童自我调节能力的关键作用，以及幼儿教育中过早正式教学的危险，都得到了最近一系列纵向研究的支持。例如 Marcon（2002）证明，在学校学习的第六年末，那些在学前阶段接受学业导向教育的幼儿的成绩显著低于接受儿童主动的、以游戏为基础的教育的幼儿。在美国的第二项纵向研究中，MeClelland 等人（2013）表明，自我调节的关键元素，即注意广度或持久性在 4 岁时的表现可以显著预测 21 岁时的数学和阅读成绩以及 25 岁前进入大学的几率。这种关系大部分都是直接的，而且 7 岁时的数学或阅读能力并不能明显地改变这种关系。这是一个重要迹象，表明早期强调读写和计算的教学可能远不如注重支持儿童成为自我调节的学习者更有效。

　　以上这些是本章试图阐明的一些主题，并且会贯穿本书的其他章节。如果我们希望为幼儿提供优质的学习环境，就需要了解幼儿是如何学习和发展的。这本书的其余部分旨在说明如何将我们对幼儿学习和发展的理解，反思性地和充满想象力地转化到早期课堂教学的日常实践之中。

第**一**部分

基本原则与方法

第 2 章

"我们的教室就像是一个舒适的小屋！"

——合理组织教室环境，鼓励自我调控的学习

大卫·怀特布莱德 （David Whitebread）

瑞贝卡·道金斯 （Rebecca Dawkins）

苏·宾厄姆 （Sue Bingham）

哈丽雅特·罗兹 （Harriet Rhodes）

凯特·赫明 （Kate Hemming）

幼儿教学的过程中会面临许多挑战和问题，其中一个问题是：幼儿作为真实的、"主动的"学习者，他们所学的并不一定就是教师所教的，或者说，幼儿是通过他们的自身经验来学习的。因此，幼儿教师不仅需要考虑到自己的个人教学风格，还需要为幼儿设计和提供相应的学习活动，同时也需要考虑教室的整体环境和氛围以便于教师和幼儿能够在教室里生活和工作。

令人难过的是，我们经常会看到管理混乱的教室所导致的一系列不良后果：幼儿排队等候教师给予一小会儿的关注；幼儿过分依赖于成人的支持，没有成人持续的干预什么事情都做不了；教师压力很大而且受挫感很强，他们几乎没有时间去做正确的事情；在一片混乱当中，设施和材料永远处于丢失状态……我们的崇高理想，如以儿童为中心、鼓励创造性、让儿童学会独立思考等，在这样一种状态下，根本无法实现。

在本章中，四名有经验的、有能力的幼儿园教师描述了他们是如何组织教室的，并且给出了相关原则。尽管这些描述当中蕴含着很多不同的内容，但其核心内容是非常明确的，即这四名教师每一位都在非常认真和深入地思考他们班级的幼儿想要达到什么目标，他们为幼儿创设的环境如何支持幼儿达成这些目标。其中，引导这一思考的核心目标就是，如何支持幼儿成为"独立的"或"能自我调控的"学习者。有关达成这一核心目标的方法有两个非常清晰的判断。

其一，在实践层面上，如果幼儿能够独立开展活动，有很强的主动性，能够自己设定目标，主动获取他们所需的资源，互相支持和帮助，那么就可以把教师从"交通警察、救火队员或故障检修员"的角色中解放出来，从而使教师可以花更多的时间来研究

如何开展更富教育性和成效性的活动。

其二，在更加深入的教育层面，也有强有力的证据证明：发展幼儿的"自我调控能力"（该能力在心理学文献中有时被称为"元认知"）对于成为一名有效的学习者来说非常重要。在接下来的讨论中，我们将会看到，幼儿能够发展成为"独立的学习者"关键在于满足他们的两种需要——情绪情感上的支持和智力上的挑战，这些需要我们在第1章中已经进行了讨论。

目前，大量的研究文献（Featherstone & Bayley，2001；Williams，2003；Larkin，2010；Whitebread & Coltman，2011；Whitebread，2014）和政府的官方文件及教育纲要已经证明，发展幼儿的自我调控能力是非常重要的，这个重要性已经被广泛认同。自从早期基础阶段最初的建构和发展以来，不同政府机构的相关通知和课程文件都给予了一系列的指导意见来说明独立学习或自我调控学习可以包含哪些内容。大不列颠幼教协会（Early Education，2012）最近颁布的非官方指导文件，也得到了教育部的认可。文件的名称是"早期基础阶段的发展是重要的"，其中列出的"有效学习的特点"或许是这些指导意见的最完善的汇集。在这个文件的第5页，列举了以下几个特点：

> 游戏和探索
> - 有所发现和探索
> - 基于幼儿的所知进行游戏
> - 愿意试一试
>
> 主动学习——动机
> - 投入和全神贯注
> - 不断尝试
> - 享受达成目标的过程
>
> 创造性和批判性思考
> - 有自己的观点
> - 建立联系
> - 选择做事情的方式

尽管对幼儿教师来说，鼓励幼儿成为自我调控的学习者是一个非常普遍认同的观点，但是，在日常的教室活动当中，却存在着大量的问题或困境。维持教室的秩序，有来自时间和资源的压力，以及校长、家长和政府机构等外部力量对教师期望的压力，都不利于保护幼儿的独立性。这是非常不幸的，而且这些也导致了相反的结果。这种教师过度指导的风格有可能导致对课程的过度干预，非常不利于促进幼儿的学习，不利于培养幼儿的能力和自信，不能够帮助幼儿全面发展成为自我调控的学习者或自我激励的学习者。

不幸的是，对于自我调控学习特点的明确解释也非常缺乏。本文作者所开展的跨越基础阶段和关键阶段 1 的一项研究结果（Hendy & Whitebread，2000）也表明，接受访谈的幼儿教师都认为应当鼓励幼儿学习中的独立性，但是对于其中的关键要素，以及教师应当如何支持和发展幼儿这些必要的技能和品质的认知却非常多样化。例如，对于幼儿自我调控能力培养的认知，更多关注"组织性"方面的要素，而忽略了认知和情绪情感发展方面的要素。或许更加令人担忧的是，研究发现，早期学习阶段的儿童显得越来越依赖于教师，而不是独立性更强。

在 21 世纪初的头几年，David Whitebread 与来自剑桥郡的 32 名幼儿教师（其中有 2 名教师在本书中描述了他们的班级）一起合作了"剑桥郡独立性学习项目"（Whitebread et al.，2005; Whitebread & Coltman，2011）。这项研究证明，如果提供机会的话，3 ～ 5 岁的幼儿是能够在相当程度上为他们自己的学习和发展负责的，他们可以成为自我调控的学习者。而他们的教师，通过高质量的教学实践，能够在这一领域做出至关重要的贡献。

本书中对自我调控教学法的阐述呈现了四条基本原则，这些原则印证了第一章中讨论过的有关幼儿学习的相关论述。这四条原则如下所述。

原则一：温馨与安全的氛围

支持幼儿成长为自信的学习者的教室环境，其首要特征是氛围温馨，成人与幼儿之间相互信任与尊重，在教室结构上能够提供情绪支持（例如，清晰和持续性的教室规则）。这种情感氛围能够赋予幼儿自信去创造性地开展游戏，能够进行情绪上和智力上的冒险，还能够鼓励幼儿遇到困难的时候学会坚持。如果缺乏这种情感上的支持，很多幼儿在教室中的表现将是胆怯和退缩的，他们也不愿意尝试新的或不熟悉的活动，一遇到困难，他们往往就会选择放弃。为了提供温馨和安全的教室氛围，教师可以做如下事情：

- 提供一个自我调控情绪的榜样，可以跟幼儿谈论他们遇到的情绪难题；
- 教师对活动的过程和结果表现出同样的欣赏；
- 对幼儿表现出像对成人一样的兴趣，并且和幼儿分享教师自己的个人生活；
- 和幼儿一起协商做事情的框架，协商过程是公平而且具有支持性的。

原则二：控制感

对于幼儿来说，拥有对环境和学习的控制感是非常重要的，这有助于发展他们对自身能力的信心，使他们能更加积极地回应挫折和挑战。人类实际上是"控制狂"。Watson 和 Ramey（1972）曾在加利福尼亚做过一个早期实验，给予父母亲和他们 8 个月的宝宝一个特殊的小床，这个小床上有一些好玩的、彩色的移动小车。实验要求家长在几周内每天都把自己的孩子放在小床上一段时间。在有些小床上，小车既不移动，也不会根据时间表转圈。但是，在有些小床上，移动小车和枕头之间接通了电源，因此只要孩子压住了枕头，这些小车就会移动。实验结束的时候，玩过这些"偶然发动的小车"的家长想要花大价钱把相应的小床买下来，因为他们的孩子非常喜欢这个小床。

非常重要的是，幼儿教师应当允许教室的组织有足够的灵活性，以便于幼儿能够受到某种特殊情境的激发进而扩展他们的兴趣。给予幼儿发起活动的机会能够激发幼儿在学习上的主人翁意识和责任感。下面的一些做法能够帮助幼儿体会到这种控制感：

- 保证幼儿能够根据自己的意愿或目的得到各种各样的材料；
- 给予幼儿选择活动的机会；
- 要认识到教师创设的精致的角色游戏区或环境对幼儿的学习不一定有价值，相反，如果幼儿能够自己创设区域环境可能更有价值；
- 采用一种灵活的方法制定时间表，允许幼儿从事他们自己感兴趣的活动，避免不必要的打扰。

原则三：认知挑战

鼓励自我调控和独立学习的第三个原则是提供认知挑战。在游戏过程中，幼儿往往会自发地为自己设定挑战，如果有所选择的话，他们常常会选择更加富有挑战性的任务。他们自己所选择的任务往往比成人认为适宜的更富挑战性。为幼儿提供可以达成的挑战，并且为他们提供支持，这样幼儿能够充分满足自己的需要，而且还能最有效地发展幼儿对学习的积极态度，以及独立完成挑战的能力。

一般来说，教师可以从以下几方面来为幼儿提出认知挑战：

- 让幼儿自己计划活动；
- 思考独自完成任务是否比共同完成任务更具挑战性；
- 问更多开放性的、需要高水平思维的问题，例如，"为什么？""如果……会发生什么？""你为什么这样认为？"
- 给幼儿自己组织活动的机会，避免太早介入成人干预。

原则四：学会清晰地表达

最后，需要明确的是，如果儿童能够逐渐意识和控制他们自己的思维过程，那么，他们思考和学习的过程需要在成人的帮助下变得更加明晰，儿童自己也需要学会谈论和表达他们的学习和思考。

在教室中，为儿童提供定期的机会去反思他们在活动过程中和活动之后的思考和决策过程，是非常有益的事情。能够有效促进儿童谈论他们的学习的策略如下：

- 同伴教学，让一名儿童教另一名儿童；
- 让儿童作自我评价；
- 当布置相关任务时，明确学习的目的，或者在儿童完成任务的过程中或之后的回顾环节中，讨论学习的目的；
- 示范自我评价的方式，明确地表达思维过程及策略，例如，在解决一个数学问题的时候可以这样做。

下面的陈述来自是四名有经验、有能力的幼儿教师，从中可以看出，上述许多主题和原则被运用到了他们的教室组织实践中，贯穿于幼儿的一日生活。

一个托儿班

第一个陈述来自 Rebecca Dawkins。这名教师在撰写这份内容时正在一所幼儿园带一个托儿班。这所幼儿园既接纳相对富裕家庭的孩子，也接纳部分贫困家庭的孩子。或许是考虑到她班上的这些不同儿童的特点，这名教师在陈述中非常强调教师情绪情感氛围的营造，她致力于为儿童营造一个安全而富有支持性的教室环境。在她的教室中，很多孩子刚刚 3 岁。对这些孩子来说，进入到幼儿园是他们人生当中非常重要的经历，这是他们首次开始应对家庭之外的环境。对 Rebecca 来说，在教育实践中需要去做的一件非常关键、非常重要的事情就是在家庭环境和教室环境之间建立一种非常牢固的联系。作为参与剑桥郡独立性学习项目（C.Ind.Le）教师，支持儿童发展成为独立的学习者也是她的一个重要目标。同时，她也认识到有一些因素影响了她的教学实践。

保育风格和教室环境

对一些儿童来说，托儿所或许是他们离开家和父母，迈入社会的第一个场所。因此，我们应当尽可能帮助幼儿平稳和顺利地实现从家庭到学校的过渡，这是非常重要的。

一个孩子曾经对我说："我们的教室就像是一个舒适的小屋。"她或许已经开始关注到教室的氛围和房间的布局——我们将在后面进行了解。对教师来说，最重要的就是提供一个像家一样的、温暖和平静的学习环境。

入园适应

我们的托儿所是专门建造的，是这所幼儿园的主要建筑物。我们有两个半日班，每个班 26 名孩子。还有一名全日制工作的托儿所教师和一名保育员。

对我们来说，入园环节是一天中最重要的时刻。入园时，孩子们和我、那名全日制教师、保育员一起加入到一个简短的圆圈活动之中。当孩子们被父母送来托儿所时，每个孩子都会受到个性化的接待，教师会亲切地叫他（她）的名字。然后，教师会鼓励孩子们参与到圆圈活动中来，坐下来加入活动。如果有孩子不确定或是不想参与进来，教师会邀请这个孩子的父母陪伴孩子，而且可以根据孩子的需要陪伴足够长的时间。在入园环节中，父母的参与是非常重要的。

圆圈时间

圆圈时间已经变成了一日生活中固有的和最有价值的一部分。孩子们渐渐地熟悉了这个环节。同时，圆圈时间给予了孩子们温暖和安全的感觉，以及尽快融入环境、安定下来的机会。

尽管这个环节非常简单，教师却有机会在这短暂的几分钟里去了解孩子的情绪情感状况。孩子可能是高兴或伤心的，生气或兴奋的，这样教师就能够立刻回应孩子们的不同需要。有时候，一个非常难过的孩子有可能需要离开教室的其他人，到我们舒适的单人沙发上安静地待一会儿。

学年之初，因为孩子们是班级的新成员，他们很少说话，而且缺乏在集体面前讲话的自信。于是我们鼓励孩子们对教师、同伴说"早上好"，还要在他们的名字被叫到的时候，对登记人员做出回应——即便是孩子用"挥手致意"，那也是一种回应。当孩子们在学校办公室完成注册程序之后，他们会感到非常高兴。

圆圈时间为教师提供了一个示范谈话过程的最佳机会。我和保育员会发起一些非常简单的对话，例如，谈论天气，或者今天我们要做的事情，等等。孩子们会观察我们交谈时轮流说话的次序，以及如何回应简单问题。当孩子们变得更加自信时，我们就会邀请他们也参与到谈话过程中来。通过圆圈时间，我们可以在一个安全的环境中追问孩子们的观点，定期了解孩子们的态度、技能和知识。

圆圈时间可以帮助班级成员关注本学期的安排，我们还可以利用这个情境对本学期中事件发生的程序进行简单的总结和归纳。在第二个学期，教师会邀请单个的孩子去参观教室的不同区域，并且描述哪些东西可以使用。

在整个学期中，圆圈时间可能都会存在。圆圈时间提供了一个介绍某个观点、概念或是某件工艺品的非常理想的机会。有时候，某件物品会被放在圆圈中间的小桌子上，用来激发孩子们的好奇心，鼓励他们一进来就关注这件物品。这会引导孩子们关注接下来发生什么，激发他们的讨论。有可能的话，还可以为孩子们提供机会传看这件物品，亲自感受和探索这件物品。

班级规则的制定：为什么？

我们发现，即便是刚刚 3 岁的幼儿，他们已经能够意识到什么是对的，什么是错的，以及公平的概念。班级规则的制定是一个渐进而重要的过程，从一个学期持续到下一个学期。在学期的头几周里，我们和孩子们坐在一起，并且问他们：什么是重要的，作为一名班级成员需要记住什么。孩子们的想法被教师记录在一张大纸上，接下来的几天会不断地回顾这张大纸上的内容。一旦每个人都认可了这些规则，这些规则就被陈列在教室当中，并且配上了相应的图片，以便为孩子示范积极的行为。班级规则会被不断地回顾和调整，以便适应不断变化的班级需要，并且还会被运用于户外环境之中。通过一起制定规则，孩子们立刻拥有了主人翁的感觉。规则可以帮助班级成员制造一种忙碌的工作氛围，以及从早期阶段就开始学习自律。孩子们也可以在清晰的边界中享受他们的权利。与班级规则相配套的图片说明可以给孩子提供一种明确的视觉提示，使他们一看就明白自己应该怎样做。

教室及资源的组织

为了能够自己做决定和进行多样化的选择，孩子们需要发展一种对成人和同伴的信任感。为了建立这种信任感，他们需要非常熟悉和了解他们周围的户内外环境。我们的教室被设计成了不同的分隔空间和区域（见图 2.1），其中的资源都有图示说明的标签，告诉孩子里面装着什么。

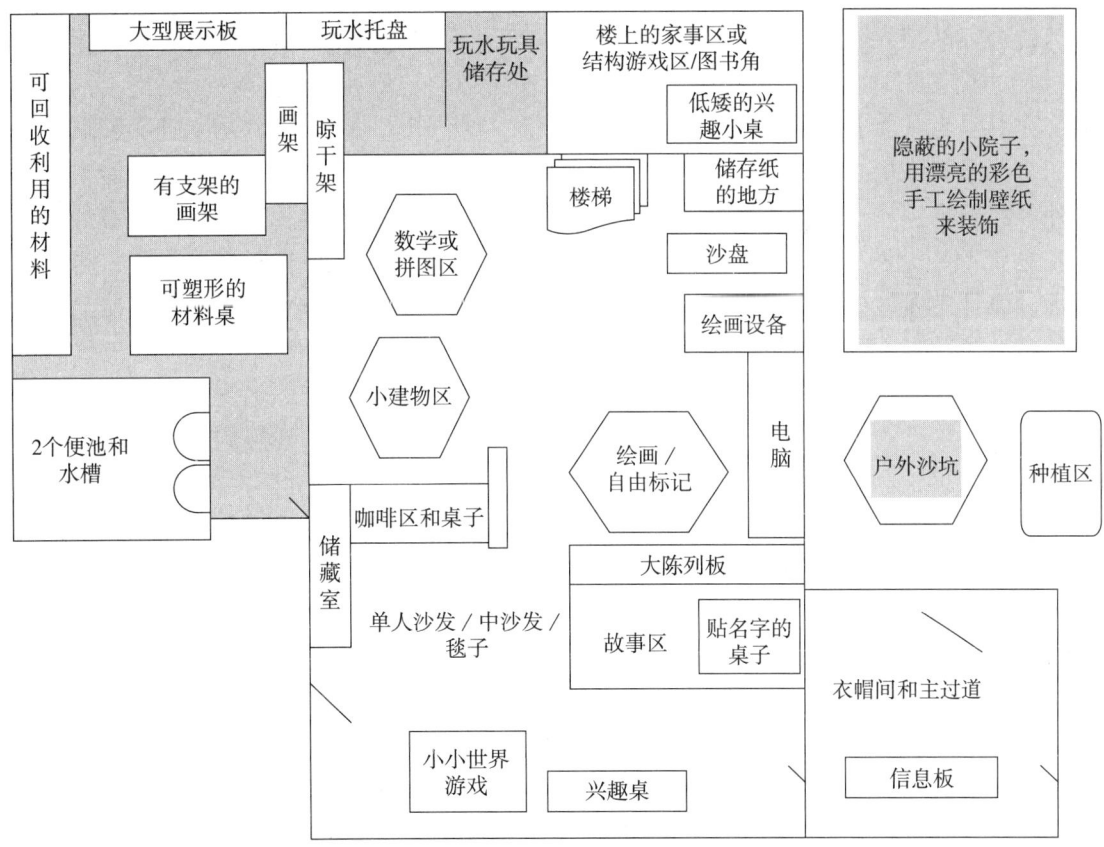

图 2.1　Rebecca Dawkins 设计的托儿班平面图

我们的教室主要有下列区域：

- 电脑区
- 办公区
- 兴趣桌

- 迷你世界小桌
- 废旧材料再利用区域
- 画架和绘画区
- 建构区
- 放松区
- 故事地毯区
- 结构游戏区

有些区域会混杂在一个地方，其原因是由电源插座的位置所决定的。有的区域，例如结构游戏区域，每半个学期会根据活动的主题或孩子对更大空间的要求进行调整。在干燥的季节，很多活动都可以在户外进行。当孩子们对班级感觉很陌生时，这些区域的设置就能够激发他们更为自由的探索。我们发现孩子们特别喜欢重复的活动，渐渐地，活动就会逐渐深入。因此，我们不要轻率地、频繁地变化资源。有时候，孩子们需要某种特定的设备来玩沙子和水的游戏，而且他们可以自己获取这些设备。在过去的几年里，尤其是自从参与剑桥郡独立性学习项目后，我们已经淘汰了很多大型的家具设备，从而为孩子提供更多的地面空间以便他们扩展他们的游戏。除了有地毯活动和桌面活动之外，我们也引入了一些小型的平面活动，孩子们可以跪着玩迷你世界的小玩具或相关的主题资源（见图 2.2）。我们发现，孩子们会一遍又一遍来到小小的、安静的迷你世界玩，而且迷你世界还有独特的治疗功能。或许迷你世界的吸引力在于这个区域是舒适的、容易接近的，而且和孩子的身高相近。

在地毯区域旁边，有一整面和地板一样长的展示墙，可以很好地支持集体活动。孩子们可以把自己的手工作品或拼贴作品贴在这面陈列墙上。我们开展的一个持续两周的项目活动让孩子和教师布置这一整面空白墙，充分展示他们的创意。在"万能纸"（孩子们自己起的名字）项目中，孩子们自己商量了一个新规则：你的作品不能覆盖别人的作品，要展示在别人的作品旁边（见图 2.3）。两个班，52 个孩子，无一例外都遵守了这个规则！甚至在这个活动的收尾过程中，整个活动变成了一个社会性活动，孩子们学会了团队合作。这种宏大规模的工作鼓励孩子们更加富有创造性，鼓励他们在学习过程中安全地进行探索。同时，教师也可以进行有趣的观察，发现每个孩子的社会性发展、认知发展和身体发展的能力和特点。之后的半学期，这个展示区域变成了一个开放的艺术长廊，孩子们可以来这里参观和评价。通过提供资源和搭建简单的结构，我们会渐渐地发现孩子们正成为更加独立的思考者和学习者。

我们发现，给予孩子时间和空间来反思他们的观点和想法、理解他们自己的经验非常重要。对教师来说，有时候很容易就会打扰——尽管是出于好意——转移了孩子的注意力，使他们放弃了自己正在做的事情，因此导致结果的完全改变。孩子需要汲取他们自己的经验，按照他们自己的步骤来处理事情。我们的迷你长沙发和单人沙发为孩子们提供了一个舒适的、像家一样的区域。孩子们可以在这里放松、休息、思考……甚至睡觉。我们的角色就是激发和鼓励孩子们尝试安全的冒险，并且为他们提供一个适宜的环境。

图 2.2 利用主题资源进行探索游戏

图 2.3 有时间进行协商

随着时间的推移，孩子们更能够掌控他们的学习，能够在托儿所更好地安排自己的时间。他们在游戏中更加大胆，追求更多的新经验，积极地感知他们周围的世界。作为教师，能够成为这一过程中的一部分，我感到非常荣幸。

图 2.4　有时间反思

关键点

对 Rebecca 来说，在她的教室中，以下几点非常重要：

- 为儿童和教师设定清晰的规则和常规，这样每个人都拥有主人翁意识；
- 通过圆圈时间将每个人聚在一起，就像是"一家人"一样；
- 尝试对家具设备进行不同的安排（设计出一些跪、躺、站、坐的区域）；
- 给予儿童时间和空间去探索、反思和放松；
- 设计清晰的活动区域，并给其中的材料列出明确的标签。

一个蒙台梭利托儿班

第二份陈述来自 Sue Bingham，她是一个资深的蒙台梭利教师。当她撰写这份陈述的时候，她正在一所私立全日制学校带一个托儿班。有趣的是，尽管蒙台梭利的哲学被彻底贯彻到了她的班级，也包括蒙台梭利教具的使用，但是，这个学校所面对的家庭是非常多样化的，孩子们有着不同的家庭背景，因此，在 Sue 的实践和 Rebecca 的实践中有许多相同之处。她们都非常强调儿童的情绪和社会性发展，强调发展儿童的独立性。她们有时会通过将教室设计成不同的学习区域（正如 Sue 在她的陈述中说明的，在有些情况下这些区域的特点是非常不同的），使儿童明确不同学习活动的目标。

很有趣的一个现象就是，皮亚杰自己就是一个狂热的蒙台梭利教育崇拜者，他的许多观点（我们在第 1 章中已经谈到）很可能借鉴了蒙台梭利的观点。例如，他同样认为幼儿的教师应当是观察者和促进者，而不应当试图去直接教或指导幼儿。但是，很重要的一点就是要认识到这并非意味着"儿童中心主义"的观点，不是指孩子想干什么就干什么。相反，Rebecca 和 Sue 都非常强调教室的规则，都非常明确幼儿学习的目标。在蒙台梭利教室，基于清晰的目标设计了一系列指定的"儿童友好"活动来特别支持孩子某方面的学习。

介绍

在蒙台梭利教室中，我们认为儿童的情绪情感和社会性发展需要是他们进行其他学习的基础，因而非常强调创设适宜的环境。教室的物质环境创设、与其他儿童和成人的互动，以及课程内容本身都反映了上述原则。尽管某些设备和材料是蒙台梭利教室特有的，以满足蒙台梭利教育的需求，但是，出于对儿童情绪和社会性发展及其学习的关注，又不局限于这些特殊的材料和设备。尽管教师们毕业于各种不同的教育培训机构或学校，有着不同的经历和背景，但是他们都相信并认为儿童生来就做好了学习的准备。教师支持儿童学习的最好方式就是提供一个丰富适宜的环境，激发和鼓励儿童的天性。在这一部分，我们会具体地看到在蒙台梭利教室中，物质环境、成人互动的质量和类型，以及特殊的课程内容如何协同作用，共同来支持儿童天生的独立学习的愿望，为儿童提供一种情绪情感和社会性发展的基石来支持他们其他方面的学习。

背景

自从 20 世纪初期蒙台梭利在罗马的贫民窟建立起第一所"儿童之家"开始，围绕蒙台梭利教学法理论和实践的核心观点就是：学习环境属于儿童，而不是教师。在我们的托儿班，有 32 个 3～5 岁的孩子，我们努力尝试将这一"主人翁原则"印刻在脑海里，并且在每天的决策和各项活动中加以运用。这对我们来说是一个起点，提醒我们不仅要考虑到物质环境，如房间的陈设或家具的尺寸，不设教师的办公桌等；而且还要仔细思考教师和工作人员如何认识自身的角色，以及如何与儿童互动。教师应当把自己看作是儿童学习的指导者和促进者，而不是仅仅去"教"儿童；教师应当成为环境的一部分，而不是环境的中心。

在今日社会背景之下，在托幼机构中，不仅仅是意识到，更是由于健康和安全法律的限制，幼儿很难享受到他们所需要的足够的"自由"。我们试图为儿童设定探索和实验的最后边界，同时要保证物质环境的安全。要做到这一点，并不是简单剥夺儿童学习如何做这些挑战性事情的机会，例如用真的刀子切割食物，用真的锤子砸钉子；而是要在成人的支持下，提供适宜的工具支持儿童能够自如地使用，同时提供足够的机会练习这些必要的技能。这样，儿童就能够赢得自信，并且自己进行安全的探险。

在教室内提升"自由"的氛围的第二个话题与行为相关。对我们托儿班的大多数孩子来说，这是他们离开家庭参与到社会群体当中的第一次经历，也是他们第一次在家长没有持续参与的情况下主导自己的行动和行为。还需要明确的是，不同家庭有不同的规则与方式。因此，当孩子从家庭走入社会（如托儿班），他们需要学习的一个重要内容就是社会当中的不同于家庭的那些规则，有时候还需要学会妥协。

我们发现，如果孩子们能够在学年之初参与讨论托儿班的工作计划，那么他们就可以更好地理解和记住"规则"。即便是 3 岁的幼儿，如果能够给予他们机会分享认识，陈述自己的观点，以及倾听他人的观点，那么，他们就更有可能看到内在于他们自身的智慧。要想做到这一点，就需要成人耐心和持续地去激发和保护。当然，我们尽可能尝试去列出"我们托儿班做事的方式"框架，一些条目如下所示：

- 对我们的朋友和物品要温柔；
- 在室内要使用"室内的脚"；
- 在教室里要使用"室内的声音"。

如果孩子们觉得"妥协"的概念难以理解，教师会提供尽可能多的方式或物品来帮助孩子理解，从而支持他们独自与朋友协商分享、轮流等办法来解决问题，而不用求助成人。沙漏就是一个很好的解决问题的工具，可以帮助孩子独立地商量出轮流的办法。为了轮流玩，两个或是更多的孩子同意分享他们都需要的某种资源。他们借助沙漏来实现这种分享。沙漏三分钟漏完一次，那就是每次轮流等待的时间。当一个孩子玩的时候，其他孩子在等待沙漏漏完；漏完之后将沙漏倒过来，就轮到下一个孩子，开始下一轮等待。我们班级里其他能够支持孩子们自主分享和解决问题的物质材料还有：沙箱里的手镯和水池里的帽子。一个数字号码牌——通常是 4——放置在箱子或池子旁边，表示这个地方只能允许 4 个孩子玩。当一个孩子进来玩的时候，他会戴上一顶帽子或一只手镯。如果帽子和手镯都没有了，那就说明不能再进去玩了，如果想进去玩的话就需要等待。

物质环境

在最初创设我们的教室环境的时候，我们有几条关键目标，下面将会谈到。

教室的基本布置应当是稳定且持续的，这样儿童会获得一定程度的安全感，知道如何安排自己的活动以适应环境当中的不同区域。在一个传统的蒙台梭利教室中，这些稳定的区域是：实际生活区、感觉区、语言区、数学区、文化区和创造区。在我们的教室，还有一个角色游戏区（见图 2.5）。

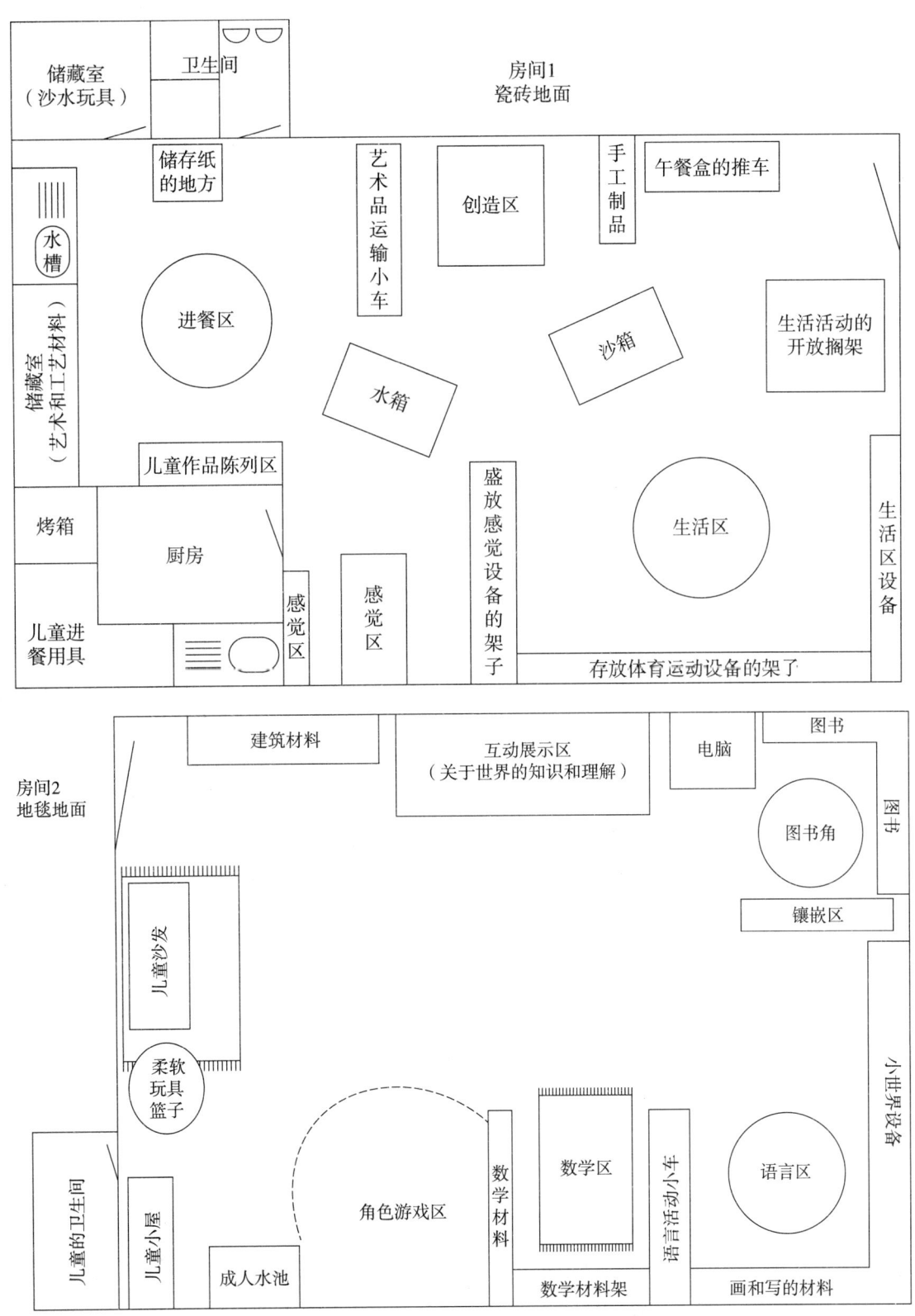

图 2.5 Sue Bingham 的蒙台梭利教室设计

蒙台梭利是儿童之家物质环境创设和家具设备设计的先锋，我们试图追随她的原则。蒙台梭利坚持儿童应当拥有特别为他们制作的家具、餐具和器物。感谢我们现在的社会变得更加能考虑到儿童的需要，有很多符合儿童实际的矮小的椅子、桌子、架子、书柜和小推车等，这些家具设备都符合儿童的身高，便于他们独立获取资源。这就意味着儿童可以自由选择他们需要的资源，不需要依赖成人的指导，不需要受到身高或收放材料的限制。儿童可以把材料放置在他们喜欢的地方，可以是桌边的空间，还可以是地板上的空间。孩子有时甚至会拿一块方地毯来在地板上围出自己的工作区域，同时也告诉别人在工作时间内他们不希望被打扰。

就像需要一个稳定的环境一样，儿童也需要一种稳定的一日生活节奏。因此，教师尽可能将一日生活保持了相同的节奏和模式。孩子们会知道每天首先是圆圈时间，接着是点心时间，这会使他们感到时间是有秩序的、可预测的，帮助他们产生一种稳定感和安全感。

但是，教室中每个活动区的内容应当是动态的和持续的，能够为每一名儿童提供挑战和刺激。很幸运的是，我们托儿班有非常好的存储设施，因此，当我们观察到儿童的需要时，可以及时提供新的、不同的材料。但是，同时，架子和地板空间不能太杂乱，缺乏吸引力。出于审美的原因，我们尽可能选择的是木质材料，并且制定了日程表，对材料进行定期的清洁和保养。这些材料有些直接放在架子上，上面有这些材料的缩小版图片，目的是标示出材料的存放位置，以便帮助儿童进行整理和回收；有些材料放在篮子或其他容器里，也有缩小的照片贴在旁边告诉孩子里面的内容。这样，就会把儿童对成人的依赖降到最低。

"实际生活"课程

通常来说，当一名幼儿在3岁的时候进入托儿所，他们会对为他们提供的各种各样的活动感到有些"难以应对"：一方面他们对如此多的选择感到无所适从，另一方面也会对必须与同伴分享资源的情况感到不适应。经验告诉我们，实际生活练习区域是一个很好的开始区域。在这里，成人可以向幼儿介绍一个简短、具体、有明确开始和结束的任务，而且，这些技能和设备的使用在某种程度上对于幼儿来说是熟悉的，有些物品幼儿在家里是见过的。在蒙台梭利教学法的哲学和实践当中，实际生活课程是最重要的，它的设计首先是为了支持儿童自尊和自信的发展。当然，在儿童实际操作的过程中，他们会习得一些实际生活技能，例如切（在烹饪活动中）和锯（在木工活动中）。也正是完成这些新任务的自信心和积极态度，处理"棘手问题"的能力，以及完成某项任务的征服感，形成了该课程的首要学习目标。

环境中的照料

蒙台梭利实际生活课程的大部分内容不仅仅聚焦于帮助儿童应对他们自身的身体需要（如穿衣和吃饭的技能）和社会需要，而且还考虑到他们自己打理他们所处的环境。这是因为儿童在打理环境的过程中会学习和掌握各种技能，例如打扫、拖地、将自己的画作挂起来晾干等。他们会在这一系列过程中获得对自己世界和一日生活的掌控感，这能够大大促进其自尊的发展。我们提供真实的工具，将其缩小到儿童适合的尺寸，而不是使用塑料的替代品（这种塑料制的替代品并不能满足儿童的真实使用的需要）。在这些年的实践中，我们发现儿童积极回应着成人为他们提供真实设备以应对真实的日常生活的信任和期望。当儿童在整理餐桌时，很少有瓷质的盘子或杯子打破的情况发生，也很少有儿童不正确地使用鞋油。托儿所的儿童被鼓励尝试各种各样的照顾环境的日常活动，例如洗洋娃娃的衣服并把洗好的衣服晾在绳子上，拖地，擦镜子或擦鞋，洗餐具，等等。在每一个活动中，第二个目标都是学会一项实际的生活技能，第三个目标则是加强和提升大肌肉与小肌肉动作技能，从而为使用铅笔或画笔做准备。而首要的目标则是促使儿童能够掌控他们周围的环境和事件，进而增强他们的自我价值感。在我们的小社区当中，每个人都要对团队有所贡献的认识（该认识也被称作"照顾自己的托儿所"）是不容忽视的。

图 2.6 中的小架子上放的是一些供儿童使用的实际生活用具，包括：

- 桌垫，可以帮助儿童界定他们的工作区域；
- 发展"抓握捏"能力的任务：使用镊子、使用勺子、用带子绑或系；
- 发展精细的控制能力和独立性的任务：需要拧盖子的瓶子或罐子、摆杯子、摆桌子、倾倒干的东西（如豆子）或液体。

图 2.6 蒙台梭利教室的实际生活资源

照料自己

镜子被放置在一个适宜的高度，鼓励儿童能够注意他们的样子，方便他们在需要的时候洗脸、洗手和整理头发，这样能够帮助儿童发展自尊感，引导他们关注细节。在我们的托儿班，儿童可以随时练习穿衣的技能，如系扣子、拉拉链、叠衣服等，并且会通过一系列特殊的设备来支持儿童发展灵敏性和自信心。当教师想要帮助儿童整理拉链或是鞋扣的时候，最高兴的莫过于听到他们说"不需要了，谢谢！""我可以自己做"。在我们的托儿所里，从事烹饪活动的机会也是非常重要的。我们会从一些简单的技能入手，例如为朋友制作三明治，然后再逐渐过渡到比较复杂的技能，例如用适宜的工具将食物切碎或做成泥。当然，首要目标并不是通过这种活动来练习身体的灵敏性，而是他们在制作果酱馅饼等食物的过程中所发展的自尊感和社会胜任感。

优雅和礼貌

老的传统和习惯毋庸置疑应当得到关注，蕴含在蒙台梭利实际生活课程"优雅和礼貌"内容中的原则是永恒的，同时也适用于非蒙台梭利教育环境。在与处境不利儿童（这些儿童的父母没有或很少接受过教育）相处的过程中，蒙台梭利发现：当这些儿童学会在不同的情境中以正确的方式行动时，他们会产生一种安全感，进而发展出自信心。例如，蒙台梭利教这些儿童如何欢迎和接待客人，如何正确地使用刀叉，甚至教他们如何正确地擤鼻涕。蒙台梭利强调，尽管每个儿童都有支配他们周围环境的权利，但是这种权利也往往伴随着责任，而且要尽可能消除对他人带来的不利影响。因此，在屋子里走来走去，开门关门，把椅子从一个地方挪到另一个地方等行为，都必须考虑到别人的需要，而且动作必须要轻而优雅。在今天，我们仍然认为这种考虑很重要，我们需要了解对于特定的人群，什么样的行为方式才是适宜的。或者换句话来说，适宜的行为态度很重要。在我们的托儿所，我们仍然相信在这一领域支持儿童的学习仍然是有价值的，可以让他们获得社会信任。

关键点

在 Sue 的陈述中，以下要点非常重要：

- 教师的角色是促进者，而非"指导者"；儿童并非是等待教师用知识去填充的空的容器。

- 冒险被鼓励，而非避免。生活需要我们去冒险——包括情绪方面的和社会性方面的冒险。因此，在一个安全、充满关爱的环境中，在我们可以信任的人中间，哪里有比这更好的学习场所？

- 在实际生活课程中习得的态度和技能可以促进儿童上述所有方面的发展，帮助他们建立自信。

一个学前班

写作这篇文章的时候，Harriet Rhodes 正在一个有两种入学形式的大型城市小学教一个学前班。这个学前班的教育哲学主要建立在高瞻课程的基础之上。高瞻课程源于美国的"早期开端"计划，这个项目在第 1 章已经有过简单的介绍。这里特别强调儿童对他们自己的学习负责，同时非常支持自我调控能力的发展。对于这些稍微大点的儿童来说，教师可能很少直接强调情绪情感方面的支持，但是仍然可以明显地感受到教师在努力使儿童感受到教室是属于他们自己的。这一点也许最明显地体现在教室的陈列方式中，其中，儿童的角色是非常明确的，教师对待儿童的进步和对儿童的尊重等都可以明确感受到这一点。教室的设计使得学习活动的目标非常明确。针对课程的不同方面有着相对应的清晰的区域设计，这是高瞻课程的一个鲜明特征。通过持续提供和强调资源的易获取性，儿童的自主感再一次得到支持。

高瞻方案

学前班里儿童学习空间的发展多年来一直在不断变化。这种变化受到多种因素的影响，其中最重要的因素就是持续发展的高瞻课程哲学。我们将这一课程哲学努力融入到一日课程之中。在这一过程中，儿童学会"计划""做"和"回顾"他们的学习。

作为一支拥有广泛背景的实践者团队，多年来，我们一直在思考：在学前班，我们究竟期望儿童如何发展以及发展成为什么样子。我们赞同以下观点：儿童的独立性、思考和谈论学习的能力的提升超越一切。因此，很重要的就是要做到：使教室里的陈设能够支持儿童自由选择和获取他们需要的所有资源。因此，每个盒子和抽屉上面都贴有标签，标签上注明了其中盛放内容的名字和图片。

学习区域的组织

图 2.7 呈现了学前班教室的大致轮廓。超过一半的房间地板都是树脂地板，这就便于儿童自由使用液体或其他一些乱七八糟的材料。尽管有些房间是经过精心设计的，拥有计算机区域、建构区、角色游戏区等，但是大部分教室的空间都是开放和灵活的，而不是被"规定"的。虽然我们常常试图移走一些桌子来为孩子在地板活动腾出更多的空间，但是我们仍然认为非常有必要留出一些空间支持所有儿童能够坐在桌子旁进行活动。因为我们的教室足够大能够容纳所有的儿童舒服地围成圈坐在地板上，所以，这看来是最好的选择。

表达性艺术和"湿区"

"湿区"被扩大了，有一张合适的大桌子可以进行建构（如废旧物品再制作、玩橡皮泥等）。桌子的面积非常大（可以同时容纳 12 名儿童）。这非常重要，因为桌子足够大就可以支持儿童想得更"大"，可以看到彼此之间的想法，并且进行合作。桌子旁边有一个用于废旧材料制作的大箱子，里面经常盛满了各种各样充满吸引力的废旧材料，一般都是儿童从自己家里带来的。"湿区"还有画架和盛放干湿材料的水槽，这些材料的内容会根据主题或儿童的需要定期改变。我们决定提供一个大柜子，配上许多不同尺寸的托盘，来盛放毛线、缎带、金属片、羽毛、布头，以及其他很多有趣的手工材料。这会吸引那些对不同的质地和颜色感到兴奋的儿童，但他们不一定选择三维形式来表达

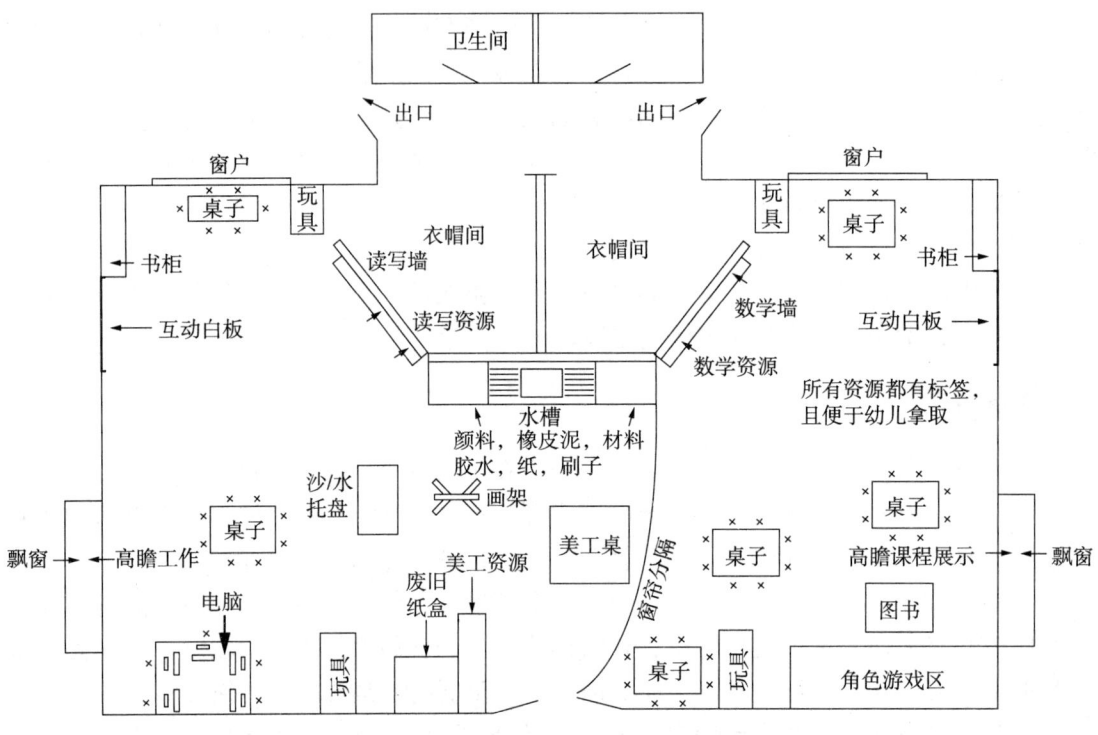

图 2.7　Harriet 的学前班教室设计

自己。附近的柜子中盛放着各种基本的工具和材料，例如颜料、胶水、刷子、托盘、粘土、橡皮泥原料、剪刀、透明胶带等。儿童能够很方便地取用这些材料。

互动性展示

在我们实践的过程中，展示的互动性变得越来越重要。我们设置了两块学习墙——一块是数学墙，一块是语言（或读写）墙。儿童可以使用各种各样的材料贴在墙上，在陈列品上写东西，通过这种方法来梳理他们的思维。这显然为我们提供了多种机会与儿童互动以及了解他们的想法。也有各种各样的数学材料（如数字连接、数字积木、套圈、计数器、尺子、小动物分类等），儿童可以用无毒胶水贴在墙上，也可以贴到白板上，在上面写东西。在数学墙旁边是一个便携式的木质数学玩具——100 方块（背面是空白的），儿童一直在玩，而且他们对"大数字"及其价值越来越感兴趣。我们也创设了两条数字线，这两条线被显著地放置在教室两端的墙面上，每条线上的数字都是从 0 到 30。这条 0～30 的数线的重要作用在于代表了班级当中儿童的数量，这就使得我们在点名、计算午餐数量、查看有无缺席人员时，都需要用到这条数线。

角色游戏区

角色游戏区经常随着儿童想法的变化而进行更新。教师会询问儿童他们喜欢什么样的空间，并且会鼓励儿童去发起某项活动。这些做法都是基于高瞻课程的哲学，即儿童是决策制定者，他们有能力开展某个项目并且取得一定的成果。儿童被鼓励成为角色游戏区的主人。在这个区域中，儿童总是有机会改变其中的环境，对环境施加某些影响。因此，他们可以改变陈列方式、移动家具、在层层叠叠的标签上书写，等等。

在高瞻课程中，活动结束之时，儿童经常会有一些工作、绘画、模型等没有完成。最初，我们会要求儿童将他们的作品拿到一个不起眼的角落过夜存放，这样，他们可以第二天继续完成他们的工作。后来，我们有了一个灵感，大家决定利用两个大的窗台（都在教室后面的位置）来陈列正在进行中的作品和已经完成的作品。高瞻课程中的窗台是一种很好的陈列方式，可以展示儿童的思维和他们的天赋。儿童受到鼓励去发现、选择、为他们的工作书写标签。如果有可能的话，他们还会对自己的工作进行记录。这些都暗示了教师对儿童游戏价值的重视，及对游戏重要性的强调。

对学习活动的回顾和反思

教师鼓励儿童在游戏过程中使用照相机记录他们的活动，然后将这些照片导入到互动式白板之中，以便在"回顾环节"使用。这再次对他们的活动进行了强调，同时也是一种促进儿童反思和批判性思维发展的手段。对儿童来说，这种每天都进行的倾听、谈论、互相提问的活动可以极大地发展他们的各种能力。学期末的时候，即便没有成人的介入，儿童也能够自己开展回顾活动。

因此，从某种意义上来说，教室的创设应当适合于课程而不必考虑其他因素。尽管这会使教室看起来不总是那么整洁和有序，但是却会创造一个充满希望的空间，有助于儿童发展独立性和进行创造性探索。

关键点

对 Harriet 来说，在创设一个学前班教室时，以下几点非常重要：

- 对儿童来说，能够参与到教室环境的创设之中非常重要，这有助于他们发展主人翁意识。
- 教室环境的创设应当有很大的灵活性，以便能够满足儿童当下的兴趣和学习的需要。
- 儿童能够很容易获取资源，这样他们能够学会制订计划和安排他们的活动。
- 应当鼓励儿童跟随他们自身的兴趣，并且持之以恒地从事某项活动；他们的工作过程是有价值的，应当得到尊重。
- 应当支持儿童记录他们的活动，并且进行反思和回顾。

一个一年级班级

最后的陈述来自 Kate Hemming，她当时正在一所私立学校教一年级。她也是参加"剑桥郡独立性学习项目"的教师。尽管她所在的学校是私立学校，孩子的家庭背景都比较富裕，但是她也遇到了我们国家大多数一年级教师所面临的普遍困难，即如何帮助学生从早期阶段以游戏为基础的课程过渡到国家课程第一阶段所需要的更为直接的教学方式。Kate 的陈述更为关注这方面内容，因为她在教一年级之前曾经教过很多年的学前班。在她的陈述中可以非常明确地看出，她使用高超的教学技能尽力想要做到的事情是践行最佳的早期教育实践，并且努力地调整这一实践使之更加适合一年级的这些年龄稍大的儿童（这些孩子毕竟只有五六岁，在许多欧洲国家，他们仍然在上幼儿园）。她描述了如何满足更为正式的学业课程的需要，如何帮助孩子们更好地控制他们自己的学习。与 Harriet 一样，Kate 也非常强调灵活性，这样便于她持续监控教室内的各种变化，从而保证她的教室管理和组织策略能够支持儿童的学习。与本章中的其他几位教师一样，Kate 也非常重视跟孩子们交流班级规则与组织策略的重要价值，她认为这样做不仅会让孩子们获得主人翁意识，而且会导向更长远、更良好的决策。

Kate 的教室

我在一所大型私立学校教一年级。我的教学经历牢牢立足于早期阶段教育的基础之上。从教学前班到教一年级，我所遇到的最大挑战就是将我的理念和视野从早期阶段扩展到有更多要求、更加严格的一年级课程和时间表。

在教学前班的时候，我就在研究和实践不同的组织和管理教室的策略来支持儿童的独立学习。现在我教一年级，我发现这些一年级的孩子尽管发展得更加自信、更加能够自我调控学习，但是他们仍然渴求一个支持性的又具挑战性的环境来练习和加强他们的独立性。

教室的布局

对教室布局的设计是提供一个支持性学习环境的重要组成部分。这一布局需要根据儿童的需要不断发生变化。

我喜欢在教室内进行明确的"分区"（见图 2.8），这可以使孩子们有更多的安全感，同时对环境有更多的期待。例如，如果他们想要度过一段安静的时光，那么他们会知道阅读角是个适宜的好地方。当然，区域之间经常会有重叠或交叉，例如，有时候开展一个建构游戏之初可能会在阅读角先共同欣赏一个"故事袋"，或者是一个角色游戏会引发一些在"办公室"的写作。这种从一个区域向另一个区域的流动学习是非常有价值的，也非常值得鼓励。

我的教室通常会有：

- 一个阅读角，里面有故事袋、非小说类文学作品、小说类文学作品以及诗歌集；
- 一个"办公室"，可以在其中独立写作和制作作品，并且有丰富的资源，例如不同材质的纸张、笔、信封、电话、记事簿，以及用于在墙上展示作品使用的蓝丁胶；
- 一个数学角，有计算器、数字线、模型和多米诺骨牌；
- 一个角色游戏区或"小小世界"区；

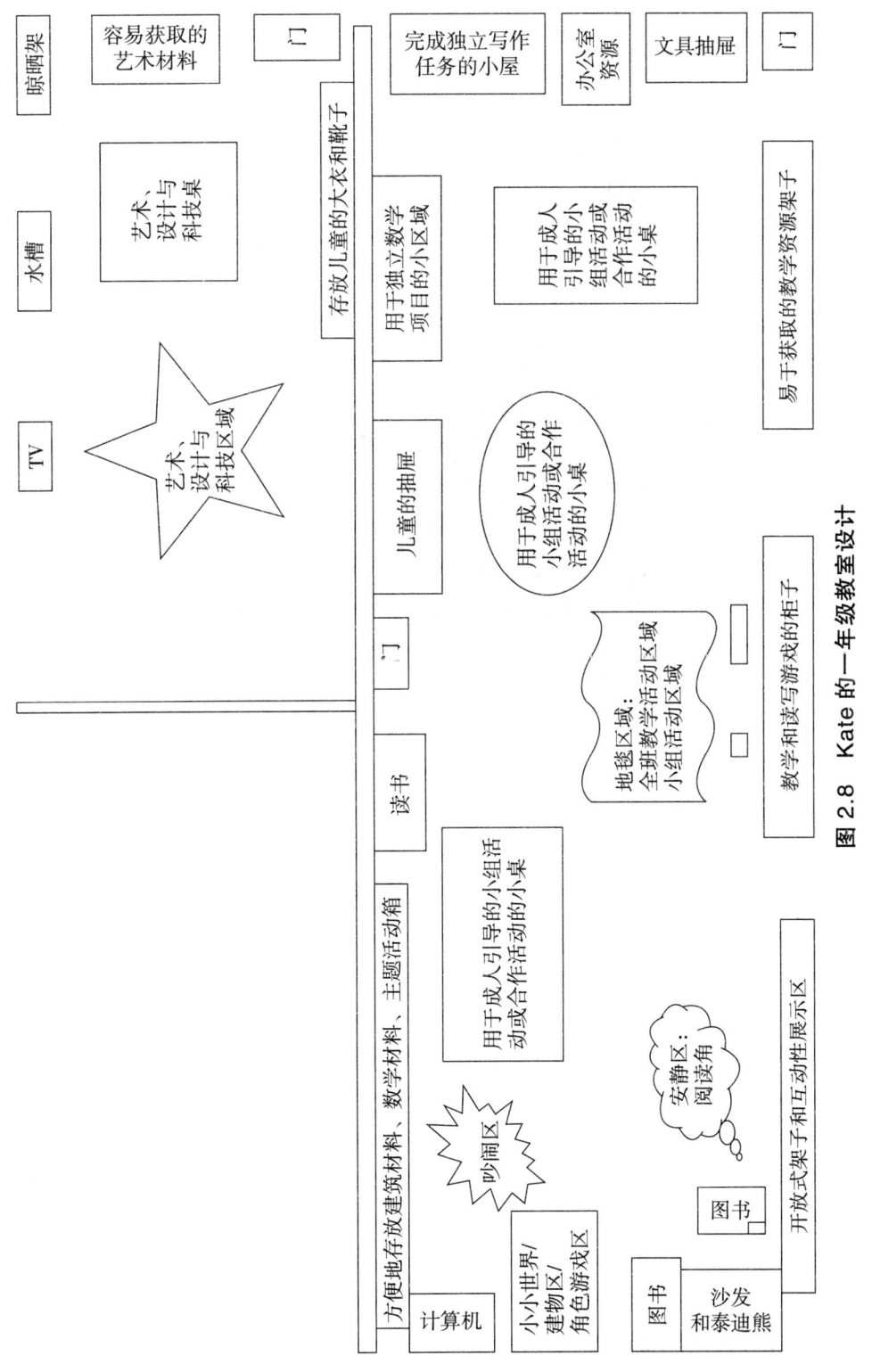

图 2.8　Kate 的一年级教室设计

晾晒架

容易获取的艺术材料

门

完成独立写作任务的小屋

办公室资源

文具抽屉

门

水槽

艺术、设计与科技桌

存放儿童的大衣和靴子

用于独立数学项目的小区域

用于成人引导的小组合作活动的小桌

易于获取的教学资源架子

TV

艺术、设计与科技区域

儿童的抽屉

用于成人引导的小组活动或合作活动的小桌

教学和读写游戏的柜子

读书

地毯区域：全班教学活动区域　小组活动区域

方便地存放建筑材料、数学材料、主题活动箱

用于成人引导的小组活动或合作活动的小桌

吵闹区

安静区：阅读角

开放式架子和互动性展示区

计算机

小小世界/建物区/角色游戏区

图书

沙发和泰迪熊

图书

- 建构活动区，以及用来展示建构作品的空间。

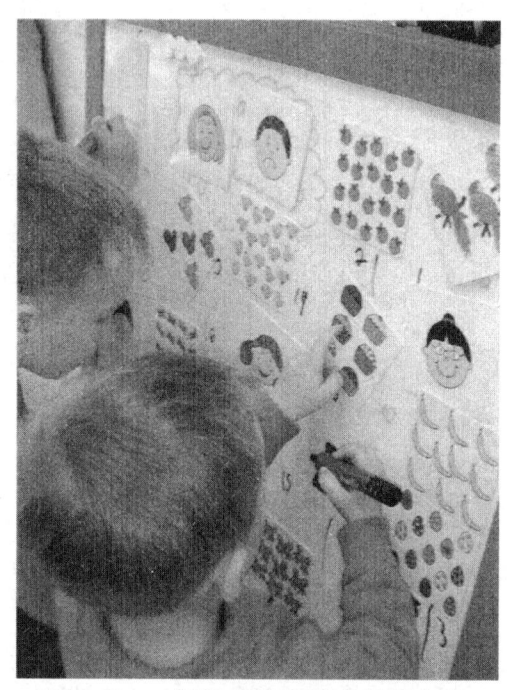

图 2.9　一年级儿童在独立使用白板

儿童能够很容易地拿到教室里的所有资源，并且知道他们能够使用这些资源来支持他们的学习。这些材料包括魔方、白板、剪刀、胶水、磁力字母和词典（见图 2.9）。

为独立性做计划

对一年级的儿童来说，非常重要的是，鼓励他们在早期阶段经验的基础上进行持续的学习。我设计教室时间表的目的是支持从学前班到一年级的这种转换。在整个秋季学期，我们重新设计了时间表，允许孩子们整个上午都学习读写或学习数学，而不是强制将整个上午直接划分为读写时间和数学时间两部分。这就能够让孩子们在一个熟悉的结构和时间段内进行延展性学习。例如，整个上午可能会安排如下活动：两个成人引导的活动、小组性的问题解决活动、建构活动、角色游戏、信息与技术活动、创造性活动、沙水游戏。这些活动都与读写或数学的目标相联系，但是又都保留了独立探索的空间。这样安排的重点在于教室当中的自由度，目的是所有儿童都有机会在一天当中参与所有的活动。

这种活动方式对儿童有极大的好处。我感到这种活动方式使得儿童能够更好地控制他们的学习，并且我认识到儿童能够有极大的自觉性来开展他们的活动。这能够帮助儿童更好地适应新环境，也给了教师机会支持儿童自发状态下的创造力的发展。

为儿童创设独立学习的环境时，我所思考的问题

每一种类型的活动都要有一个明确的独立学习目标吗？

如果是肯定的回答，那么要让儿童明白这一点，这样他们就能够理解教师的期望。例如，如果设定了一个合作的小组活动目标，那么，就要告诉孩子："在角色区游戏中，我真希望看到你们像一个团队一样工作，并且能够彼此倾听。"如果设定了一个"同伴相互学习"的目标，那么，就要告诉孩子："你昨天玩了这个游戏，你能够教其他两个小朋友学会玩这个游戏吗？你必须保证他们真的学会玩这个游戏哦！"

如果儿童对自己很有信心，那么他们就能够自己拟定出相应的目标，并且能够让其他的孩子也了解和拟订相应的目标。

考虑所提供的空间

在建构活动中，孩子们有足够的地毯或桌面空间来利用吗？在设计空间的时候，我请孩子们也加入进来。与孩子们一起讨论为什么特定的资源要放在特定的区域，可以鼓励他们思考要用什么样的方式来使用这些材料，以及在这一过程中会发生何种类型的学习。当我们要在教室中创设一个"办公室"或"数学工作小组"的时候，我会询问孩子他们需要哪些材料，并且请孩子们在他们自己设计的区域中来安排这些材料。孩子们会进行小组讨论，对所需的材料列出一个清单，如数字线、计算器、骰子、计数器和钟表等。

当然，设计空间的过程本身就是独立学习中的一门课程：我可以观察到孩子们如何相互协商、做决定和解决问题。对身处的环境拥有主人翁意识，并且知道自己能够控制自己的学习，这就赋予儿童力量，进而促使有意义的学习发生。

考虑时间的限制

所有的孩子是否有足够的时间去开展学习呢？

平衡个体不同的需要

考虑一下你所教的这群孩子——他们是非常有自信的独立学习者——可以如何去帮助别人。儿童可以通过观察他人来进行学习。可以让儿童去支持和引导他们的同伴。这种方式在所有水平上支持了独立学习。

考虑适宜的成人干预

成人要有足够的自信退到儿童身后，观察儿童的学习，但是又知道何时介入，支持儿童能够更深入地坚持学习。

总结：要有灵活性

与幼儿在一起工作需要极大的灵活性。随着课程的变化和儿童的成长，环境创设的灵活性非常有必要。为了维持一个有挑战又有支持性的学习环境，教师需要有足够的灵活性来认识到这种随时可能发生的变化。对教师来说，知道什么时候进行干预，并且推动学习不断深入，是非常重要的。

学习环境中的评价和调整

与幼儿讨论如何思考和学习是非常有价值的，也是发展他们独立性的重要内容。儿童需要支持性的环境来促进他们向更高水平发展，并且不惧怕失败。有两点非常重要：为幼儿示范思考问题的方法，鼓励幼儿（可以是一个班级的幼儿，还可以是个别幼儿）围绕他们的学习进行真实的交流。教师要观察儿童彼此谈论他们的学习，倾听儿童的自我评价，对儿童提出挑战，请他们向教师解释他们发现了什么。

关键点

对 Kate 来说，对一年级儿童进行教育，需要考虑以下要点：

- 在关键阶段 1，应当基于儿童的早期阶段经验，把握住一些关键性的特征，主要是活动、空间和时间的自由度。
- 和儿童一起创设环境，这有助于发展儿童对自身学习的主人翁意识。这一过程中应当设计和分享清晰的独立学习目标。
- 鼓励灵活性和自由度：考虑环境的灵活性（允许教室布局在整个学年都不断发生变化）、时间表、儿童和成人，以及这种灵活性对发展独立的学习者和实践者的影响。
- 提供一个支持性和促进性的环境，在这个环境里，儿童和成人可以围绕学习进行有价值的讨论。

结　论

在过去 30 多年来的认知发展心理学的研究成果之中，有大量的研究证据表明儿童可以发展成为一个独立的学习者。在心理学文献中，这一点被明确界定为"学会如何学习""自我调控"（Schunk & Zimmerman，1994）和"元认知"（Metcalfe & Shimamura，1994）。这些都与儿童自我意识的发展以及他们对自身思维过程的掌控有关。同时，也有大量的研究和理论表明：正是这些方面的发展直接决定了儿童发展成为学习者的过程中所表现出的个体差异（Whitebread，2014）。

20 世纪 70 年代末期，美国心理学家弗拉维尔（Flavell，1979）首次提出了"元认知"这个词汇，该词汇出自他关于记忆发展的研究。从那时起，个体监控和调节自身认知活动的能力被视作非常重要的能力，而且这种重要性在人类发展的广泛领域内得到了证明。事实上，基于对首个十年研究的大量文献资料的回顾，Wang、Haertel 和 Walberg（1990）认为元认知能力是学习能力的最重要的独特预测因子。近年来，Higgins、Kokotsaki 和 Coe（2011）在英国所做的教育干预相关有效性的元分析也表明，元认知和自我调控能力的支持是影响和促进年幼儿童发展成为学习者的最重要的因素之一。

在将这一理念运用于教育实践的过程中，大量的工作都受到了俄罗斯心理学家维果斯基（1978，1986）的著作及其所创建的社会文化历史学派观点的影响。其中的一些关键理论我们在第 1 章中已经进行了回顾。维果斯基生活于 20 世纪的前三十年中，很年轻时就去世了。但是他创立了一系列关于儿童学习的理论，并且影响了许多发展心理学家（尤其是过去 20～30 年的心理学家），促使这些心理学家去继续探索儿童学习的社会文化和历史起源。在维果斯基看来，儿童学习的发展是一个从外部调控（在成人或同伴的帮助下完成任务）到自我调控（完全依靠自己完成任务）的过程。同等重要的是，在此观念支持下的研究也表明，一个好的支持者或"支架者"（布鲁纳的隐喻，参见 Wood、Bruner 和 Ross，1976）的关键特征为：当儿童表现得能够更为独立地完成任务或能够很好地进行自我调控时，能够及时敏感地撤掉支持（想要参看这方面更多的翔实论述，参考 Schaffer，2004）。

在这一领域的最新研究中，也有关于低幼儿童的元认知过程的再认识。在关于元认知的早期著作中，一些研究者认为这一能力是一种发展较晚的能力。但是，这种观点很快遭到否定，因为相当多的证据表明早期的研究方法系统地低估了幼儿的这种能力。Bronson（2000）进行了非常详细而全面的梳理和总结，她证实元认知和自我调控过程的发展是幼儿心理发展或成长的基本内容。她列举了与儿童发展的不同方面相关的著作，包括自我调控的萌发、情绪的回应、熟悉情境中行为的调控、问题解决和动机模式。她还细致阐述了大量的研究结果，这些研究结果探讨了不同早期阶段与儿童自我调控能力发展相关的情绪情感、亲社会行为、认知和动机等方面的发展。

我们在早期教育环境中的经验也清晰地印证了这些研究成果。在"剑桥郡独立性学习项目"相关的所有学习领域和后续的培训课程中，只要教师让幼儿有权利为自己的学习负更多的责任，或者允许儿童更多地参与关于教室的决策或课程的组织当中，这些教师往往会被儿童的回应所震撼，也能够很快地看到儿童的动机和学习所带来的益处。

当幼儿进入学校的时候，他们中的大多数都对生活和学习有着巨大的热情和渴求。但是，遗憾的是，相当多的学校学习经历消减了这种热情和渴求，而非激发这种热情和渴求。因此，对于大多数儿童来说，教育就变成了某种"强加于他们"的事情，而非"和他们在一起"的事情。我们希望本章中的某些理念能够帮助读者改进他们的教育，使他们的教室能够真正地支持幼儿发展成为自信的和自我调控的学习者。

早期教育阶段组织课堂的建议

从上述四个关于如何组织早期教育阶段课堂以促进幼儿独立学习的阐述来看，可以总结出以下原则：

- 当儿童需要直接从他们原来的环境转换到你负责的教室环境中时，你应当仔细思考这种转换。
- 和儿童一起讨论和决定教室的规则和组织。
- 使儿童能够很容易获取他们需要的资源，以便做出选择和决策。
- 组织你的教室，提供一系列不同的空间和学习环境，且这些空间和学习环境有清晰而明确的目的（这可能意味着要撤掉一些桌子和椅子）。
- 支持儿童追求自己的兴趣和想法，发展他们自己解决问题的方式，反思他们自己的学习过程，并且为自己的学习负责。
- 经常反思教室的环境创设，并要根据儿童学习兴趣而灵活地做出改变。

如果你想要了解"剑桥郡独立性学习项目"的相关资料，可以在相关网站（http://www.educ.cam.ac.uk/cindle/index.html）获得更多的信息，下载相关的出版物，获取项目组的相关 CD 培训资源。

第 3 章

"我妈妈为了巧克力蛋糕愿意付出一切！"
——组织整体的课程：早期阶段的企业项目活动

彭妮·科尔特曼 （Penny Coltman）

大卫·怀特布莱德 （David Whitebread）

杰恩·格林伍德 （Jayne Greenwood）

　　毫无疑问的是，近几年的教育界，尤其是早期教育界，经历了相当多的变化和混乱。过去的十年或二十年，我们引入了国家课程，重新强调早期读写和数学，持续强调"标准"和"问责制"（参见教育标准小公室 Ofsted 的出版物和联盟排行）。这会导致显而易见的、相当大的下行压力，致使幼儿教师用更为正式的方式去教育幼儿。但是，并没有相关的研究结果证明这种做法具有发展适宜性。我们在第 1 章中已经探讨过相关内容。但是，正如 Tickell（2011）的综述和修正后的早期阶段课程指南（the Early Years Foundation Stage，EYFS）（英国教育部 DfE，2012）所指出的：上述政策造成的影响越来越清晰，至少在目前，已经被证明与早期教育的原则并不一致。早期阶段课程指南中，"交流与语言的发展；身体发展；个性、社会性和情感的发展"是"主要"的课程领域，而"读写和数学"则相对不重要，被放在了"具体"的领域。这种划分方式证明了早期发展与学习的相关研究成果的胜利。

　　当然，这些文件中都再次强调了游戏在早期学习中的首要作用。正如我们在第 1 章中所指出的，游戏化学习在早期阶段和小学初期阶段的衰落，已经成为我们担心的主要原因。早期教育工作者们一直以来都非常了解游戏化的情境和活动在幼儿学习中的重要性。但是，相当多的研究和报告（参见 Ofsted，1993；Bennett，Wood & Rogers，1997）也证明：有效设计的游戏活动要想最大限度保证幼儿的学习与发展，必须要有适宜的思考和设计。

　　本章试图阐述一种方法，这种方法能够以一种特定的方式将游戏化学习与一系列引领早期阶段课程内容和组织的重要原则相结合。这些原则源于儿童学习的相关证据，源于早期教育工作者的经验和观点，相关内容我们在第 1 章已经讨论过。尽管冒着很多风险，但是我们相信：关键阶段 1 的国家课程内容或许形式上过难过重，但是这些内容并不一定就与早期阶段课程的原则不匹配。这些早期阶段课程的原则应当引领国家课程的组织和实施。

早期阶段课程的原则

正如我们在第 1 章中指出的，有效、适宜的早期阶段课程需要考虑到幼儿作为学习者的需要。为了进行有效的学习，幼儿需要一种课程和一种教学模式能够使他们体验到安全感和控制感。幼儿需要的课程应当建立在他们能理解和能实践的经验基础之上，通过为他们提供有意义的任务来帮助他们感受周围的世界。这就需要幼儿能够积极参与，给他们机会运用多种方式表达他们的理解，原则上需要通过想象性的游戏和谈话来完成。教师可以通过为儿童提供新鲜的、第一手的经验，以及探索、调查和解决问题的机会，来激发幼儿天生的好奇心，进而帮助他们有效的学习。

从这些理解当中，我们总结出了四条原则，认为应当用这四条原则来引领早期阶段课程的组织和管理，这些原则如下。

在下述情境下，儿童的学习将会得到促进：

- 课程内容对他们来说是"有意义的"，并且和他们的已有知识和兴趣相联系；
- 他们是学习的积极参与者，而不是消极接受者，他们有机会为他们自己的学习做决定；
- 鼓励他们遵从自然的天性从事想象性游戏，与他们真实的生活经验相关；
- 他们有很好的安全感，因为在他们的家庭和学校之间建立了很好的交流和沟通关系。

企业项目活动

很明显，这些原则支持一种整合的、以主题为基础的活动形式，且能够通过多种多样统整的方式来开展。本章的剩余部分，我们试图介绍这样一种项目活动，该活动以一种特定的方式涵盖了上述这些原则。这个项目活动被称之为"企业项目活动"（参见 DES，1990，主要是这一项目在小学阶段的大致内容）。实质上来看，项目组成内容使用了某种成人化的表达——"企业"或工作安排——作为项目的起始点，促使儿童去进行探索和调查。其过程与成人自己创设和发展某种类型的企业非常相似。

在过去的五年里，本书作者每年都开展一个企业项目活动，主要是针对从学前班到 2 年级的幼儿班级。项目的内容有蛋糕房、木偶剧场、报纸、博物馆、时装秀等。某些项目的细节已经进行过相关的报道（Coltman & Whitebread，1992；Whitebread et al.，1993，1994，1995）。本章还描述了一个最近开展的学校艺术馆项目。下面就是对这些项目内容的描述和分析，目的是说明这些项目如何为早期阶段的儿童提供一种强有力和有效的课程，并且在其中充分渗透了上述四条原则。

所有这些项目都包含了下面的基本要素：

- 通过多种方式对当地工厂进行参观和考察，内容包括某种工作的开展过程，以及在那里工作的人；
- 儿童开展一种真正属于他们自己的、微小的、真实的项目工作，其中包含了研究、计划、生产、广告和会计等工作；
- 儿童有机会用多种方式表达他们自身的经验，例如，通过谈话、游戏、绘画、示范和书写等方式；
- 每个项目都有一个灵活的"结束点"，儿童可以灵活把握，也可以邀请朋友和家庭成员共同参与。

通过"有意义"的工作来学习

第一条原则关注的是课程对幼儿"有意义"的程度，直接与幼儿现有的知识和兴趣相关。同时，这条原则也和以家庭为基础的学习与以学校为基础的学习之间的联系有关。从儿童的视角来看，以家庭为基础的学习是非正式的，有着真实的目的；相对而言，以学校为基础的学习是正式的学习，没有目的。在语言（Tizard & Hughes，1984）和数学（Hughes，1986）学习上的相关研究都证明：从儿童的视角来看，大多数儿童都认为家庭和社区的那种非正式的、"真实的"的环境是更具传播性的学习环境，要优于传统学校那种人为的、"无意义的"（在儿童看来）任务。这就发展出一种新的教育学，强调儿童在学校基于"真实目的"完成任务的重要性，要为儿童提供真实世界的情境和问题（相关例子参加 Hall，1989，与语言有关；Atkinson，1992，与数学有关）。

在我们开展的企业项目活动中，通过以下方式来建立"真实性"：

- 参观当地的工厂，帮助儿童建立意义感和熟悉感。许多儿童的家庭都会订阅当地的报纸，他们中的很多人已经参观过当地的博物馆。一些儿童的朋友和亲属就在当地的面包厂工作。我们进行的艺术项目源于一次参观当地的艺术馆，以及在城镇图书馆的一次业余艺术家的作品展览。
- 项目与儿童的兴趣相关。例如，在蛋糕房制作圣诞节布丁。木偶表演为他们提供机会重新回顾他们最喜欢的故事，如灰姑娘和白雪公主的故事，甚至每个人还可以扮演其中的一个角色。当地报纸报道的内容都是孩子感兴趣的内容，如：最近的儿童电影回顾；时尚版刊登了 6 ～ 7 岁小模特的照片，这个内容后来发展成为一个时装秀项目；"雪莉姑姑"问题专栏——"亲爱的雪莉姑姑，我哥哥的脖子疼"；房子的热卖广告——儿童的家庭所拥有的房子，由儿童自己绘制和描述卖房广告，参见图 3.1；儿童自己创设的博物馆，用来展示他们自己、他们的家人、村子里的伙伴、学校制作的手工艺品，目的是表现学校和村子的历史。

卖房！有5个卧室，有起居室、
玻璃暖房。包括2个洗手间，
厨房。花园里有大池塘。
安静的环境，很棒的价格。
80,000英镑。

一个有大花园的可爱的房子。
离商店很近，离学校很近。
有一个卧室和一个休息厅，
一个房顶花园。房子旁边
还有小小的停车位。
40,000英镑。

这所房子有2个卧室，一个游泳池，
还有双层玻璃窗。双层床，一个花
瓶。真是很便宜！
70,000英镑。

一个卧室，一个芭蕾舞房间，
一个迪斯科房间，一个大的
洗澡间和一个大厨房，还有
游泳池和马房。快来吧！
10,000英镑。

图 3.1　儿童为自家房子制作的卖房广告

提供大量的机会，目的是支持儿童通过"真实的"工作来学习：

- 基于真实目的而书写：儿童自己写剧本、节目单、海报、价签、指导书、给特
殊客人的邀请函、新闻稿、制作整版报纸，甚至是一系列的商业信件。这些商
业信件的内容包括呼吁向慈善事业捐赠，向当地的企业卖班级报纸的广告版面，
向格兰特艺术馆竞标支持木偶剧场公司，赞助班级博物馆和时装秀（参见图
3.2）。所有这些信件都收到了非常正式和完整的商业性质的回复，孩子们非常珍
惜这一点。

- 真实的数学：项目中存在大量的账簿和会计工作（参见图 3.3）。当邀请家长和
朋友来参加大型的开幕式的时候，也会涉及烹饪活动中食物的估测。当孩子们
卖票、明信片和节目单的时候，他们会使用真正的钱。他们还需要为木偶表演
安排观众席位，票需要和座位上的数字——一对应。时装秀的活动中他们需要测
量和制作衣服，设计图样。他们还需要讨论这些项目中各种不同的活动如何收费。

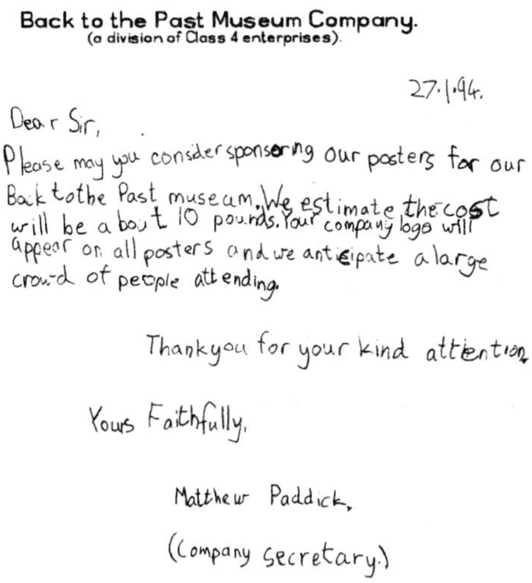

Back to the Past Museum Company.
(a division of Class 4 enterprises).

27.1.94.

Dear Sir,

Please may you consider sponsoring our posters for our
Bak tothe Past museum. We estimate the cost
will be about 10 pounds. Your company logo will
appear on all posters and we antcipate a large
crowd of people attending.

Thankyou for your kind attention.

Yours Faithfully,

Matthew Paddick.

(Company Secretary.)

回到过去的博物馆

（4班分公司） 1994年1月27日

亲爱的先生，

请您考虑捐助我们制作"回到过去的博物馆"的海报。我们估计会花费10英镑。您的公司Logo将会出现在我们所有的海报上。我们希望更多的人能够参与我们的活动。

谢谢您的支持！

您忠实的马修

〈公司秘书〉

图 3.2　基于真实的目的书写：马修写信申请赞助

- 真实的经济交易：整个项目活动过程中都使用真实的钱币。要核算所有的成本，所有的项目都力图有一个好的收益！在整个项目过程中，孩子们需要面对一系列简单的现实：成本、价格、顾客的喜好、收入和支出。我们的记录里有许多教师和孩子们一起进行的精彩的讨论，尤其是当孩子们要对价格做出决策时，讨论更为精彩。例如，多少收益才值得我们的劳动？人们会花多少钱买一份报纸？孩子们需要使用他们关于真实世界的知识来解决这些问题。有一次，一个孩子自告奋勇地说他的妈妈将为巧克力蛋糕买单！

- 工作角色和过程尽可能接近真实：孩子们要理解所有的工作角色，这对项目活动的过程非常有价值。例如，当孩子们扮演这些角色的时候，他们就会戴上这个角色的标志，如厨师、市场研究员、编辑、博物馆引导员、设计师等。孩子们在之前的参观活动中充分了解了不同企业运作的过程，他们会在项目活动中进行模仿，尽可能接近真实。这方面好的范例包括博物馆项目中的分类过程，木偶剧院项目中的电脑预约系统；报纸项目中，孩子们装了一部真的电话，利用电话开展"电话销售"服务；时装秀项目中，孩子们用电脑来辅助设计T恤衫。

儿童是积极的学习者，他们可以自己做决定

我们的第二个原则强调儿童是学习中积极的参与者，而不是消极的接受者，他们有机会对自己的学习做决定。"积极"的学习风格是企业项目活动的内在方面，因为儿童也在真实地经历成人的活动，获取第一手的经验，而非仅仅是成人对他们讲述的经验。我们要顺应这一现实情况，对儿童持开放的态度，鼓励他们进行创新。例如，一名儿童设计的海报就充分证明了这一点。这件事情发生在家中晚间的时候，灵感源自白天在幼儿园时装秀项目中对角色游戏区的设计经历，而且还延续到孩子第二天上午在幼儿园的

活动。另外一个例子是在木偶剧场项目中发生的，一名儿童突发奇想给班里带来了一个大箱子，这个箱子是她们家新买的洗衣机的包装箱。她解释说这个箱子可以用来做一个木偶剧场。为儿童提供创造性游戏的机会也是儿童能够积极参与的一个重要方面，我们将在下面的内容中对此进行阐述。

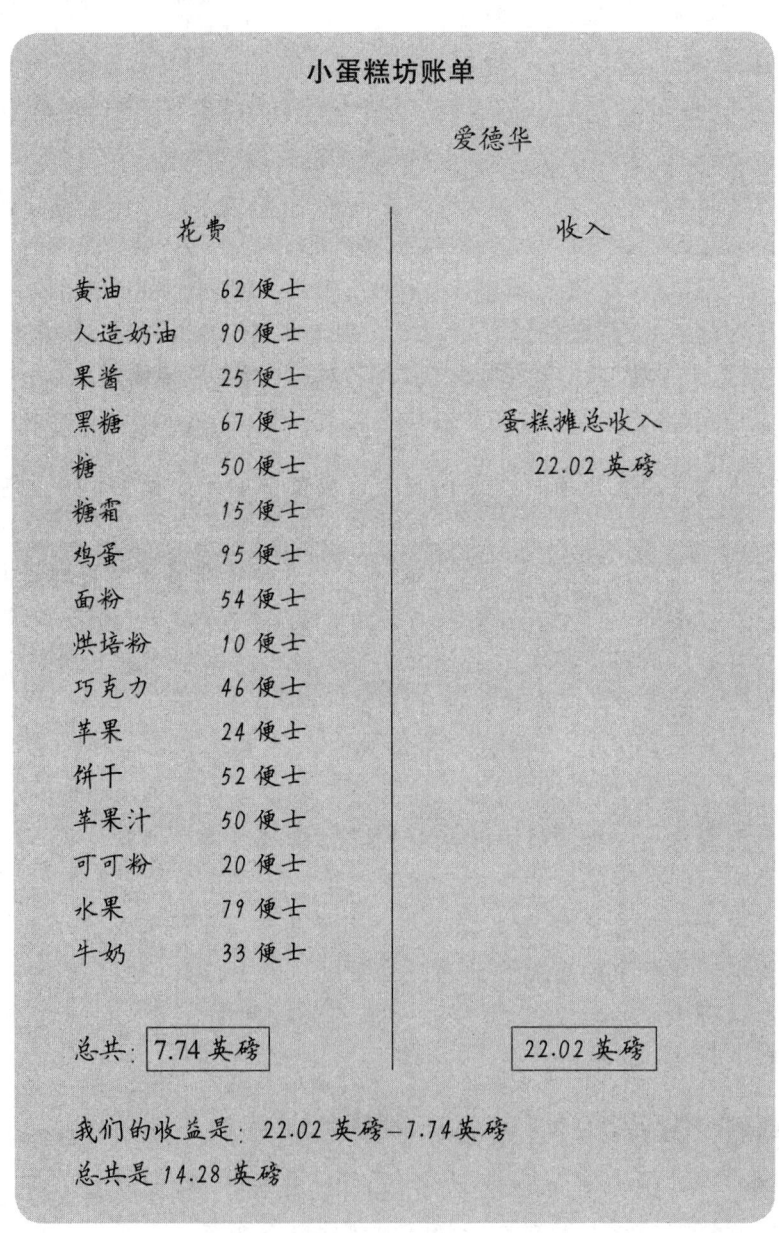

图3.3 真实的数学：爱德华的蛋糕摊位账单

在整个学校的艺术馆项目中，选举出了学校理事会的班级代表，其目的在于应对项目过程中潜在的困难，团结更多的孩子，聆听更多孩子的声音。最初参观艺术馆的时候，孩子们关注的重点问题是：要想组织一场有良好效果的展览或艺术作品展示，需要注意什么，做些什么？参观之后，孩子们向理事会反馈了两个重要问题，即他们想在自己的艺术馆中包含：（1）参展的所有艺术品都要进行编码和分类，并且制作成小册子，供参观者阅读和了解展览的相关信息；（2）艺术馆需要有一个礼品商店，参观者看完展览后就能直接进入礼品商店，来参观的孩子们也会十分乐意逛逛礼品店。

实际上，最重要的还是企业项目活动所提供的机会。因为企业项目活动具有"开放式结尾"和"问题解决"两大内在特点，有助于儿童自己做决定和发展主人翁意识。Tizard 和 Hughes（1984），还有一些其他研究者已经指出：家庭中成人与儿童之间的大量互动是由儿童主动发起的，但是在教室中却相反。控制感、自我效能感、自尊的不断丧失对于幼儿来说是非常有害的。研究已经持续证明：儿童在学校学习中遇到的许多困难已经大大损害了儿童的自尊。而许多研究已经证明自尊和学业成绩之间存在着强有力的联系。

所有企业项目活动的开展都为儿童作决策提供了适宜的机会，帮助儿童发展主人翁意识和权利意识。儿童们一起在某些事情上作出决策，例如，他们创建和经营的蛋糕摊叫什么名字？木偶表演演哪个故事？企业的盈利如何使用，等等。个人和小组的共同活动可以帮助儿童进行一系列复杂的决策——博物馆礼品店中的明信片卖多少钱？班级报纸上关于博物馆的内容和呈现方式如何？木偶表演要印制多少张门票？节目单中要包含哪些信息？等等。所有这些决策都包含了相当多的研究和讨论。在有些项目活动中，公司董事会的会议机制也建立起来，帮助儿童回顾已经做过的事情，以及设计和决定接下来要做什么。

在全校共同开展的艺术博物馆项目中，每个班级都承担了对一名艺术家和一种艺术模式的研究，并且以自己的理解和方式进行了简单的说明和展示，同时还呈现了他们用其他媒介来表征的艺术作品，如陶土、雕塑、照片等。每个班级都自己着手选择他们的艺术家，以及他们希望呈现的媒介方式。每个班级的简要陈列都呈现了不同的方式，有着各种有趣的变化。有些班级仅仅通过一幅画来进行展示，还有些班级则选择了艺术家的一系列作品。

当然，他们在这个项目中都有着自己的计划。教师则始终关注和支持，赋予儿童应有的权利，对他们展现出的创造性进行及时的回应和引导。项目课程中有时候还会涉及"死鸟"模型这种话题，因为孩子们想要研究这个话题，而有经验的幼儿教师会尽可能为孩子们创造这种机会。作为教师我们非常希望能够坚持这种尝试，但是这种尝试往往会受到来自国家课程的压力。

在所有的项目活动中都有大量的这种例子，我们以时装秀项目中的两个例子来作说明。在孩子们参与项目活动时，他们自己会生发出问题，为项目活动带来了丰富的可能性。在时装秀项目中，有一天，一个孩子带来了满满一盒维多利亚时代的帽子。然后整整一天，孩子们都在研究这些帽子，思考这些帽子是如何制作出来的，是用何种材料制成的，谁会戴这些帽子。孩子们画了许多画，制作他们自己的维多利亚时代帽子，等等。

图 3.4　在艺术博物馆项目中，莫奈的名画《睡莲》激发了学前班儿童的表现力

　　有时候，活动是由成人介绍等方式引发的，然后被儿童以想象不到的方式来深入发展。在时装秀项目中也有一个这样的例子。成人介绍了如何绘制一张"猫步"的 2D 缩放图。这个活动本来只打算进行一小时，后来持续了两天左右。孩子们把它变成了一个 3D 的模型活动。完成了 2D 绘画之后，孩子们开始增加一个立体的舞台拱门，这个拱门需要两旁的支撑物。然后，他们给这个猫步计划增加了一个箱子制成的底座，作为 T 台，还装饰了模型盆状植物、坐在座位上的观众，以及精心设计和装饰的身穿套装的纸偶模型（一开始用吸管来支撑，后来用线穿了起来，这样纸偶可以旋转与活动）。当他们的模型制成之后，孩子们开始进行小型的演出和时装秀，并且配上了音乐。

提供进行想象性游戏的机会

　　最后一个例子可以很好地解释我们的第三条课程原则。正如我们在第 1 章中所提到的，人们开始重新对儿童的自然游戏感兴趣，因为儿童的自然游戏提升了他们学习的质量。这种自然游戏通常在家庭中得到了充分的支持，但是在学校中却遭到限制。通过游戏来学习支持了我们在前面提到的两条策略。因为通过游戏来学习可以使儿童从他们的经验中生发出意义。游戏有效性的另一个重要体现就是它的自我导向性，游戏给予了儿童控制自己学习的机会。

在项目活动过程中，教室里的游戏角变成了一个想象中的蛋糕房、一个玩具摊、一个售票处、一个报社、一个博物馆办公室（见图 3.5）、一个礼品商店、一个展览办公室或是一个时装店。这些地方都是由儿童设计和建造的，他们会在里面玩，甚至把这些地方弄得一团糟。例如，在木偶剧场项目中，参观完剧场后，一些儿童建议把教室的一部分变成一个售票处。教师组织班上的孩子们进行讨论，商量他们如何调整教室环境来适应这一变化。他们移动了桌子，将椅子叠摞起来，还重新铺了地毯。还需要一张桌子供售票人员使用，一扇供人们出入的门，有些地方还得展览一些木偶，还要有一块布告栏张贴海报，等等。当售票处的大体环境创设好之后，大家开始讨论如何装备内部环境和设施。他们安装了电话，提供了电脑、纸张、铅笔、钢笔、记事本、票和电话本。从那以后，在整个项目过程中，总是有孩子

图 3.5　角色游戏：博物馆办公室

在售票处忙碌地打电话，写信息，卖票，数钱，制作节目单和海报，张贴注意事项和标志。孩子们怀着兴奋的心情投入到了剧院管理的新世界中！

在每个项目活动中，孩子们都怀着极大的热情和兴趣参与到这种类型的游戏中。随着项目活动的进行，需要特别注意，项目的新元素和提供给儿童的新信息在多大程度上被纳入到了他们的游戏之中。

整合学校和社区资源

项目活动的最后一个特征就是：在某种程度上，学校和外部成人社区之间的界限被打破了。正如我们前面所讨论过的，这是影响学习风格的重要方面。家庭和学校建立持续而良好的联系非常重要，有助于保证幼儿在教室中也有足够的安全感。

在项目活动中，教师和孩子们进行了很多种尝试，将学校和外部的成人社区进行整合，如下面的例子：

- 儿童参观成人的工作场所，而且这个成人往往是儿童所熟悉的，成人向儿童讲解他们的工作，我们认为这种经历不论对成人，还是对儿童，都是非常严肃却又令人满足的经历；
- 成人来到教室，为儿童讲解他们的工作，同时和儿童一起在他们创建的企业中

工作，这种行动当然也支持了儿童的企业项目的真实性（见图 3.6）；

图 3.6　成人和儿童一起工作：当地的博物馆管理员和山姆讨论班级的一件收藏

- 在美术馆项目中，孩子们和一名艺术家以及当地中学的一名艺术教师一起工作，这两位教师支持了这个项目，并且给这个项目开了一个好头。这些工作坊还给孩子们进行示范，激发孩子们的灵感，帮助孩子们发展他们自己的想法；
- 孩子们以一种符合商业礼仪的方式与当地社区中的成人互动，例如，前面提到的请求捐赠的信件，出售广告空间，请求当地的官员开放大教堂，和当地的新闻媒体进行有关项目的洽谈，等等；
- 项目活动的进行激发了极大的热情，家长和整个社区以多种方式共同参与其中。例如，借用资源（为了博物馆的展览），帮助制作（木偶、服装、蛋糕），帮助研究（为了办报纸而采访和了解当地的重要人物，同时也将这些重要人物作为博物馆当地历史介绍的一种资源），创建企业，参加盛大的启动或开业仪式（在报纸的时尚版块刊登孩子们做模特的照片，乡村警察还模拟了一次抢劫），提供捐赠，提供想法和道义上的支持。

孩子们和当地社区参与企业项目活动的投入与热情也得到了相应的回报。年幼的孩子、家长、教师和社区之间真正形成了一种团队的氛围，他们共同分享合作的快乐和成功。例如，博物馆的展览非常受欢迎，当学校撤展之后，当地的博物馆几乎是立即开始重新展览。展览吸引了大量感兴趣的参观者，许多参观者还购买了孩子们自己设计和制作的明信片（见图 3.7）。时装秀的视频也卖光了，甚至卖到了很远的奥克尼和挪威北部！

This is the Roman pot found in Great Chesterford.

图 3.7　亚历山大的明信片，6 张之中的一张，在当地的博物馆被抢购一空

计划和评价

幼儿开展企业项目活动是组织和发展课程的一种非常有意义和有效的方式。但是，任何高质量的教学都非常依赖于详细的计划，而这一计划又建立在仔细评估儿童的需要和能力的基础之上。因此，我们需要来谈一谈学前教育工作者的这项特别重要的工作。

促进学习

这种以主题为基础来组织课程的方式常常会因为活动缺乏对学习的促进而受到批评。一种支持以学科为基础的课程与教学的观点认为，这种课程与教学方式使得概念和技能得到清晰的介绍，而且建构得更为系统化。如果能够进行仔细的任务分析和计划，那么就有可能很好地将促进学习整合到有主题的活动之中。例如，作为本章中所描述的企业项目活动的计划的一部分，很重要的一点就是根据不同领域的课程来分析所计划的活动（参见图3.8）。这就保证了需要强调的课程范围和技能的平衡，同时，也要求对这些技能的特点进行分析，思考如何教授这些技能。这些活动通过主题或项目的方式被放置于有意义的情境之中，从而能够促进儿童对目的的理解，进而能够真正支持而非削弱学习中的进步。下面是一些时装秀项目活动中的例子：

字母书写

- 用写信的方式向圣诞老人作介绍（并非本项目活动的一部分），这种方式是闲聊式的，非正式的，以"来自……的爱"结尾。
- 在项目活动中发展出某种正式的、致谢信的方式，对象是 Marks & Spencer 儿童服装公司的工作人员，他们曾经来学校向儿童介绍设计过程。这些信件上很正式地书写了学校的地址、正确的首行缩进写作方式、日期、以"亲爱的先生"开头、以"你忠诚的……"结尾，但是信件内容还是非常简单的。
- 写作很正式的、内容复杂的信件，这些信件包括请求赞助，邀请特别的客人参加时装秀，开展慈善捐赠（剑桥郡的一家慈善广播播报了这个活动！）等等（图3.2就是一个很好的例子）；这些信件收到了很多回信，这些回信的写作也非常规范和正式。

数学：
以买卖为基础的游戏，与企业相关的会计工作，以标准单元的方式测量长度，二维或三维的形状，对称和重复的模式，装饰，尺寸大小，为了收集数据而进行市场调查

科学：
分类、分组和描述各种织物，探索织物特性，连接织物，不同目的的衣服，绝缘和防水，弹性和透明度，简单的染色过程，自然的和人造的纺织品，镜子、万花筒和循环模式

宗教教育：
约瑟夫的大衣，有宗教意义的衣服和珠宝

语言：
描述服装和图案的形容词，评论性写作，写邀请函、海报、节目单、评价表、价格标签、条码和启事的文本、参观和参观者的表格

音乐：
表现衣服主题的声音和音乐

历史：
家庭中年长的成员在孩童时穿什么；通过图书来了解关于过去的信息，衣服怎样改变了这个世纪，纺织工业的"时间线"

时装秀项目

艺术：
在衣服上仔细地绘画，绘制图表来说明参观和活动的数量，奇妙的设计，质地、设计和颜色，通过图画和物品激发设计灵感（如卡夫·法斯特的作品），设计和制作帽子、T恤衫，以及时装秀的服装、珠宝和饰品，设计海报、邀请函，猫步的装饰

技术：
时装店角色游戏区的建构，模仿时装的设计和制作过程，对设计进行评价，对材料的选择做出决定，呈现观点，使用信息技术，如运用图形包选择印制在T恤衫上的图案

地理：
绘制简单的地图说明如何到达时装秀的地点，纤维来自哪里，人工或机器制造的纺织品，适应不同气候的衣服，世界各地的衣服，衣服的销售

体育和舞蹈：
随着选择的音乐轻轻摇动来应和相关主题，更为正式的舞蹈设计装饰

图 3.8　时装秀项目活动设计的分析（从学科的角度）

- 在布匹上拼接各种色块，用正方形、马赛克、六边形等形状进行装饰，所有这些形状的装饰都有着一定的排列方向；
- 当装饰的各种形状有颠倒的变化时，要进行纸样剪裁，如 T 恤衫，袜子、裙子（见图 3.9）

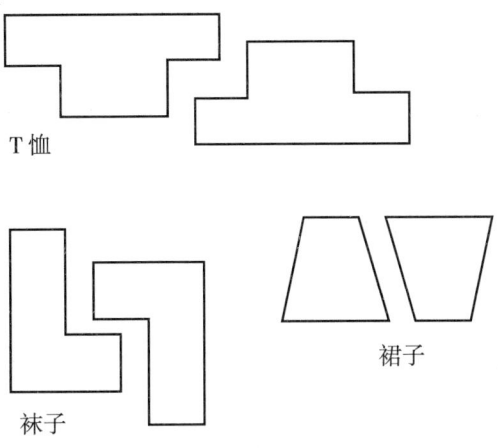

T恤

裙子

袜子

图 3.9　装饰 T 恤衫、袜子和裙子的模式

- 探索一种真正的服装制作模式，不需要装饰，而是使用最经济的方式用长方形的布料进行剪裁（例如，就像我们参观服装厂时看到的那样，选择能够最少浪费的剪裁模式）。

评价

早期教育工作者总是非常强调仔细的观察和评价。为了对每个儿童的理解和能力水平进行评价，需要设计相应的活动，使得儿童的理解和能力发展到何种程度是可见的。这就包含了另外一种形式的过程，不仅仅是开展结构化或封闭的活动让儿童展示新的技能或概念，还包括开展一种开放性结尾的活动，为儿童提供机会使用他们自己的创新技能，展现他们学到的新东西。

在企业项目活动中，完全有可能将这种体现发展的活动建构其中。而且，在有意义的情境中，活动的目的是真实的，儿童的真实能力和理解水平能够更有效地得以展现。与此相反，如果儿童仅仅开展一个单一、结构简单的活动，那么，儿童基于任务需求的动机和理解往往是单一的，很少开放。在这种活动中进行的评价，所得到的结果也并不那么有效。因此，与封闭性的任务（如"蓝彼得"的活动，所有的孩子都是照着指示去做）相比，更多开放性结尾的活动能够更加清晰地展现儿童的思维和能力。开放性的活动也为儿童提供了表达自我的机会，有助于他们获得主人翁意识，拥有更加值得回忆的第一手经验。正如我们已经提到的，当儿童开展想象性游戏的时候，其中会有很多新的经验产生，这是经常发生的情况。因此，儿童的游戏可以成为一种观察和评价的重要资源。

在企业项目活动中，这种类型的评价活动有很多。下面是两个例子，都来自时装秀项目。

测量制作时装的材料

- 结构化或封闭的活动。教给儿童各种测量他们自身的技能，主要包括使用适宜的测量单位和工具。
- 开放性的活动。鼓励儿童使用自己身体的长度进行测量，保证他们的时装是正确的尺码，儿童可以自己选择测量的方法。

书写萌发

- 结构化或封闭的活动。教给儿童各种服装的名字，以及如何书写尺码、钱的数量、地址等。
- 开放性的活动。在角色游戏区，也被称为 R 时装精品店，提供了一个"订单本"，儿童扮演的顾客可以书写自己的"订单"，然后交给儿童扮演的服装店员，从而共同了解和书写顾客所想要买的服装的各种信息（见图 3.10）。

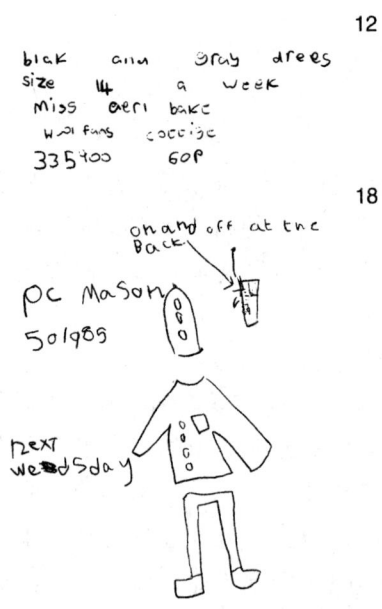

图 3.10　角色区的书写作为一种评价的方法：R 时装精品店订单本上的一份订单

差异化

制订计划了解儿童的理解和能力的发展，评价他们对各种活动的回应。差异化安排这些不同的活动非常重要，只有对这些活动进行差异化安排，每个孩子才有可能在适宜的水平上获得成功。进行差异化的活动也有多种方式，这同样需要进行计划。下面是一些建议和企业项目活动中的例子。

- 结果：或许最简单的差异化活动的形式就是开展一个共同的活动，对于所有的孩子来说，要求都是相同的。但是这个活动的结果是开放式的，孩子们可以依据他们自己的水平进行回答。例如，设计一张海报，走一段猫步（见图3.11）。

- 支持：要求是相同的，但是呈现的结果及其水平应当是相似的。因此，成人需要提供各种不同水平的支持来帮助儿童达到一般的水平。例如，制作一件服装，烤一块蛋糕。

- 记录的方式：活动对于每个人来说是一样的，儿童需要通过复杂或简单的方式记录他们已经做的事情。例如，一个记录纺织品不同质地的科学活动，可以是在纸上粘贴纺织品样本，可以是绘画，还可以是描述性写作。

- 复杂程度：为儿童提供任务，任务要求相同的技能或概念，但是，在工作计划的进展中，这些概念或技能可以处于不同的发展阶段。例如，绘制工厂生产的不同服装最终销售地的地图，就可以划分为三个水平：（1）在世界地图上标注国家，并绘制相应服装的样式；（2）所调查的服装去往香港的旅程，列出它们所途径的大陆的名单；（3）所调查的服装从香港到港口的旅程，记录指南针方向、道路号码和所经过的城市。

图3.11　在艺术馆项目中，一年级的学生展示了画家高更的作品，模拟了高更的起居室，墙角有一个壁炉，墙上还有一顶高更的帽子

　　正如前面所说，通过各种方式使某项任务的呈现方式和需求差异化，有助于每个儿童都获得成功感。为了做好这项工作，一个方法就是设计各种"子任务"，并且反向仔细衡量这些任务。"系好大衣上的最后一颗纽扣"，这是完成任务必须要做的行动。也就是说，即便最后一步都非常小，也应当鼓励儿童在没有帮助的情况下完成这项任务。一旦儿童掌握了最后一步，那么我们可以重新返回到任务的起点，直到儿童能够完成从头到尾的所有步骤。

　　因此，在写故事的时候，如果是通过"很久以前……"这种缺乏下文的传统描述方式，儿童很难满足教师的不同期望，他们会遇到很多困难，也很少产生愉快的感受。但是，如果换成"……他们从此幸福地生活在了一起"这种表述方式，就会使儿童产生满足感，获得成功感。学习者如果能够独立加上"最后一块拼图"，他们就会拥有完成整个拼图的满足感。

结　论

在课程中发展更具经验性的、问题解决式的教学和学习方式，已经成为教育领域内的一个热点问题（Fisher，1987，对小学学校的工作进行了很好的梳理）。我们希望证明企业项目活动能够为这种发展提供一个好的基础。在这些非常特别的项目活动中，儿童进行着真实的、密集的学习。儿童、教师、家长和当地社区成员对项目活动的热情和支持，以及事后的回忆（有时候甚至都过了好多年），都证明了这些参与项目活动的人们的重要性。在这一章我们想要证明，这些项目活动为组织一种适宜、有效的早期教育课程奠定了良好的基础。这种类型的项目活动有可能满足幼儿的需要。当这些幼儿进入学校的时候，他们是自信的，而且在他们的家庭环境（非正式环境）中是专家型学习者。通过这种方式的课程组织，儿童能够顺利完成从家庭到学校的转换，变成学校中有效的和自信的学习者。

早期教育阶段组织课程的建议

- 通过思考和想象，有可能组织出这样的早期教育课程：既符合国家课程需求，又符合教师对儿童以何种方式学习的理解。
- 在下列时刻，幼儿的学习能够得到促进：
  1. 课程内容对于他们来说是"有意义的"，与他们的现有知识和兴趣相关；
  2. 他们是学习的积极参与者，而非消极接受者；他们应当有机会对他们自己的学习作决定；
  3. 鼓励儿童跟随自己天生的兴趣来开展与他们生活经验相关的想象性游戏；
  4. 如果家庭和学校之间有良好而持续的联系，那么儿童会产生安全感。
- 企业项目活动中很好地包含了这些原则。
- 这种课程模式的成功组织依赖于以下条件：
  1. 明确与活动相关的发展情况；
  2. 通过开放式结尾的活动对儿童的理解水平和技能水平进行评价；
  3. 活动的差异化，保障每个儿童都能够在适宜的水平上获得成功。

第 4 章

"当小鸡孵出之后，
会有人拿蛋黄给它们吃"
——早期阶段的评价

艾米·阿诺德（Amy Arnold）

幼儿教育工作者已经准备好了，手里拿着写字板，铅笔也削好了，准备出发了，但是他们要看什么和听什么呢？他们看到了什么？儿童怎样证明他们自己的理解？儿童的学习如何被扩展和建构？

幼儿教育工作者监控儿童的发展，从而开展每天的教学，并以此为基础报告学习者的成绩。他们采用形成性评价，目的在于发现和计划儿童发展的下一步骤；他们还采用终结性评价，目的是对儿童一个阶段的成绩和能力的发展做一个小结。他们其实是在进行一种全方位的评价，试图构建出一个"完整儿童"的景象，相信"评价儿童学习的过程——通过仔细研究它，努力理解它——是防止儿童失败的特定法宝，也是儿童进步和发展的特定保障"（Drummond，1993，p.10）。

本章我们将要细致讨论上述技能，理解当幼儿在从事一系列活动时所呈现的内容，并且理解他们的个体学习如何得到发展和促进。

在行动中学习和开展评价

教育者擅长运用不同的问题来达成不同的目的。早期阶段的学生会从问题当中获益，并且学会表达他们的观点。只有在这种情况下，相关信息才能被运用于教学，进而促进学习。下面的记录显示了如何用提问、同伴讨论和观察来做评价，目的是计划不同儿童的教与学。这份内容记录的是一组学前班儿童如何通过观察和探索小鸡的生命成长过程来独立表达他们的想法和观点。

通过这份记录，我们将会了解通过提问、观察、同伴讨论和儿童记录如何帮助教育者进行关于个体儿童的持续的形成性评价。

第一部分 基本原则与方法 61

背景

为了获得探索和调查的第一手的、真实的生活经验，这个学前班收到了一个名为
"Hens for Hire"的公司提供的恒温箱和鸡蛋。

公司的人向儿童介绍了鸡蛋和设备，并且分享了关于鸡蛋和鸡蛋里面会发生什么样
的变化的相关信息。之前孩子们也进行过相关的讨论，例如，即便超市里的鸡蛋看起来
是相同的，但是这些蛋之间其实是不同的。当孩子们发现自己家里可能有一种鸡蛋，打
开后里面是小鸡而不是一个蛋黄时，这给他们带来了巨大的快乐。正如一个孩子兴奋地
分享着："如果农夫没有把这些蛋挑选出来，我们就会有一只小鸡围着平底锅在散步！"

一小群孩子围在恒温箱周围，仔细观察并且讨论恒温箱里面正在发生什么。有时候
会有其他孩子过来旁听，并且加入讨论，有可能又去别的游戏区域玩，但是，这群孩子
的核心成员仍然围在恒温箱旁边。（P= 观察者）

> P：哇！这是什么？（指着圆形的恒温箱）
>
> Hollice：婴儿小鸡！
>
> P：哦，小鸡在哪里呢？
>
> Hollice：它们在里面，在鸡蛋里，你看不到它们。
>
> Milo：它们在吃蛋黄，当小鸡们把蛋黄都吃光的时候，小鸡就孵出来了。
>
> Evie：它们用小小的嘴在蛋壳上啄开裂缝。（她用两个指头模拟小鸡啄蛋壳的样子）
>
> （P 把她的手轻轻地放在了恒温箱的外面）
>
> Hollice：箱子是温暖的，让它们不会死。
>
> Ruby：因为天气会越来越冷，它们会立刻死掉的。

孩子们立刻就变成了专家，尤其是当教师把手放在恒温箱上的时候，孩子们迫切
地想要分享他们关于温度的知识和对温度重要性的认识。教师退后一步，允许儿童扮演
专家的角色，证明了儿童是自信和有能力的学习者，他们在分享他们最近获得的关于设
备、"蛋壳里正在发生什么事情"的知识。

话题发生了转移，儿童不再讨论关于恒温箱的知识，他们开始讨论他们关于小鸡和
鸡肉的独特经验，这成为他们分享和讨论的新话题。

> Taylor：公鸡躺在鸡蛋上。在动画片《粉红小猪妹》中公鸡叫 Neville，他很吵，歌曲总
> 是从啄、啄、啄开始。（他开始用一种很快乐的语调唱歌，并且摇动着他的小屁股）
>
> Ruby：在复活节，如果你买了巧克力鸡蛋，它们会孵出小鸡的。

接下来发生了什么？

质疑、讨论和预测未知的事件需要高水平的顺序思维，以及脱离开具体和当前事件
的高水平的抽象逻辑思维。这就能够帮助教师洞察每个儿童的思考过程和具体想法，提
供开展形成性评价的机会，从而建立不同的起始点，采用不同的教学方法教育不同的
孩子。

Nutbrown（2011，p.140）阐述了幼儿为什么不能够进行分科式的思维。"在现实生活中，幼儿不能进行分科式思维，或按照某件事情的学习领域进行思维。成人也不能。但是，当面对具体的情境、难题、需要解决的困难、需要回答的问题时，人类的思维是相同的：成人和儿童都是如此。"

当谈话进行到思考"小鸡孵出以后需要什么"的问题时，就产生了丰富的同伴讨论和学习的机会，从中明显地看到孩子们的学习。

P：我想知道当小鸡孵出之后，它们需要什么东西吗？

Evie：当小鸡孵出之后，有人会拿蛋黄给它们吃。

Evie 根据她的现有知识主动绘制了生命循环的当前阶段，她知道小鸡正在吃蛋壳里的某些东西，因此运用这些知识作为平台来预测小鸡孵出之后会发生什么，积极地在具体与抽象之间建立联系。

在英格兰的学校中，早期阶段的课程文件中提出了有效学习的三个特征：

- 游戏和探索
- 主动学习
- 创造和批判性思维（英国教育部，DfE，2012）。

Evie 的例子表明她是如何根据她的已有观念进行批判性思考的，以及是如何与她的前期理解建立联系的。

Milo 对小鸡孵出之后需要什么有着非常清晰和确切的认识。他肯定地分享了这些内容：

Milo：它们需要食物——小种子。

听了 Milo 的话，Evie 调整了她的原有预测，增加了如下内容：

Evie：它们或许需要小鸡的食物——不是那种它们长大后吃的食物，它们需要小鸡的食物与喝的水。

在近距离地观察过鸡蛋，倾听过同伴的观点之后，Tayla 也加入了交谈。

Tayla：小鸡们需要有一个彩虹帮助它们尽快入睡，因为小婴儿的房间都有彩虹帮助他们入睡。

Tayla 的谈话说明她能够基于她的前期经验和对新生命的理解来进行推测，并且在观点之间建立联系。这三个孩子接着继续讨论在哪里能够得到或得不到一个彩虹，如果有可能的话，怎样抓住彩虹。Tayla 最后总结了这场谈话，得出了一个一致性的结论："当小鸡们孵出来的时候，应该在它们旁边放一个彩虹图。"

Milo、Evie 和 Tayla 都记录了他们自己关于"小鸡孵出来之后需要什么"的想法，

图 4.1、图 4.2、图 4.3 分别是他们的记录。

倾听同伴，与同伴进行讨论，再加上教师的质疑，就能够激发新的思考路径，建构儿童自己的个体化的和原初的观念，同时也为儿童提供了机会将他们自己的观点和他人的观点进行比较。儿童能够反思和回忆他们的观点，提供更多的信息来解释他们的观点，或者在他们原有观点的基础之上考虑班级同伴的想法和贡献。和同伴交谈、倾听同伴的想法能够为儿童提供有价值的和丰富的机会整合他们共同的想法，并且促进彼此之间的互相学习。

作为参与式观察者，观察和倾听非常重要，有助于理解儿童与他们的生活、他们的前期经验之间的联系，以及理解儿童如何形成和修正自己的观点。观察儿童记录他们关于"小鸡孵出来需要什么"的想法，实际上为教师提供了很多机会来评价儿童在不同学习和发展领域的发展状况。

可以使用质疑和讨论来获得证据进而开展形成性评价，这种做法还可以进一步深入，思考儿童积极参与的记录和观察如何使用，进而能够与质疑和讨论相结合，去建构一位个性化学习者的更加全面的形象。

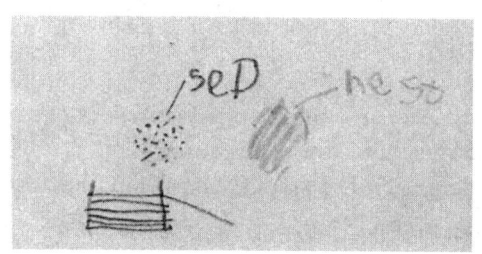

图 4.1　Milo 的画：小鸡们需要食物——小种子

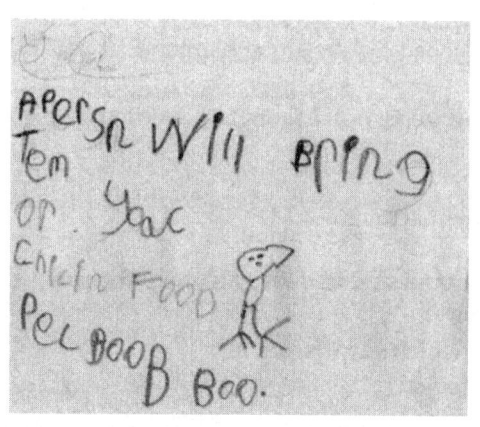

图 4.2　Evie 的画：一个人会给它们蛋黄或小鸡的食物

Milo（图 4.1）在绘制他心中的想法时，好像在进行实况报道。"它们需要食物、小种子，能好好睡觉的地方，比如干草堆。哦，它们还需要安全，这是一个篱笆。"Milo 非常清楚地知道新孵出来的小鸡可能会需要什么。他考虑到了小鸡安全的需要，这显示出他较高水平的认知，说明他的考虑已经超越了食物和水的基本需要，开始考虑到小鸡舒适的需要（需要一个窝）和被保护的需要（需要一个篱笆）。

Evie（图 4.2）能够将她的前期知识和理解与她的观点相结合。她非常自信地通过书写来交流，并且独立地选择了这种方法。她的记录证明了她在特定时刻运用语音知识的能力，这也表明她在未来的学习中有可能还会运用相关的经验。

Tayla（图 4.3）的画表明她是一个有同情心的学习者，能够考虑到新生命的"不为人注意"的基本需要。她关于小鸡需要彩虹的观点表明，她对自己的决定非常自信，而且能够广泛采纳他人的建议，能够对自己的观点进行清晰的推理。

图 4.3　Tayla 的画：小鸡们需要一个彩虹帮助它们入睡

几天以后，我（参与式观察者）回到学前班，发现超过一半的小鸡都已经孵出来了，许多小鸡正在努力破壳而出。

Milo 非常渴望和我分享这几天发生的事情：

Milo：更多的蛋孵出来了（指着小鸡）。它们为了出来需要从里面啄蛋壳。

P：哇！真令人兴奋！当小鸡们孵化的时候，有什么你没有想到的事情发生了吗？

Milo：一只小鸡非常虚弱，它也努力要出来。我想破壳而出对小鸡们来说可能是比较容易的。

Milo 指着一只正在破壳而出的小鸡。

Milo：看！这只小鸡正在努力出来但是还出不来。我们不能去帮助它们，因为这可能会弄伤它。

P：这只小鸡和你说的那只令你惊讶的、虚弱的小鸡一样吗？

Milo：不一样，我说的那只是黑色的，这只更像蜜糖的颜色。

Tayla 经过这里，认真地观察恒温箱里面的小鸡。她观察得非常仔细，并且提问道：

Tayla：它们为什么要吃蛋壳？

Milo：因为它们还没有吃东西，没人喂它们。

一只小鸡终于破壳而出，跳到了恒温箱的底板上。聚集在恒温箱周围的孩子们一下子松了口气，一起欢呼小鸡的顺利孵出。

P：哇！这只小鸡看起来怎么样？

Tayla：它有头和眼睛！

Tayla 的回答表明儿童对观察者的这个问题有不同的解释。观察者假定儿童会做出如下回答，小鸡看起来红红的、血糊糊的、黏黏的、滑滑的，但是儿童并没有这样回答！如果观察者以一种开放的方式来提出这个问题，或许效果会更好，例如，可以按照如下的方式提问：

- 我想知道这只小鸡有什么样的感觉……？
- 对于小鸡来说，这看起来是一件很辛苦的工作……
- 我看到了很多不同的颜色。

Evie 和 Archie 加入了小组，进行了如下讨论：

Evie：昨天，这只鸡还在壳里，我当时猜想它今天可能就会孵出来。它好像啄了一个更大的洞。

Archie：它正在啄掉所有的材料（壳）。

观察者询问 Evie 和 Archie：

P：当小鸡孵出来时，有没有发生什么你们没想到的事情？

Evie：那只小鸡躺下一点时，它的屁股那里有一点红。我没想到它们那里会有一点红。

Evie：黄色的小鸡是女孩，棕色的小鸡是男孩，Joshua 告诉我的。

Archie：晚上的时候它们会努力敲开蛋壳，它们会从蛋壳里出来，在恒温箱里走来走去。

接下来的几天里，孩子们继续花大量的时间仔细观察孵化过程，以及新孵出来的小鸡的行为。

倾听儿童对问题的回答，以及他们对自己观点的分享，为教育者提供了相关的背景知识，使得他们能够计划儿童学习和发展的下一步，并且点燃、激发和培养儿童对学习的热爱，将他们的学习建立在已有的观察和知识的基础之上。

对幼儿园每一个独立的、独特的儿童来说，一系列的评价过程必须强调"从观察到评价再到计划下个步骤"的循环。下面的内容是对如何基于上述的观察、讨论和回应，为 Milo、Evie 和 Tayla 制定未来的学习计划的简要阐述。

Milo 展现出了他对小鸡的孵化过程和小鸡的需要的深度知识和理解。他对自己的观点非常坚定，能够使用描述性语言来交流这些内容，而且还经常使用一些很复杂的词汇（如"一只小鸡非常虚弱，它也努力要出来"）。Milo 对自然世界的迷恋，对纪实文学的兴趣，以及他对小鸡的清晰理解和认知都能够用来扩展他的学习。可以与教师和其他儿童一起开展关于小鸡的"顶级王牌"的游戏，讨论小鸡的不同分类和排序，如可爱程度、强壮程度和体格大小等。这将会营造一种有意义的情境，有助于 Milo 去运用和扩展他的已有知识、表述性语言和词汇，提供一个有趣和游戏化的讨论情景，进行协商、计划、制定规则等活动，满足他对自然世界知识的渴望。可以运用信息资源开展关于信息的研究，提取各种信息的精华，并且对这些信息进行简要的交流。这个游戏还可以进行扩展，开展关于各种鸟类和动物的王牌游戏。

图4.4 对正在长大的小鸡的迷恋

Evie喜欢和别人交谈，告诉别人某件事情。她在通过书写来交流方面很有自信，而且选择独立做这件事情。她向周围的人搜集信息，运用这些信息来丰富自己的观点。考虑到Evie爱交谈的特点，她通过倾听别人搜集信息的能力，以及她在通过书写来交流方面的自信，可以判断她非常适合在教室中承担汇报者的角色。教师可以引导Evie使用记录设备来访谈成人和同伴，搜集关于小鸡的最新情况和相关信息。搜集来的这些信息可以用来创办一份报纸，如"小鸡新闻"。通过这些真实的、有目标的学习机会，可以发展幼儿的质疑能力、提取信息、语言表达和问题解决能力以及写作等技能。

Tayla天生的同情心、与自身已有经验建立联系的能力，以及对歌曲的明显热爱，都为教师提供了有价值的信息，从而支持她开展未来的学习。可以通过创设小小的栖息地，以及提供额外的、含有她自身特色的材料或资源，进一步发展她体贴、周到的个性，例如在动物睡觉的地方提供彩虹。我想知道的是，在Tayla的头脑中是否还有其他类似的体贴、周到的想法？为儿童的学习和探索过程创造和赋予目的与意义，能够开启他们最原本、最富有创造力的观点。例如，写一封照料者表达自己担心的信，信的内容是他发现当孩子们晚上都回家之后，小鸡们非常安静，他不太确定应当做些什么。然后，仔细倾听和观察儿童分享他们的想法和观点，这非常重要，这有助于促进儿童的学习和发展。Tayla会不会制造出一台播放摇篮曲的音乐设备，让它们在晚上陪伴小鸡？

Nutbrown（2011，p.137）曾经这样认为："有意义的体验本身就是一种尊重的、富有挑战性的课程的本质。"观察小鸡生命循环过程的体验可以为课程提供一个强有力且目标明确的基石，能够促进课程随着时间不断延续和发展。事实上，几周后的回访也表明，孩子们仍然在积极地和自豪地分享着有关小鸡世界的最新知识。下面就是一段简短的孩子们发起的谈话。

Milo：看，它们现在需要一盏红色的灯。（他指着小鸡，大多数小鸡都坐在小红灯旁取暖。）

Evie：这些女孩子全都是黄色的，黄色的小鸡比棕色的小鸡看起来更加毛茸茸的。这儿有一只妈妈小鸡。

Milo：那只大一些的明显是一只小母鸡。

观察和倾听幼儿分享他们原本的、独特的观点真的是一种荣幸。那些与同伴讨论的嗡嗡声，设计儿童学习旅程上令人激动的一个步骤，建构一种不可抗拒的体验，观察和促进儿童发现和探索这个世界，都是非常暖心的过程。下面的一小段对话真的使我情不自禁地微笑了。

Evie：我把我的手指伸进这个洞里，小鸡轻轻地啄我，一点都不疼。

P：哇！太有趣了。我想知道小鸡为什么会来啄你？

Evie：它们以为我的手指是一根小树枝。

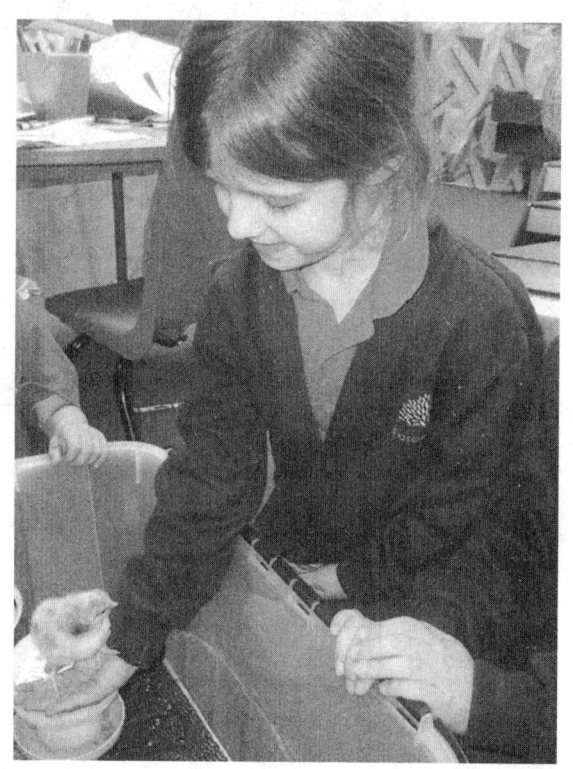

图 4.5

当然，当孩子们离开学校或教室之后，观察小鸡孵化这个有意义和值得回忆的经历不会结束。通过开展更广泛的联系，可以使这一学习经历继续发展。这就可以为儿童的学习增加新的维度，并且提供持续评价的机会。这可以通过多种方式来设计，例如用鸡蛋做各种食物，制作与照料小鸡有关的宣传单或视频，还可以寻找"长大的小鸡"。

早期阶段的学习评价

Black 和 Wiliam（1998）的相关研究，以及后来 Shirley Clarke 与上千名小学教师共同开展的相关研究（2001），都为开展有效的形成性评价提供了一系列的策略。可供早期阶段教育者使用的关键策略如下。

儿童的自我评价

儿童个体的成就和收获就像是一张完整的拼图，开展儿童的自我评价，使儿童参与到他们自身学习的评价过程之中，可以使这幅拼图变得完整。学习者的自我评价，"并非一种奢望，实际上本身就是形成性评价的一个重要内容"（Black and Wiliam，1998，p.10）。

如果要激发动机、促进自尊、让学习发生，那么学生对学习经验的积极态度是非常重要的。如果儿童感到他们能够表达对所从事活动的感受，还能够评价他们所取得的进步，那么，许多儿童会非常享受评价他们自身成就的过程。教育者在某一次任务中示范评价的过程是一种引导和鼓励自我评价的好方法。

如果学习活动或学习经验的引入和开展是在一种问题解决情境之下，或者是某些人真实地需要帮助或建议，那么这种情境下，幼儿的学习就会有真实的目标和意义。给予儿童一个真实的理由去分享和汇报他们的学习和发现能够支持儿童去反思和分享他们新的学习。例如，向珀西公园的创办人反馈最好的房顶材料应当是使动物的棚子保持干燥的那种材料，这会帮助儿童产生一种强烈的任务意识来汇报他们的发现和研究结果。有目的的学习经验渗透于所有领域的学习，可以为儿童提供丰富的学习机会来巩固他们的发现、新的词汇、理解以及各种情境下的学习。

用图画画出儿童的经验、观点、发现或创造能够使他们反思自身的学习和发现。一个有经验的教师能够通过让儿童对比自己的学习记录（可能是粘贴他们的照片、绘画作品或手工作品）来促进、引导和支持儿童的反思。实际上，标准与考试委员会（the Standards and Testing Agency，2013，p.10）也曾经提出，儿童应当成为评价过程不可分割的一部分："准确的评价应当考虑到各方的观点，包括儿童的观点、家长的观点、与儿童有重要互动的成人的观点。"

分享学习的目的

教师必须意识到界定清晰的学习目标的必要性，其目的是确保教学和评价有重点可抓。同时，和儿童分享这些"学习目标"也是非常重要的，这可以帮助儿童感受任务的目标。为了使儿童能够产生成功感，并且能够对自己的学习需要进行自我调节，需要让儿童清晰地了解与他们的调查或任务相关的具体指导，并且明确学习目标在实践当中是如何呈现的。

反馈、标记和个体的目标设定

对非常年幼的儿童的反馈毫无疑问应当是口头的，而且应当尽可能地迅速，并且与相关的学习密切联系。当儿童渐渐地长大，能够认识和理解象征符号，能够阅读教师使用的熟悉的评价符号时，可以引入书面的反馈（例如，可以运用思维导图，利用泡泡或星星或心愿等其他形状，来反馈全班或小组的活动）。

但是，仍然有几条重要的原则应当运用于所有反馈，其中一些原则与目标设定有关。

在活动过程中，反馈应当尽可能及时，对幼儿来说，这本身就有着特殊的意义。反馈还应是积极的，对成功的反馈应当与任务的学习目标相联系。开启下一个要达到的目标也应当是反馈目标的一部分。很显然，对幼儿来说，任何目标都应当用非常简单的词汇来陈述，在后续的学习活动中还应当不断被提及，目的是与儿童先前的学习之间建立联系。因此，对评价信息的记录非常重要，没有一名教师能够仅仅在头脑中记住或描绘所有儿童发展的关键的"下一步"。还有很重要的一点是，评价过程实际上同时也是取样的过程，评价或取样的焦点会从一个儿童过渡到另一个儿童，从一个课程领域过渡到另一个课程领域。为所有儿童开展的所有活动进行非常详细的反馈或目标设定是不可能的，促使学生对所有的学习进行自我评价也是不可能的。

根据学习来调整教学

有效的教学与有效的计划和评价之间存在着一种紧密的、不可打破的联系，三者共同组成了一种行动循环，促使课程不断地发展和调整以适合儿童。

当教育学前儿童的时候，很重要的就是要认识到评价以及课程后续的改变都应当考虑到整体的儿童。一个儿童可能被认为精细运动技能不强，难以完成一个实际任务，但是他却可能对事件的发生和发展过程有着概念化的认知和理解。针对这种情况，仔细地比较和理解这两项技能才可能导向有乐趣的、成功的学习。

学习环境

学习环境非常重要。好的学习环境能够促使儿童积极地验证他们的技能，通过游戏化的和令人振奋的学习经验来进行理解，还可以为教师提供机会开展深入的和有目的的观察，进而做出精确的评价。创造观察和评价的机会应当成为学习环境的计划和设计的一部分。应当考虑：学习体验看起来具有吸引力吗？孩子们是否会觉得难以克制，也不可能不玩这些材料？

冰雪中的探索活动

在一个寒冷的二月的早晨，因为下雪，去学校的路变得很滑。外部天气和环境的突然变化恰恰提供了一个很好的时机，"打断"了实际的安排，促使教学助手调整计划，使儿童一起适应这种改变。孩子们立刻开始研究一条不同寻常的冰雪小路通往何处，他们自然而然地开始探讨冰雪和融化的问题。他们发现了一些非常大块的冰，里面似乎有奇怪的东西！是有什么东西被困在里面了吗？

于是，孩子们开启了探索这些神秘物体的过程，他们使用了记录观察、拍摄照片、录像剪辑等方式。其中的一些观察结果立刻被一部 iPad 记录了下来，这是一种数字化评价方案。仔细的计划和对户外学习环境资源的利用，促使孩子们兴奋起来，投入了极大的热情，叽叽喳喳地讨论如何融化这些冰，同时开始立刻使用相关的设备和资源来验证他们的观点。这些方法包括用棍子敲碎这些冰、浇热水来融化这些冰，释放包裹在冰里面的那些可爱的玩具。

图 4.6　儿童将冰块砸碎，验证他们的想法

　　教师还观察到孩子们对学校外面的一条奇怪的、非同寻常的冰雪小路发起了探索，并且进行了一系列有趣的调查活动，这就使得教师可以测量和评价儿童对于融化和冰冻的理解。

　　教师在室内也为儿童提供了和室外相同的学习环境和机会，只不过规模要小一些，冰块里面的神秘物体也要小一些，儿童也可以使用各种各样的工具和物品来融化冰块。教师对儿童的观点进行回应，并且调整学习环境来支持儿童孕育和发展不同的观点。例如，提供一个小小的带轮子的烤箱来验证冰是否会在烤箱里融化，或者提供一些柔软暖和的材料让冰块变热。学习环境的设计使得儿童能够充分发展他们对于融化的理解，并且能够促使相应的观察和评价不间断地发生。

　　儿童必须能够拥有一个丰富的学习环境，可以为儿童提供丰富的学习机会和条件，从而促使儿童在所有方面的发展。学习环境应当保持不同学习领域之间的平衡。这种理念的核心在于尊重每一个个体的儿童，将儿童的努力、兴趣和目标视作成功学习的有效工具。

标准与考试委员会（the Standards and Testing Agency，2013，p.9）

图 4.7　当一个寒冷的、柔软的玩具渐渐从一个大冰块中显露出来时，
所有的孩子们都迫不及待地想要温暖它、拥抱它

进行整体评价

儿童在每天的体验中持续不断地学习和发展。这些经验涵盖了他们生活的全部要素，包括他们的家庭、社区以及教育环境。与家长密切沟通、共同工作，并且与家长就他们的孩子进行开放的、诚实的和经常性的谈话，可以使各方人士都能够对个体儿童的成绩和学习表现了解得更加清楚、更加深入和更加全面。

20 世纪 30 年代，Susan Isaacs 就认识到了学校和家庭等环境尊重儿童兴趣的重要性。她这样说道："这是 20 世纪的世界。在这个世界中，大多数儿童，尤其是群体中的儿童，他们对这个世界的汽车、机器、飞机、留声机和无线电充满兴趣。"（p.23）现在已经是 21 世纪了，世界有了飞速的发展和进步。无线电已经有了全新的含义，技术以惊人的速度进步和发展。儿童的生活中充满了各种设备，使得他们能够立刻和世界建立联系。他们或许已经接触过了运动感应游戏、语音激发命令，甚至是某种形式的触屏技术。尽管儿童的兴趣不断发展，学校以及儿童课外兴趣机构的影响和重要性仍然与过去相同。

这些工具的使用，以及随之而来的快乐环绕着儿童，且时时处处存在——在街道和家庭中、在图画书中、在有图文说明的报纸中、在成年人以及年长儿童的谈论中。它们已经成为儿童身边现实世界不可分割的一部分。因此，学校有责任对儿童解释这些事情，并且简化他们对这些事情的理解。

（Isaacs，1930）

儿童的小脑袋中填满了与他们自身经验相关的图像、思考、问题和观点。出于本能，儿童会不断去探寻这些经验，进而去感知周围的世界，并且不断与他们的已有经验建立联系。

Amber 和动物

下面的例子是对 Amber 的观察，Amber4 岁 6 个月，她正在玩小小世界的动物游戏。Amber 自己拿了几筐小小世界的玩具玩，这些玩具包括动物、水晶石、鹅卵石和小木头等。她自己仔细地挑选出了这些玩具。

当 Amber 在玩的时候，她会自言自语，还会对动物们说话。

"好棒的海豹。这个是妈妈，这个是爸爸。"（把海豹放在了两块水晶石上）

（把北极熊挪到了海豹区）"北极熊没有妈妈和爸爸，因此海豹在照顾他，他们生活在一起。"

"北极熊已经进来了。很好，北极熊，你到这块岩石上吧。"

"马不能生活在水晶石上，这里没有草。小马，你得到那边去。"

（Amber 抚摸和安慰了一下北极熊）"一切都很好，一切都很好。"

对 Amber 游戏的这段简短描述显示了 Amber 富有同情心的天性，以及她对"马需要吃草"的理解。使观察者感到困惑的是单词"poptin"的含义。因此，参与式观察者提了一些开放性的问题，来和 Amber 反复探讨这个单词的含义，并且倾听 Amber 的额外解释："他进来是因为海豹要照顾他。"尽管这个单词听起来很像"popped in"，但是这并不影响 Amber 游戏的开展。观察者和 Amber 的妈妈进行了交谈，并且分享了 Amber 动物游戏的细节和出现的新单词。Amber 的妈妈解释说她带 Amber 参观过一个农场。农场里一只小牛犊一出生就失去了它的妈妈，因此被工人"认领"（adopted）了，用奶瓶来喂养它。很明显，为了进一步理解她的新经验，Amber 在她的游戏中尝试使用新的词汇"认领"（adopted）。

家长掌握着把儿童的成绩、学习和发展拼接在一起的钥匙，能够帮助教师进行整体的评价。承认家长是儿童出生之后的第一任教师，能够保证教师去倾听家长的声音，努力与家长建立一种开放的、诚实的且真实的关系，并且把儿童的权益和幸福列为考虑的核心要素。正如 Hurst 和 Lally 所提到的："对幼儿的评价必须覆盖儿童发展的所有方面，必须考虑到态度、情绪情感、社会性和身体等多方面的发展……对于幼儿来说，学习是综合的，不是被学科大纲所划分好的。"（1992，p.55）

早期教育阶段评价的建议

许多早期阶段的教师都已经树立了"完整儿童"的评价理念，并发展了相应的评价能力。我们认为，开展早期阶段有效评价的核心要素如下：

- 意识到开展形成性评价中所具有的多种多样的机会。
- 作好计划，并且花时间去倾听和观察儿童。
- 重视讨论，抓住开展有效评价的这把关键钥匙。
- 和儿童共同搜集他们的学习记录。
- 利用所获得的评价信息制订未来的教学计划。
- 富有想象力的活动会导向开放性的探索，并提供了更多的评价机会。
- 学习环境的设计应当有助于评价活动的开展，并提供评价机会。
- 将儿童视为专家，使得儿童能够主导他们自身的学习，并且便于教师进行更有价值的观察。

第 5 章

"这是我最美好的日子！到了要回家的时候，我也不想离开这儿！"

——户外学习环境

克里斯蒂娜·帕克 （Christine Parker）

观察：托儿所里的游戏

Jason 和 Jack 正在托儿所的花园里玩。Jason 追上了 Jack。Jack 喊道："你是一个妖怪。"Jason 跑走了，边跑边说："我不是妖怪，我不是。"他们钻进了柳树隧道中，坐在了树桩上。Jason 问："我们怎么出去呢？"他们挤过柳树隧道中的一道小沟。Jack 建议说："我们去公园玩吧。"Jason 指着那边的攀登屋回应说："是那个吗？"当他们穿过沙池的时候，Sophie 给了 Jason 一些沙子蛋糕。Jason 说："不需要，谢谢你。"然后，这两个男孩跑到了攀登屋，顺次爬上了攀登绳。Jason 看到了一个没有固定好的树桩，说："我需要这个东西。"并且试图移动这个树桩。Jack 过来帮他的忙，然后他们试着移动一个更大的树桩。Jack 对 Jason 说："我移不动它。你能帮我吗？"但是，Jason 回答说："不行的，这个树桩太大了。"于是，他们重新回到沙池，看其他孩子做沙子蛋糕。Jason 来到材料架前，取了一个大桶和一把塑料勺子回到了沙池。他往桶里装满了沙子，每次都装满满的一大勺。Jason 问道："哪儿有水啊？"Jack 回答道："这儿有一桶水。"于是，Jason 提着这桶沙子，摇摇晃晃地向水桶走去。

在上述这段观察记录中，一个 3 岁的孩子能够确定他不是一个妖怪，想办法离开柳树隧道，听取同伴的建议去公园，练习爬绳子，测试他的肌肉力量，从他周围的同伴身上获取信息并且提出有意义的问题。这一切都是在很短的时间内发生的。

Jason 的负责教师是这样记录的："Jason 显示了高水平的参与能力（Laevers，1994），能够与同伴有效互动，呈现了大量的合作性游戏，能够独立获取资源和开展想象性游戏。"我觉得还应该增加一点：Jason 乐于接受运动方面的挑战。

上述观察的目的是为了发现户外游戏的价值。户外游戏的重要性已经得到广泛的认同（英国资格与课程局 QCA，2000，p.25;Garrick，2004；Edgington，2004，p.2）。早期阶段的幼儿，包括幼儿园和小学的儿童，都非常需要户外活动。如果环境能够允许儿童自由地从户内到户外（反之亦然），那么，他们就能够在这个环境中发展他们的游戏和学习，并且从中获益。现阶段，越来越多的学前班儿童能够接触到户外环境，一年级的儿童也一样。报告《继续学习旅程》（英国资格与课程局 QCA，2005）支持为儿童提供频繁的户外游戏机会。

我们知道，户外环境为幼儿提供了大量的游戏和学习的机会。但是如何捕捉幼儿对户外活动的参与和喜爱呢？本章内容将试图在以下几方面支持早期教育工作者：

- 理解户外学习环境如何促进和扩展儿童的发展与学习；
- 定义不同的活动区域；
- 观察和设计户外学习环境；
- 提供组织户外环境的实践方案；
- 使教师受到启发和激励，确保户外学习环境成为早期阶段课程的一部分。

户外学习环境如何促进和扩展儿童的发展与学习

情绪发展

对于大多数幼儿来说，日常生活中去户外活动的机会直接影响他们的健康水平（Laevers，1994）。有些儿童更喜欢户外活动，因为户外活动使他们对自己感觉更好，使他们变得更富有冒险精神，更有趣（正如同第 1 章所讨论的）。拥有不同类型的空间能够促进他们的情绪发展。在户外活动中，与能够和他人共同分享快乐相比，一个可以躲藏的地方，或能够安静和独处的空间，同样重要。基于心理健康的考虑，我们知道对户外活动的喜爱能够支持我们情绪和精神的发展（Jenkinson，2001，pp.34-36，pp.100-101）。

社会性发展

在社会情境下，儿童能够最有效地学习（Vygotsky，1978，pp.89-91）。户外环境为儿童提供了许多共同游戏的机会，让他能和个体儿童、群体儿童、个体成人或户外的所有成人一起学习。儿童的户外游戏和学习能够潜在地支持社会戏剧游戏中复杂的叙述；能够支持儿童计划、准备和享受种植的快乐，包括种植蔬菜、水果或其他植物；还能够满足儿童同伴交往的需要，鼓励同伴间的讨论和享受友谊。

教师可以观察到，当儿童的超级英雄角色游戏已经超出了可允许的行为的界限时，儿童能够学习调整他们的游戏规则，并且学习保护彼此。在 Caverstede 早期教育中心，孩子们对规则进行了如下的解读：

- 户外——不是室内；
- 不能伤害别人；
- 不打架；
- 只是用剑一起玩打仗的游戏，不能打别人的身体；
- 只和想玩的小朋友一起玩；如果小朋友忙着做其他事情，他们可能想过一会儿再玩；
- 不要推别人；
- 把规则告诉你的同伴。

身体发展

有空间和自由来练习奔跑、跳跃、攀爬、平衡、举起、携带、搬运、推、拉、摇等技能，保证了儿童的身体、心理、智力的健康和发展。经历身体上的挑战是一件冒险的事情，但也是一件必要的事情，因为这可以支持和发展儿童自身的感觉，使他们知道什么是安全的，什么是不安全的。作为早期阶段的教师，我们的角色就是为儿童提供各种条件，支持他们去尝试在各种场地上活动，判断梯子架得是否牢固，敢于去探索矮树丛后面黑黑的空间。

图 5.1　一个喜欢活动和大声喊叫的孩子有机会在一块空地中玩耍，
而且这块空地上的其他人也喜欢这么玩

每天都使用各种体育设备能够保证儿童发展他们的各种运动技能，如投掷、抓取、捡回，让他们娴熟、灵敏、自信地使用各种器具。通过种植、角色游戏装扮、利用自然材料为各种材料和设备做标记等活动，儿童的精细动作技能也能够得到适宜地促进和发展。儿童对各种小动物有着天生的喜爱，他们在学习照顾小动物的过程中学会关心和尊重。

通过提供各种不同材质的活动场地，可以很好地发展儿童的感觉统合能力。在我们的日常生活中，我们的大脑会通过各种神经活动来组织我们的感官。我们从我们的感觉器官（包括运动觉器官）接收各种信息。这些信息会告诉我们的大脑关于平衡、运动、引力等多方面的知识，以及我们的肌肉和关节正在做什么事情。我们知道我们需要提供各种不同材质的场地和大量的运动经验来支持每个儿童的感觉统合。在托儿所的花园里，孩子们可以在各种各样材质的地面上练习走、跑、跳等技能。这些不同材质的地面包括：草地、水泥小路、碎木屑地面、人工草皮、橡胶地面、石子地面、木头和木板小路、有变化的小斜坡等。这些经验能够使儿童感到舒适和放松，也提供了多种学习机会。

图 5.2　爬上梯子来探索柳树隧道中的不同风景

智力发展

儿童渴望和享受着在户外解决问题的快乐。我们如何运送这堆树叶、这堆大积木和这些木板？如果我们是超人，我们如何拯救地球？我怎样使这个更合适？我怎样使水向这个方向流？通过这些探索和想象性游戏，儿童需要解决问题、协商角色、获取知识，还需要进行记忆和提出许多问题。在本书的前面内容中，David Whitebread 解释了布鲁纳的观点，即"语言是思维的工具"，以及维果斯基的观点，即"儿童需要在有意义的社会情境下学习"。户外活动为儿童提供了永无止境的机会去表达他们的想法，开展学习，与其他儿童和成人进行分享。当可以在户外表达他们自己的时候，有些儿童会更加自信和放松。

在 Caverstede 早期教育中心，我们创设了一个沼泽花园。孩子们对这个项目非常感兴趣，他们通过各种问题来展示着他们的调查线索：

- "我们的所有植物都能长出来吗？"
- "我们能在沼泽花园里洒水吗？"
- "小鸟会来吗？"
- "蜘蛛真的爬得很快吗？"
- "我能够问一些关于蝴蝶的问题吗？"
- "如果种子没有正确地种植，它们会死掉吗？"
- "虫子对植物有好处吗？"

**图 5.3　在 Caverstede 早期教育中心，孩子们在教师的支持下
设计和创建了一个沼泽花园**

沼泽花园也激发了小卡片的制作，上面写着创设沼泽花园所需要的东西，如图 5.4 所示。

高质量的户外活动和环境能够有效地支持和发展科学课程。户外有许多可以探索的关键科学主题，例如变化、天气、季节、材料的特性、生长和生命等。近距离的观察对于发展科学探究技能非常重要。

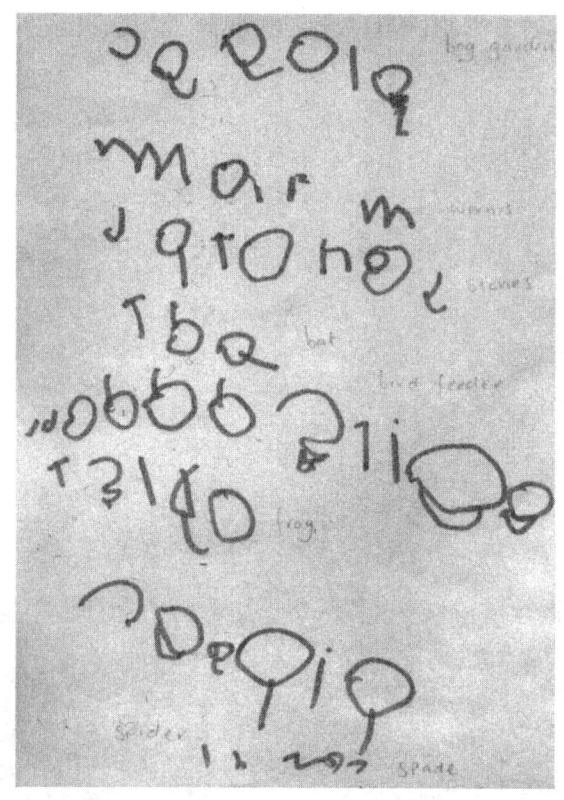

图 5.4　一张创建沼泽花园所需物品的清单，包括儿童可能观察到的生物

界定不同的户外学习环境区域

与室内环境中界定不同的区域相同，户外学习环境中界定不同的学习区域也很重要。作为早期教育工作者，我们必须仔细考虑什么是适宜的和有益的户外环境。Helen Bilton 做了如下解释：

> 户外活动环境不应当是一个空白的环境，这样才能够成为一个学习和教学的环境。应当像设计教室一样设计户外活动环境。户外活动区应当提供些什么，以及应当开展哪些活动，在哪里开展活动，都应当仔细考虑。

> （Bilton，2002，p.36）

我是一名幼儿园教师和骨干教师，我阅读过大量文献（Bilton，2nd ed.，2002；Garrick，2004，pp.66-67；Bradford Education，2000，pp.8-9；Ryder Richardson，2006，pp.2-10，p.46），这些都促使我仔细考虑户外活动环境的组织和一系列户外活动区域的创设。我认为这些区域的创设应当是持续性的，也就是说，每天都应当提供，而且必须保持相对稳定的水平。我认为户外活动区域应当做如下划分：

- 自然环境：野生动物和植物

- 种植
- 身体挑战和感觉统合
- 角色游戏
- 运送材料
- 自然材料
- 建构区
- 创造性艺术
- 聚会场所

Bilton（2002，p.41）认为，多种多样的资源能够促进范围更广的学习机会和结果。接下来，这种持续性的提供能够促进更深入的对儿童游戏和学习的观察，同时了解每个儿童以及小组儿童和全班儿童学习和发展的需要。

自然环境：野生动物和植物

英国国家课程为 5 岁及 5 岁以上的儿童提供了基础科目，从关键阶段 1 开始。关键阶段 1 中的科学课程支持儿童获得关于周围世界的知识和理解。那么，还有比户外环境更好的地方来发展儿童对于科学关键概念的理解吗？在户外，我们可以激发和支持儿童探索小动物、小鸟和小昆虫的生活。在读写课程中可以提供一些相关的小故事来很好地支持儿童开展科学调查。通过这种方式，我们可以在儿童的科学学习和读写学习之间建立有意义的联系。例如阅读《好饿好饿的毛毛虫》（Carle，2002）这本书。

Caverstede 早期教育中心的儿童充分利用灌木丛来学习，教师要一直确保灌木丛随时保持可以穿过的状态。灌木丛可以为儿童提供一个小小的封闭的私密空间，同时还能够激发儿童玩有趣的想象性游戏。

好的种植环境可以帮助儿童很好地学习和实践关于种植的各种知识（Bilton，2002，p.61）。在利用种植来创设环境时，应当考虑到支持儿童的感官发展。我们创设的小花园对于所有儿童和成人来说都是一种很好的示范，这里包含了各种不同高度、不同叶子形状、不同花期的植物。儿童能够隐藏在灌木丛的后面，树木还能够给儿童提供所需要的荫凉。

种植（蔬菜、水果、花草）

在感兴趣的成人的有力支持下，种植所蕴含的巨大潜能能够发展儿童对于植物生长过程的知识和理解，帮助儿童获得种植的第一手经验，了解粮食是如何长出来的。20 世纪 20 年代，在玛格丽特·麦克米兰的露天托儿所里，她强调为儿童提供两个花园，一个是普通植物花园，一个是可食用植物花园（Bradford Education，2000）。种植庄稼的过程是一个可以体验四季鲜明变化的过程，还可以发展出对社区的归属感。

为儿童提供种植的工具非常重要，可以帮助儿童通过他们自身的努力获得成功。在一些小型区域，一些非常规的容器可以得到很好的使用，例如轮胎的使用。基于我自身的经验，我建议应当设置一个挖掘区，可以使孩子们充分地玩泥巴、与泥巴互动。很快，孩子们就会意识到有的区域可以自由地开展探索性游戏，而有的区域只能开展特定的活动，如种植庄稼。孩子们很愿意制作各种防水标签，并且提醒别人这里不能挖掘。

图 5.5　整理花坛以便进行种植

建议从小处开始，然后慢慢扩展！我们会再一次发现种植活动提供了课程整合的无限机会，可以将读写、数学、创造力发展和身体发展统整起来。花园可以激发儿童对故事的兴趣。例如，大萝卜的故事包含了数学的知识，以及比较大小和重量的知识。孩子们可以自己种萝卜和其他蔬菜，还可以自己绘制相关的图画来重现这个故事，还可以模仿故事中讲到的推和拉等动作来促进儿童的身体发展。

身体挑战和感觉统合

正如前面所提到的，户外环境和材料在日常生活中能够为儿童提供很多身体挑战的机会，并且满足他们感觉统合的需要。儿童可以从户外活动的很多项目中获益，例如推两轮车、爬梯子、从小山上滚下来、走木头或木板搭成的小桥、自由转动、在不同材质的路面上行走、体验安全的碰撞等。

在 Caverstede 早期教育中心，体育设备属于持续提供的设备。教师希望这些设备能够按照设计的目的来使用。球和球拍、曲棍球棒、足球门、沙包和篮球框都是随手可得的。

图 5.6 　儿童乐意设计他们自己的障碍课程，并且很善于应对各种他们能够掌控的安全的挑战

角色游戏

如果你是一名幼儿，想要扮演一名警察或是消防队员，难道还有比户外更合适的地方吗？在户外，你有充分的时间和空间来发展你自己的故事。户外场地有助于发展积极的角色游戏，儿童可以大声地表达，可以发出比室内环境大得多的噪音。角色游戏受到真实生活经验的强烈影响。当儿童能够掌控时间和空间的时候，角色游戏会更具吸引力。他们可以走路去"商店"，跑着去"急救中心"，去拜访众多亲

图 5.7 　沿着滑梯推一个树桩来满足儿童身体力量的挑战

属。超级英雄游戏需要在完全没有安全隐患的环境中开展，这种游戏可以充分释放儿童的精力，并且使他们的游戏更具目的性。

运送材料

幼儿经常表现出对运送材料的兴趣（Athey，1990）。在室内环境中，这种行为往往会引发教师的焦虑和担心，因为室内环境中往往缺乏空间和材料。但是在户外，运送材料的需要能够得到很好的满足和支持。而且，真实的经验越多，儿童参与和学习的水平就越高。例如，秋天的时候，可以提供带轮子的小车来运送落叶。

自然材料：水、沙子、泥、岩石和鹅卵石

对自然材料的探索是一项大工程，更适合于在户外环境中进行。只要给儿童穿着适宜的衣物，整个经历就会非常有意义。例如，提供各种天气都适合穿的衣服可以使儿童全心投入，完全释放自己。在英国康瓦尔郡，"凯尔特林地学习"项目就是一个非常好的森林学习项目（Callaway，2005）。这个项目支持儿童在各种天气环境下探索户外环境和在户外开展活动的需要。该项目的一个目标就是："鼓励儿童尊重户外环境，包括各种不同的天气条件，自然之美和自然的各种不同形态，以及季节的变化。"（Callaway，p.3）

对沙坑游戏的观察向我们展示了儿童开展平行游戏和社会性游戏的机会，即需要大量的合作才能够把所有的容器填满。提供各种不同尺寸的容器可以提升游戏的质量，同时，也有更多的机会来进行重量、大小、容积等内容的比较活动，这是非常重要的活动。安装一个滑轮组能够使儿童的游戏和学习更具科学探究的性质。

自然材料也可以提升儿童"小小世界游戏"的质量。儿童关于小小世界的想象能够使他们更加富有同情心，更会创编故事，同时分享各种理解。玩弄各种自然材料能够促进儿童的想象性游戏，包括小小世界的想象性游戏和操作真实物品的想象性游戏。

图 5.8 捏魔法字母

建构区

将沙子和水组合在一起，往往能够激发儿童开展建构游戏的兴趣。开展大规模的建构会对儿童提出更大的挑战，进而产生更高的满足感。大型的建构材料，如木板、轮胎、木箱等，需要更大的建构空间，同时也为儿童提供了机会开展有目的的建构。

Nutbrown 在《儿童的权利和早期教育》（*Children's Rights and Early Education*，1996）一书中探讨了儿童权利的概念，并且提出了"儿童的隐私是否需要尊重？"的问题。她指的是沟通的各个方面。但是，为儿童提供私密空间也非常重要，在私密空间中，儿童可以不受到成人的打扰。教师可以很小心、很敏感地进行监控。

图 5.9 建造一个秘密会议厅

艺术和设计的表达

在户外环境中，艺术可以以一种令人兴奋的和创新的方式来加以表达，有更大的空间来创作大型的艺术作品，探索声音和音乐，同时，户外活动区域还能够用于表演。

无论是过去的艺术家，还是现在的艺术家，他们的创造灵感都可以用儿童能理解的方式介绍给儿童。Andy Goldsworthy 通过搜集自然材料来创作雕塑，鼓励儿童探索模式、空间、形状、颜色、质地等视觉元素。Jackson Pollock 的艺术作品和工作可以在户外进行充分探索。儿童可以尝试泼洒的方式作画，在比室内更大的空间里享受他们的努力和成果，同时也比室内有更少的限制。儿童非常喜欢用大型的刷子、容器和大的地面作画，用粉笔制作各种标记。提供各种艺术材料能够促进儿童建构技能和角色游戏能力的发展，还能够促进儿童绘制地图和制订计划能力的发展。

为儿童提供机会尝试户外艺术非常重要。而且，户外艺术形式是真实的和具有安抚力量的。例如，通过探索颜色，儿童能够对教师提供的水彩颜料做出回应，他们会探索颜料的流动、混合和配色来感受和思考颜色的变化和效果的不同。

儿童还喜欢在户外尝试音乐，这种有组织的音乐形式可以提供一种不同的经验。在我们幼儿园的小花园里，我们还和音乐家一起开展活动。儿童会对音乐产生自然的回应，会根据旋律和节奏晃动他们的身体。

一些经典故事（Barrs & Ellis，1998），如《我们去猎熊》（*The Gruffalo, We're Going on a Bear Hunt*）和《坏脾气的公山羊》（*The Billy Goats Gruff*）在户外讲述会有更好的效果。当成人示范了讲述故事的过程之后，儿童就会进行模仿，并且开始讲述他们自己的故事。

图 5.10　一名成人正在示范水彩画，鼓励儿童仔细关注细节

聚会场所

户外环境不仅能够为儿童提供一个安全的独处空间，同时也是很好的聚会场所。这些聚会场所可以是在一棵大柳树的荫凉下，可以是在篱笆旁边的隧道里，可以是在一个小木屋里，还可以是在沙坑里。儿童可以在这些地方聚会和开展社会交往。在这些地方，儿童的角色游戏也能够得到促进。儿童会旅行到"西班牙""月亮上""路边的商店里"。

对观察记录进行细致分析非常重要，可以帮助我们制订更加适宜的计划来促进和扩展儿童的发展和学习。接下来，我们将讨论如何设计户外学习环境。

观察和设计户外学习环境

在户外观察儿童

我们为什么需要在户外观察儿童？如果我们真的重视儿童的户外游戏和学习，那我们就应当对观察予以重视，并且要强调、考虑和记录儿童在户外学习和发展的需要。我们不能简单地让户外的游戏和学习顺其自然，因为如果这样，学习就很难发生。天气会对户外游戏和学习带来很多挑战，因此，照片、数码相机等都需要使用。下面是两个例子。

观察一

Joshua 在一个学前班,现在是秋季学期。他用大塑料砖头建起了一座高塔。他决定使用所提供的贴纸标签来记录相应的数字。他在每一块砖头上都贴上了标签。在写 10 以上的数字时,他还使用了教师提供的数线玩具。这个活动 Joshua 持续了 20 分钟。

户外活动环境为 Joshua 提供了从事数学活动的信心,否则他根本不会自己选择这个活动。

图 5.11　Joshua 在砖头上贴标签

观察二

Carl 把洋娃娃放在滑梯上往下滑。接着,他从洋娃娃后面跟着滑下来。他把洋娃娃放到了另一架滑梯上,仍然跟着洋娃娃往下滑。这个塑料滑梯让他滑得更快了。"呜……"他叫了起来。

他扶起了附近的一辆滑板车,然后绕圈滑。他滑回来经过地板上的洋娃娃,放慢了速度看了洋娃娃一眼。他接着滑滑板,停在了一名成人旁边。这名成人正在谈论要去下一所学校的事情。Carl 表现出倾听的样子,但是同时他仍然滑着滑板车绕着一棵小灌木转圈子。接着,成人谈论的话题转到了"友谊"。Carl 做出了许多面部表情,其中包括微笑。

他丢下了滑板车,转了三圈。

他对他的同伴说:"你打嗝了?"他绕过一棵大灌木,去追他的同伴。

Carl 表现出了运动的需要,旋转模式游戏的需要,显示出了对社交互动的愿望、兴趣和喜爱。Carl 不断地进去和出来,利用洋娃娃想象和创造出一种社会交往情境。这可以强化和帮助他做好准备以适应真实的社会交往情境。

设计户外学习环境

设计户外学习环境是一个动态过程，且需要时间。户外学习环境需要不断调整，目的是不断改进儿童游戏和学习的质量（Bilton，2010）。

制订户外环境计划的时候，非常重要的是要慎重考虑到期望儿童获得的明确的学习经验和学习机会。户外活动区域的划分需要进行清晰的界定，而且，每个参与其中的人都应当理解这种划分。将所划分的区域与其潜在的学习和发展价值进行匹配是一个重要的过程，有助于再次确定户外游戏和学习的价值，并在此基础上形成一种共同的理解。

表5.1、5.2、5.3就是具体的例子，分别为我们这所幼儿园户外环境的长期计划、中期计划的一部分和一个短期计划（周计划）。

提供实操策略来组织户外环境

户外环境会带来灵感和促进作用，而且是富有价值的，但是，早期教育工作者也需要认识到提供高质量的户外环境也是有难度的。下面就是一些可能会在实践过程中遇到的常见困难和问题的归纳。

- 安全问题、监控问题、成人的期待、紫外线防护、规则和界限；
- 储备／时间设定；
- 通道、建筑设计和区域大小的限制；
- 天气（恶劣的天气会使人感到泄气，尤其是对一些成人来说，但是这种天气并不会打消儿童的积极性）；
- 成人对儿童户外游戏的态度，或许他们并不赞同我们上述的观点。

坚持愿景是非常重要的！不要泄气，坚持下去所取得的结果对儿童会非常有益。表5.4提供了解决上述困难的一些建议。

表5.1　长期计划：持续提供

户外环境
户外学习环境提供了主动学习的机会，有助于幼儿开展综合课程的学习，获得各种各样的学习经验。 **学习经验／活动** **个性、社会性和情绪发展** • 分享和轮流使用设备 • 合作开展项目活动 • 发展独立性 • 对户外世界感兴趣，愿意主动学习 **交流、语言和读写** • 使用大的和小的材料，探索制作标记 • 制作和使用标记，例如道路标记

- 运用小说或非小说文学作品作为活动的起点
- 制造和探索声音
- 谈话、协商和交流观点

数学发展

- 计数
- 数字游戏
- 开展数字匹配活动
- 发现和创造模式、形状
- 测量和问题解决
- 数量比较

知识和对世界的理解

- 运用各种资源（包括信息技术）来调查、观察、探索和比较
- 大规模的搭建和建构

身体发展

- 发展大肌肉运动技能和空间知觉
- 发展精细动作技能
- 意识到并且谈论变化

创造力发展

- 创作大型壁画
- 制作可移动的物体
- 在各种天气条件下开展音乐和舞蹈活动
- 设置角色游戏区域，并配备合适的服装

成人角色

- 识别儿童的兴趣，肯定儿童兴趣的价值，将活动建立在儿童兴趣的基础之上
- 敏锐地干预
- 示范技能
- 分享信息
- 提出挑战性问题
- 和儿童一起游戏
- 提供其他适宜的材料
- 支持近距离和准确的观察

玩具材料

建议应当包括如下玩具材料：

- 可以骑行，可以推、拉的玩具材料
- 种植设备
- 制作标记的设备（大型颜料刷子，用于地面绘画的粉笔）
- 投掷设备、帐篷、隧道、晾衣架、晾衣绳和晾衣夹子
- 泡泡水和吹泡泡工具
- 长筒靴
- 水槽、管道、隧道、水盘、各种小托盘
- 跳绳、各种球、篮球架、球门
- 大型木质积木
- 画架、黑板

- 沙和水玩具
- "小小世界"设施的选择
- 支持幼儿角色游戏的材料，如急救游戏材料，建构角等
- 支持幼儿进行大型绘画和雕塑的艺术材料
- 开展户外音乐活动和声响活动的材料
- 开展运动游戏的材料
- 工具箱和工作台
- 选择可回收材料
- 蹦床、平衡木、高跷、跷跷板、塑料转筒
- 选择自然材料

固定的资源
- 攀爬架和设备
- 野餐桌和长椅
- 游戏小屋和厨房
- 秋千和滑梯
- 轮胎外胎和内胎
- 存储设备

计划性区域
- 设计一些室内环境中也会有的区域，如沙水区、绘画区、角色游戏区
- 一个大型的区域，能够让所有儿童跑、滑、跳
- 可以玩有轮子的玩具的区域
- 资源充足的攀爬和平衡的区域
- 一个安静的区域
- 一个可以自由挖掘和探索的区域
- 一个种植区域

关键提示和问题
- 这里发生了什么？
- 接下来会发生什么？
- 四季的变化
- 大型运动：速度、方向、运动的类型与质量
- 数学概念：面积、测量、数量
- 科学概念：改变、生物、生长

语言与词汇
- 描述天气的词汇，支持探索性游戏的问题，纠正关于蔬菜、野生动物、小动物的词汇。描述运动和速度的词汇：跑、滑、跨跳、双脚跳、爬、滚、跳高、扭动、转动、快、更快、最快、慢、更慢、最慢、迅速、轻快
- 支持想象性角色游戏的词汇

表5.2 中期计划：秋天的第二阶段——文化、节日和庆祝活动
学习领域：体育运动
具体内容：运动

注意事项/评论	学习的优先顺序（B-3，FSCG）	成人发起	资源
	一个健康的儿童 **成长和发展** ● 主动的，精力充沛的，受到保护的 ● 能够控制自己的身体 一个有能力的学习者 **健康的选择** ● 发现和了解自己的身体 **具有想象力** ● 模仿，反映，移动和想象 ● 用动作和声音来表现他们自己 ● 被他们自身不断增长的能力所鼓舞，能够经常为自己设置挑战 ● 在所提供的空间里自发地运动 ● 通过手势和动作对节奏、音乐和故事进行回应 ● 能够停止 ● 愉快地自由运动 ● 以各种方式运动，如滑行、拖行、滚动、爬行、走、跑、跳跃、跳高、滑动和单脚跳 ● 通过运动来表达情感 ● 调整运动速度或改变方向来避开进开障碍物	视频推介 ● 听来自其他文化背景的音乐 ● 观看其他文化的舞蹈视频和庆祝活动视频 ● 通过运动回应音乐和视频，产生共鸣。例如，对诗歌进行回应，烟花、舞蹈，跳，旋转，重重地 ● 鼓打，做手势，鼓掌，重重地敲击，跺脚，双脚跳，应和非洲鼓的调子，快速或缓慢移动，旋转，应和印第安音乐元素的调子扭动，涵盖较多音乐元素的Jabadeo运动游戏 ● 对丝带或其他漂浮材料的运动进行回应和追逐 ● 聚会音乐和游戏：雕像和舞蹈	视频推介 ● 不同文化的舞蹈 ● 芭蕾 ● 滑冰 ● 秋千 **参考资料** ● 0-3岁框架 ● 基础阶段课程指南 ● "每个儿童都是重要的"法案：享受和获得，做出积极的贡献，经济福利 ● 持续供给的相关文件 ● 托幼机构的相关文件 ● 感觉统合相关手册

注意事项/评论	学习的优先顺序（B-3, FSCG）	成人发起	资源
	• 玩赛跑游戏和追逐打闹游戏时，能够和同伴共同商量确定游戏场地 • 既能够向前跑，又能够向后跑和往旁边跑 • 尝试不同的运动方式 • 创造新的运动和姿势的组合方式，进而表达和回应情感、观点和经验 • 能够跳过一个物体，并且安全落地 • 能够自信、富有创造力和安全地进行运动 • 控制自己的身体，开展自己想做的一系列运动 • 组合和重复一系列运动 • 能够仰卧起坐、站立，保持身体各部分的平衡 • 能够很好地自我控制，保持一种姿态或形态在某个固定的位置 • 能够双脚交替爬楼梯、台阶或攀爬设备 • 能够操作多种材料和物品，通过捡、放、排列、表入、张贴等多种方式 • 能够对穿衣和系两种行为表现出不断增长的控制力 • 运动时能够进行控制和协调 • 能够在平衡和攀爬设施上进行穿过、爬过、爬上、绕圈等运动	• 儿童非常喜欢的感觉统合技能，如荡秋千 • 手指游戏 • 地板游戏：制作标记，讲故事，沙盘游戏。 进一步提供 • 跟随音乐和声音来运动的户内外空间和机会 • 围巾/重的材料和轻的材料 • 打击乐器 • 展示儿童运动的各种照片 • 各种参考照片：烟花、舞蹈、运动会、风的图片、爬山运动，跳伞运动	• 模式的相关图书 • Jabadeo 计划 • 关于烟花的诗歌 • 相关的 CD • 音乐和节目 • 运动 2

表5.3 短期计划：幼儿园的花园

持续的提供：一周之初

艺术	制作标记	沙	水	触觉
一群男孩子在玩"泼墨画"，这个过程中收获了很多，这种"泼墨画"类似 Jack Pollock 创造的那种艺术。他们从高处扔浸满了颜料的海绵，很快就变得很熟练，知道扔海绵、知道应当保持怎样的力度。	Luke 和 Aaron 一边看着羊，一边制作标记。Luke 说："我要画下来，穿过那里里。"（他指着一个三角形）Aaron 说："我现在来了。看！它弯曲来了。"（他做了一条曲线开始扭动它）	Jay 和 Daniel 在沙地上划着船，制作轮船，谈论海洋和码头。	下雨了，天花板漏了。孩子们将小水桶排成一列接漏下来的雨。孩子们观察雨水慢慢注满小桶。当小桶里的水满了，他们就去把桶里的水倒掉。	Aaron，Corben，Ben 和 Rosie 正在闻、触摸、揿小草的叶子。Roise 说："我以前闻过这种味道。"Ben 和 Aaron 知道不同小草的名字。

反思	个性、社会性和情感发展	交流、语言和读写	数学发展	建构／积木
大量的"藏猫猫"游戏，这可以成为一个重点。 在不同的两天，午餐后我们和所有的孩子们一起散步。 第二天，我们和上班的孩子一起做散步。孩子们很喜欢搜集和观察叶子。 对一整天都待在幼儿园的孩子来说，午饭之后的散步是一天中重要的标志。	• 能够表达感情 • 知道何时寻求帮助 • 渴望得到别人的回应 • 自我意识不断发展 • 有安全感，表现出信任感 • 能够意识到文化和宗教差异，并且表现出兴趣和参与 • 有积极的自我认知，并且乐于做自己 • 在他们不同的生活经验之间建立联系	• 交流意义 • 创造和运用某人自己的象征物和标记 • 开始发展手眼协调运动，并且与物体建立联系 • 开展行动，有时是简单的谈话，主要与"这里和现在"相关 • 通过交谈来表达观点，以解释正在发生什么及期望接下来发生什么 • 运用语言来想象和再造角色及经验 • 画线和圆圈，发展大肌肉运动	• 学习模式、比较、分类和集合 • 注意到一群物体、图片和声音中的变化 • 通过将物品归类，掌握一一对应的关系 • 通过提问和发表评论表现出对数字的好奇心 • 在游戏中使用数学语言 • 对形状和空间各种形状的排列感兴趣，在游戏中玩各种形状的位置	一群孩子把一些木头轮子摆成直线。他们顺次踩在每个轮子上，边踩边数数，从1到8。当小建筑师们开始垒砖的时候，他们对积木越来越感兴趣。孩子们使用铲子将沙子混合，抹上水泥。Alfie 说："这些是砖头，我要用它们来建房子，砌所有的边。已经完成了。" 窝穴式建构：孩子们建造有房顶的圆形房屋。

	身体发展	关于世界的知识和理解	创造性发展	设备
读写 歌曲和歌声渗透在所有领域。孩子们在玩扭扭滑板的时候，攀爬的时候，走路的时候，都在唱歌。他们可以分清数字和字母。Manjeet发现了很多数字和字母M。	● 能够控制自己的身体 ● 模仿、反应、移动和想象 ● 为他们自身动作能力的发展而兴奋，能够给自己设置挑战 ● 基于特定的目的使用工具和材料 ● 通过拍一拍、摸一摸、捏一捏、挤一挤、捏一捏、扭一扭等方式探索有弹性的材料 ● 通过各种姿势和运动对韵律、音乐和故事做出回应	● 发展能力和创造性 ● 对事情如何发生很好奇和感兴趣 ● 对别人和他们的家庭感兴趣 ● 认识到可以基于某种目的而使用工具 ● 表达对重要他人或事件的感情 ● 开始安全地尝试各种各样的工具和技术	● 探索和发现 ● 探索和分享故事、歌曲、韵律及游戏 ● 创造和尝试各种色块及标记 ● 对乐器如何发声的方式感兴趣 ● 能够通过身体动作对声音进行回应 ● 开始描述事情的结构 ● 开始区分不同的颜色 ● 能够开展大型或小型的创造性工作	**滑梯**：孩子们开始探索摩擦力。他们已经注意到他们滑滑梯的速度与他们的衣服有关，以及与他们腿的姿势有关。 **小山**：孩子们从小山上滚下来。Tom模仿其他孩子，变得更加自信。
角色游戏 三个班的孩子玩"等待公共汽车或火车或有轨电车的游戏"，并且还买票。	**挖掘** 我们特别重视使用各种适宜的工具。	**自然世界** 一群孩子正在搜集石头，并且把这些石头放在树屋的地板上。一个孩子说："把这些蛋放在树屋里。"	**音乐/声音** 韵律游戏和有序的视觉符号都开始涌现出来，例如在放置石头、敲鼓游戏和放置脚垫等。儿童一个跟着一个排成行。活动顺序有开头和结尾了。	**攀爬/感觉** Rosie和Alice在轮流玩扭扭滑板。她们边唱"Sandy Girl"的歌曲，边选择下一个人接着玩。

表5.4　一般性问题的实践解决策略

一般性问题	实践解决策略
安全、规则和界限	<ul><li>在团队中建立自信</li><li>保证所有的危险评估到位，并且反复检查</li><li>去那些户外安全做得好的学校或环境进行参观学习</li><li>确保每人都知道安全措施和过程</li><li>让儿童也参与到讨论户外游戏安全的过程中来</li><li>邀请儿童来决定他们的户外游戏规则</li></ul>
储备和时间	<ul><li>设计适宜的储备且能经得住时间的考验；设立可达到的目标</li><li>了解其他学校或环境中好的例子</li><li>让儿童一起参与运送材料</li><li>使材料易于获得，在此过程中使每个人都变得更加自信</li><li>检查材料是否在应在的位置上，尤其是自然材料，以及花园中的种植材料</li></ul>
易于接近户外	<ul><li>如果是在学校，那么要通过协商尽可能保证教室能够最接近户外</li></ul>
天气	<ul><li>天气预报</li><li>天气构成了大量的学习资源，能够支持基础阶段和关键阶段1的课程</li></ul>
态度	<ul><li>找到有相同想法的同事</li><li>记录儿童的游戏和学习，扩展我们的自信心，并且向儿童、他们的家长以及其他教师证明儿童所取得的成绩及其价值</li><li>全体人员都参与进来，制定相关政策和程序</li><li>分享学习和理解</li><li>支持政策发布的信息手册</li></ul>

确保户外活动环境能够涵盖在早期教育课程之中

多年来，早期教育环境的创设已经包含了户外活动环境的创设及价值。托儿所教育走在前列的经验常常会给我很多启发。第一家开放式的托儿所于20世纪20年代由玛格丽特·麦克米伦创立，她非常强调户外游戏环境的重要性。她提出的很多建议现在仍然适用。她曾经阐述过在托儿所的小花园里创设一个户外厨房并提供相关工具的好处。

花园里的厨房。在这里，餐桌上的蔬菜在生长，有土豆、卷心菜、白萝卜、甜菜、芹菜、洋葱、小萝卜、胡萝卜、大黄菜和西葫芦。这些蔬菜都是儿童食物的一部分。训练和充实儿童大脑及记忆的最好方式就是让儿童一起参与这些工作，让他们帮助教师一起做事，让他们能够熟悉和了解这些工作。即便是刚刚开始学走路的幼儿也可以参与进来。他们只需要跟随着我们的园艺师——Hambleden夫人，沿着小路走，进行条形播种。在此之前，并不需要对儿童进行任何正式的教学，例如教儿童认识这些蔬菜的名字。如果参观者提问：

"甜菜在哪儿？白萝卜在哪儿？"即便是3岁的幼儿也会走到正确的位置，或者指出正确的位置。

花园里的工具。这一点是很容易做到的，但造成的结果就是，这些工具常常是胡乱拼凑的。一名实习生将一条木板暂时架在了一个箱子或座位上，然后我们托儿所的小孩子就开始在木板上走。一开始，小家伙两只手伸出来保持平衡，然后就只伸出一只手，最后可以独立地走上走下。这是真实发生的事情，应当加以监督和阻止，但是也允许小家伙独立地走上走下！

（玛格丽特·麦克米伦，1919）

对于儿童在户外的发展和学习，成人的支持作用不仅仅是监督。我们需要确保儿童可以得到充分的保护，而且，我们还应当表现出我们和儿童一样对户外学习感兴趣，我们愿意和他们一起进行户外学习。这是非常重要的。

创设户外学习环境的建议

在早期阶段，户外学习环境应当：

- 促进和扩展儿童的发展和学习。
- 应当提供各个领域的知识和材料。
- 需要仔细的观察和计划。
- 应当包含在课程的所有领域之中。

第二部分

游戏和语言

第 6 章

"请听我说！"
——早期阶段的交流与语言能力

南希·斯图尔特（Nancy Stewart）

很多儿童非常自信地畅游在他们周围的语言之海里。他们能够专注地听故事，理解大人提出的问题，更为重要的是，他们还能清楚地提出自己的问题。他们在游戏中能用言语协调不同的观点，详细阐述自己的想法。儿童熟练地使用语言，可以支持他们学习早期教育课程中各个领域的内容。对早期教育者而言，帮助儿童发展交流和语言能力应该排在首位。

语言发展的关键要素在儿童进入幼儿园或学校之前就已经出现了。我们是天生的交流者，在出生之前就埋下了最初的语言种子。随后，语言能力又在与养育者和照料对象的早期互动中不断得到培养。在子宫里听了几个月模糊不清的语言后，新生儿便能够辨别父母的声音。他们在出生后的几天，就表现出偏爱人类语言胜过其他任何声音的特点。与其他语言相比，儿童能够辨别母语的韵律、语调和元音。婴儿也能够本能地寻求眼神交流，并且专注地盯着人脸看。这些新生儿的行为模式帮助他们快速地与养育者建立联系，并给他们在早期生活中带来数量惊人的交流和语言学习机会。

但是当婴儿准备语言学习时，并不是所有儿童都有机会生活在丰富的交流环境之中，并从中学习关键技能。一项著名的家庭中语言的使用研究（Hart & Risley 1995）发现，生活在语言丰富家庭的 3 岁儿童听到的词汇量是语言贫乏家庭儿童的 3 倍，这些孩子的父母给予他们的鼓励性评价是那些语言贫乏家庭儿童的 8 倍。意料之中的是，语言经验上的差距使得这些儿童在 3 岁时在词汇量和话语数量方面也表现出差距。最近英国的研究（DfE 2011）证实，儿童早期交流和语言经验上的差异还会影响其今后的学习。除了与语言发展水平密切相关的社会经济因素外，儿童交流环境的质量能够预测儿童 2 岁时的表达性词汇，儿童 2 岁时的语言发展与他们小学入学成绩存在很强的相关。

交谈可以给儿童提供很多的学习机会，因此很容易理解为什么有效地使用词汇进行交流有助于儿童的学习。显然，重要的读写能力也要依靠口语，因为读和写是对语言的记录，是将语言转换为书面的形式。如果儿童词汇量有限，或者难以理解别人所说的复杂语句，那么他们理解所读文字的意义也会有一定的困难。如果儿童不能在交谈中将观点转化为语言，不能回忆事件，不能讲述故事，或者不能解释自己的所思所想，那么他们的写作技能也同样有限。

但是，早期交流和语言能力发展的关系远比交流与读写发展的关系更为重要。语言支持儿童的社会发展，而且，与他人互动是学习的核心平台。儿童需要能够讨论他们的感受、观点、意图和策略，从而结交朋友，并有信心做一个对社会有用的人。当儿童把感受转换为词汇时，情绪调节能力也会得到提高。例如，学步儿时期语言发展好的儿童，在4岁时能够很好地应对挫折和愤怒情绪（Roben，Cole & Armstrong 2012）。在学习的各个领域中，丰富发展的词汇会使儿童受益，比如能够自信地使用数学语言来解决问题。他们还需要发挥语言的一个特定的作用，那就是使自己成为一个好的思考者——能够提取头脑中的抽象观点、确定一个概念、遵循逻辑思路进行思考，以及解决各个领域学习中遇到的问题。

从交流到使用语言

我们有多种交流方式，其中就包含语言。面部表情、手势、声音、符号、动作、绘画和音乐都能传递有关情感、意图和思想方面的信息。交流的关键点就是将信息从一个人的大脑中传给另一个人，这就要求信息接收者能够在自己的头脑中转译所接收的信息并使其对自己有意义。

语言是人类独有的、复杂的、符号化的交流方式。它首先依赖于我们对与他人交流的内容的理解。所以，儿童使用多种交流方式的经验越多，他们就容易将语言加入到交流的情境之中。当婴幼儿意识到他人能够接收到他们发出的信息，并会对此做出反应时，他们交流的兴趣和热情就被激发出来。如果无人倾听，发出信息是没有意义的。这也是为什么早期和婴儿"聊天"时，交互模仿对方的声音和面部表情也是一种"对话"，这是重要的语言发展的先兆。婴儿可能并没有理解你在说什么，然而有证据表明6～9个月的婴儿已经能够建构对词汇的理解了（Bergelson & Swingley，2011），他们也会通过呼叫—反应的模式获得社交"话轮"的节奏模式（见图6.1）。

婴幼儿也需要听到大量的谈话模式。你可以聊聊你正在做的事情，简单地描述日常活动，这样儿童不仅有大量的机会听到语言中所用到的声音，也可以从中了解短语的韵律和节奏，以及不同类型句子的结构。儿童时刻生活在语言的海洋里，歌声、轻快的不断重复的儿歌、图书里的语言都提供了强有力的语言模式，从而帮助儿童接收到大量的语言。

丰富的语言经历对儿童的早期生活来说非常重要。在出生后的第一年，正在发育的大脑对语言的声音尤为敏感。尽管我们生来就能成为流利使用任何语言的人，但我们会逐渐丧失早期的语言敏感性。所以我们可以在晚些时候学习外语，但是说得却不会像说母语的人那样。如果你曾听别人说过另一种语言，并且努力地想区分出他说了多少个词汇，或者想准确地重复他所说的，你就能够理解年幼的语言学习者所面临的任务有多么复杂了。

图 6.1　早期的前言语"对话"

口语像一股稳定的声音流进入我们的耳朵，而不是清晰拆分的单个词语，儿童需要从语流节律中解析出音节，注意到代表音节和单词开始与结束的单个音以及音的组合。因为每个人的声音都是不同的，他们说同一单词的方式也不完全相同。为了能听懂语言并且注意到声音的模式，负责倾听的婴儿大脑需要将相似的声音进行"组块"，并且将特定范围的声音归为同一个类别。与此同时，大脑逐渐丧失区分该语言中不被使用的其他语音的能力。这一过程需要大量的语音范例，儿童有越多的机会听到所用的语言，就有越好的语音意识。

儿童也需要发展发出语音的能力，并且能够控制声音的音高和音量。这种复杂的技能也需要练习。牙牙学语的婴儿和幼儿用声音做游戏，发展控制气流来发出声音的能力，这些都需要用舌头、嘴和嘴唇的肌肉来完成。非常小的幼儿发出的声音在大多数情况下可能会被熟悉他们的人所理解，但其他人听起来就会不太明白。到他们 3 岁时，大多数儿童说出的话一般都能为不熟悉的人所理解，但直到五六岁，他们才能掌握一些较难的发音和复合辅音。很重要的一点是，不要将语言的清晰度和儿童的语言发展混淆起来——使用语言的能力远比发音的运作方式更重要。如果家长总是关注语音的准确与否而不关注儿童想和我们交流的内容，孩子会自我怀疑并且不愿意开口说话。

一切准备就绪之后——如果儿童喜欢温暖而有回应的互动，倾听并感知环绕于他的声音，并有目的地发出声音，那么这个儿童将开始使用语言。这种强大的技能需要心智能力来象征化：理解一个单词不过是一组随机的声音，它能够代表一个物体（如"猫"），一个动作（如"跑"），或是一个抽象的概念（如"多"），并且完全与它所指代的事物没有关系。

好事成双

语言的飞速发展还取决于另一种心智能力。这种心智能力是在出生后第一年发展起来的。一旦我们认识到别人是用语言来编码并赋予特定事物意义时,我们才能理解单词,因而我们才能够理解他人。我们需要超越自己的思维去理解别人的想法。知道别人和自己有不同的想法、知道别人和自己是以不同的方式进行思考,这就是大家所熟知的心理理论。儿童的心理理论到4岁时会发展起来。但是,早期对别人观点的理解是发展语言的关键。

最初,婴儿一次只能注意到一个刺激,可能是一个物体,也可能是正在发出有趣声音和表情的人脸。一旦儿童开始认识到别人的想法,他们就能参与到共同注意中来。在这一阶段,一个婴儿或学步儿会看别人指的地方,同时成人会补充说明所指物体的名称。到下一个阶段,儿童用视觉注视和手指来引导成人的注意,让成人回头看到他们在注视什么。这就意味着儿童好像在说:"那是什么?告诉我!"研究一致发现,在出生后第一、二年里表现出更多共同注意的孩子,他们的词汇量会更大,在随后的学习中也更为成功。所以我们再次强调,成人与儿童的互动对语言学习来说非常重要,成人需要激发儿童的注意,提供适当的词汇,对儿童发出的信号做出及时的回应。

儿童是具有天生发展模式的学习者,发展模式促使他们向前发展。但是,在所有的发展领域和学习维度中,成人提供给儿童的经验不是促进便是限制儿童发展的进程。其他任何人的影响都不如作为儿童交流伙伴的成人的行为的影响更为重要。语言是在互动的情境中获得发展的,所以成人能否使用策略支持与儿童的谈话非常关键。就像仅仅听伟大的钢琴家演奏是无法学会弹钢琴一样,学会很好地使用语言不能仅仅靠听——必须要自己去说。令人难过的是,在幼儿园和学校中,经常是成人在说,主导着讨论,儿童主要是听众或者仅仅是补充成人期望他们说出的词汇。在这种情境下,儿童失去了寻找恰当词汇表达自己观点和想法的机会。成人需要成为一个专业的倾听者,以使儿童成为有效的说话者。成人可以采用一些特定的策略为儿童早期使用语言提供恰当的支持,给儿童做示范并支持他们下一阶段的发展。

当我们试着去理解和支持儿童发展语言能力时,我们倾向于关注儿童使用的表达性语言。但是,儿童所说的实际上是以他们在其他领域获得的经验为基础的,没有其他领域的经验做基础,有效的语言使用就会受限。成人在这些方面可以给儿童以积极的影响,理解语言发展的基础并为各个要素的发展提供条件,对支持正常儿童以及发展困难的儿童都是非常必要的。

倾听和注意

为了参与到交流中来,学习语言中的声音和词汇,儿童需要集中注意并认真倾听。在出生后的第一年里,儿童要发展有意注意的能力,而不是被新异刺激所分心,直到儿童在做其他事情时能够有效地倾听,例如,他们能够一边搭建积木一边聊天。为了做到这一点，有许多方法可以帮助儿童集中注意力来倾听。

为了帮助儿童倾听和注意，要减少不必要的视觉和听觉刺激。为了建立一个有利于交流的环境，教师在环境中可以采用让人平静的颜色，避免摆放过度活跃的物品，关掉背景音乐或电视，确保儿童有一个安静的谈话空间。

有技巧的成人也会采用支持儿童倾听与注意的方式与儿童互动。首先，建立交流关系是关键。成人需要在与儿童同样的高度上与儿童面对面地进行交流。从 6 个月开始，儿童会密切关注成人的唇动，从而来帮助他们了解特定的声音是怎么发出来的。在任何年龄阶段，我们都更容易与面对面的人维持交流，而不是与高于或者是背对着我们或者边和我们说话边做其他事情的人交流。对于还不易集中注意力的儿童，在说话前可以叫他的名字来吸引他们的注意，让他们为倾听做好准备。生动的声音、手势和面部表情可以帮助儿童倾听，这也就是为什么成人在和婴儿交谈时会使用高的、欢快的声音的原因。在群体交谈的情境中，使用一些补充手段，比如铃铛、视觉信号和线索等来吸引儿童的注意是有用的。

也有一些活动可以用来帮助倾听和注意。在小群体中或一对一的交流，比在大群体中更有助于倾听。创设激发儿童兴趣的活动场景有助于提高注意力。一些活动有助于倾听和注意，包括倾听和等待信号的游戏，比如躲猫猫、玩偶匣、准备走、西蒙说，还有一些活动也有助于倾听，如听音走路、传音转圈、学说我的声音、听录音中的声音，等等。

儿童可以通过模仿学习。所以，成人自己要成为一个好的倾听者，做儿童的好榜样。成人很容易集中注意力去倾听，包括观察或思考他们所听到的。成人可以鼓励儿童去倾听他人，比如提醒他们注视说话的人："让 Cara 看着我们的眼睛，这样她就知道我们在倾听了。"

理　解

成人很少会直接注意儿童对口语的理解，这可能是因为确切知晓儿童所能理解的内容并不容易。儿童理解语言的困难在早期阶段很容易被掩盖，因为他们可以依靠其他的形式进行交流。即使儿童不能理解单词或整个句子，他们也可以从情境中搜集很多信息，比如姿势、面部表情，以及他人的动作。检验儿童是否理解了句子可以看他们是否能恰当地按照指示行动（如，不给他们提供手势线索，对孩子说"球在哪里？"，然后让 2 岁的孩子在图片上找到球；或者让 4 岁的孩子"拿一些剪刀放到蓝色的桌子上来"）。一旦我们了解了儿童的理解水平，我们就能够选择恰当的语言和他们交流，以便他们既不会落后于自身的发展水平，也能够有效地参与交流。

儿童的接受性词汇（一系列他们能理解的词汇）的发展要早于他们开口讲话。在早期阶段，语言成为开启思考之门的钥匙。设想你是一个用感觉来探索草帽的婴儿，你感觉到它的质地粗糙，当你折叠它时你听到嘶嘶的声音，你看到金色的颜色甚至想去尝尝它。你发现它和你宝物箱里的柳条球很相似，但是成人通过共同注意的方式对你强调说这是"帽子",并且用清晰的方式说了好多次。那么,什么是"帽子"——粗糙的、嘶嘶响的、金色的?随后你遇到一个红色的、羊毛做的东西,成人也叫它"帽子",但它和此前的帽子的触感不同。然后你认识到了两者间的联系,你认识到它们的功能是相同的,它们都可以戴到头上。此时,你已经超越了此时此地的感性知识,掌握了理解抽象概念的工具。你也开始用想象的方式思考这些概念,因为它们和物理的世界无关。你会把一个杯子放到自己头上,说"帽子"!你开始用自己的方式成为一个具有抽象的、灵活的以及创造性思维的思考者。

词汇可以帮助儿童理解类别,仔细思考哪些属于这个类别,哪些不属于这个类别。为什么不是所有的男人都被叫作"爸爸"?为什么四条腿的、长毛的、有尾巴的、汪汪叫的东西不是"猫"?描述性的单词,比如"大""重""快",能够帮助儿童精确地比较事物的不同特征,而丰富的二级词汇,比如"飞快""快速移动""蹦蹦跳跳""飞奔""尖啸而过"或"冲刺",能帮助儿童认识到"跑"也有很大的区别。情绪词汇可以帮助儿童识别并理解感情的波动,比如"生气""难过""兴奋""着急"等等。

语言理解需要理解组织短语或句子中词汇的方法的能力。词汇顺序的不同代表了不同的意义,所以"汤米追贝姬"和"贝姬追汤米"的意思是相反的。理解由多种意思组成的、包含"如果""和""但是""然后""因为"等词汇的更为复杂的句子是理解思想的基础。

听到丰富的词汇和不同类型的谈话,比如日常谈话、讨论和协商、诗歌和韵文、叙事和非小说的文本,对儿童继续发展对词汇和句子的理解能力都是非常关键的,这是他们使用这类词汇和句子的前提。

有效的支持儿童理解语言的技巧是,简要描述婴儿和儿童感兴趣的内容以及他们正在做的事情,这将帮助他们在物体、动作和词汇间建立联系。要做到这一点,重要的是追随儿童的引领,使用适合儿童发展水平的语言。通常,儿童能够理解的句子比他自己所能说出的句子长一个词。对于尚未学会说话(前言语)的儿童,需要对一个词进行强调,通过重复或强调这个词来帮助儿童理解。通过成人的语调和重音,能说一个词汇的儿童就容易理解两个词汇构成的短语了。接下来,再次用生动的声音和视觉线索支持所说的内容,比如手势、物体、图片或符号,以帮助儿童理解。

儿童需要几秒钟的时间对他们所听到的内容进行心理加工,来理解你所表达的意思,所以成人说话不要太快。留下停顿的时间,重复关键词和短语,给儿童充足的时间去加工语言。

一个新词汇,如果在不同的情境中反复出现,那么它的意义对儿童来说就会变得逐渐清晰,所以关注新的、有趣的词汇将会帮助成人寻找机会来使用它。例如,一个儿童可能会选择"闪亮的"星星贴在他的贴画上,这就提供了机会来用这个词汇描述玩具娃娃闪亮的眼睛,或者水桶在有水的时候看起来是闪亮的。给儿童提供他们在故事中所听到的真实物体或者道具让他们来操作,可以使儿童再现故事,这将会有助于他们在新词汇及其意义之间建立联系。

表达性交流

现在，让我们把儿童作为一个信息的发出者而不是接收者来思考。交流和语言从广义来看，涉及儿童表达性交流的方方面面。认识到这一点非常重要。交流不仅仅是"言语"，即发出声音，也不仅仅是谈话。一些有特殊需要的儿童从不说话，但是能学习用手语或其他方法有效地表达自己的想法。

儿童一出生就是一名有效的交流者，他们会用声音或姿势来交流需要、情绪和兴趣。一个几个月大的婴儿看到父母时会举起胳膊，是在说"抱抱我!"，当他指向一个物体时，是说"看那里"或者"我想要它"。直到成人有反应，做出所要求的事情，才能满足儿童的交流要求。

学步儿很快就能使用单字词，到 2 岁时就开始使用双字词，并把两个词组合在一起形成双词句。儿童会使用他们所发现的语言规则，例如，他们能够使用正确的语序，说"狗拿到了球"而不是"球拿到了狗"。他们也正在形成普遍的语言规则，并通过类比将其应用到其他的词汇中——所以儿童会说"sheeps"或"goed"，这显示出他们已经较好地理解了一些语言使用的逻辑。当儿童在语言使用中犯错时，成人不要直接纠正告诉孩子怎么说，而是要用儿童能注意到差别的方式说一遍正确的句子："是的，这里有两只羊（sheep）"或"是的，他们走了（went），不是吗?"

语言变成儿童强有力工具的另一条途径是出声对自己说话。这种叙述自己活动的私人言语，是儿童意识到自己的思维以及调节自身行为的一种重要方式。除了练习使用语言之外，诸如问问他们想要什么等等，会让儿童思考更多复杂的目的来支持他们的思维和学习。他们提问是为了寻找信息或解释，他们重新叙述一个经历或进行描述会帮助他们理解经验，他们用谈话来扮演或发展他们的想象和思维的灵活性，他们描述一个计划从而使自己的意图更具目的性，并做出有助于他们思考事物的解释。当成人能够很好地认识到并对儿童的交流意图做出反应时，儿童就开始萌发出能实现交流意图的、丰富的谈话活动。

支持儿童语言发展的条件，可简洁描述为可以谈话的人以及可以谈论的事。听众是对交流感兴趣的人，同时具有支持语言发展的技巧。可以谈论的事要求有学习环境，这个环境通过吸引人的资源和主动参与的经验来激发儿童的反应。

在支持儿童谈话的学习环境中，物理空间应具备良好的早期教育的特征，比如儿童可以自如活动的开放空间，容易拿到的资源都有清楚的标识，并且用不同的方式组合起来。区域内可以有读书区，角色扮演区。区域内的灯光柔和，噪音较少，还可以有一个小的私密空间。户外环境应该同样有益于儿童的交流——早期教育的实践者在改善了户外环境之后，有时会惊奇地发现，一些在室内活动中交流较少的儿童在户外会表现出丰富的、有目的的谈话。

成人的角色是充当交流伙伴。成人比环境更加敏感，也更加有力。成人能相对直接地计划并组织物理环境。但是，怎样和他人交流是与个人风格有关的，这种个人风格包括了长时间养成的习惯。发展有效的互动技能需要几点关键的要素，包括建立双向交流时怎样对孩子做出反应、表达尊重的程度以及展现吸引力。它意味着成人要转变观点。成人不再是儿童学习的领导者，而是将儿童视为主动的思考者，能在学习中积极参与，并与成人（作为伙伴）在分享过程中获益。

交流伙伴

专家型的交流伙伴能认识到，几乎所有的事情都蕴含着发展交流和语言能力的机会。尽管有时儿童沉默的专注是有价值的，不应被成人的谈话所打断，但是成人仍然需要记录儿童的兴趣，以便能在儿童的专注过后与他们谈论此事。在大多数情况下，友善的互动能够成为一种语言学习经验。成人牢记这一点将会强有力地支持儿童发展谈话能力。

以支持儿童语言发展的方式和儿童交谈，首先要做一个好的听众。这意味着要关注与儿童交流的所有方式，对儿童的手势、表情和说话内容都要做出反馈。要努力理解儿童的意图，包括理解儿童正在表达的想法和情感，而不是急着去得出结论或者将话题转向成人所期望的方向。基于儿童兴趣的一般谈话是支持语言交流的理想基石。当成人沿着儿童的话题去讨论儿童当前的活动或专注的事情，儿童的动机就会被激发，会努力将自己的想法转化为词语。

当成人进行点评或者提问时，最重要的是要给儿童时间思考，而不是很快地给出问题的答案，打断儿童的思考。成人可以给出几秒让儿童思考他要说什么，思考答案，把想法转化为词汇，之后再给出语言上的反馈。成人保持对话题感兴趣的表情，同时耐心等待，会鼓励儿童将想法转化为语言。

具有有限答案的封闭式问题清楚地意味着成人是领导者，给儿童提供表达自己的空间很少。但是，即使是开放式问题，成人也会掌握主动权。在一个相对平衡的对话中，没有人愿意回答一堆问题。如果你问我"这片纸能变成什么？"，除非我对用胶水把纸片粘到纸上的过程特别感兴趣，否则我是不愿意回答这个问题的。如果不是提问，而是做些评论，比如"这片纸看起来有点皱"，我可能会回答"但它放在这儿很合适，我能在这儿把它压平"。通常，"五指规则"可以作为好的指导原则，即为每个问题（拇指）提供四个评论（其他四个手指）。

在谈话中，成人可以通过扩展儿童当下所做的活动，为儿童搭建通往更高水平的桥梁。这类语言支持的理论依据是维果斯基的最近发展区理论。通过接纳儿童的意见并通过一种扩展的形式重新表达儿童的话语，成人就搭建起了一种模式，这种模式恰好处在儿童可以接受的水平上。下文是一些扩展儿童话语的例子：

儿童："大公交。"

成人："是的，这是一辆大公交。这是一辆红色的大公交。"

儿童："我们去商场，我和奶奶。"

成人："哦，你想和奶奶一起去商场。"

图6.2　分享阅读是激发成人—儿童谈话和讨论的一种方式

与直接指出儿童在发音和语法上的错误不同，这是以正确的形式重塑儿童的表达。这种即时以及随机的模式能帮助儿童认识到错误，是在没有打击他们努力说话积极性的情况下纠正表达错误的方式。例如：

儿童："看那个直升机。"
成人："这架直升机的螺旋桨正在快速上升。"

成人还需要鼓励儿童为实现不同目的而去交流、谈话，比如复述、解释、协商、讲故事、探究等。在这种持续的、为每个人都提供交流机会的环境下，可以设计一些特定的语言学习活动。研究表明，一些活动是有利于培养儿童的表达性语言的，如对话式阅读讨论。在这种活动中，图书不是为了让儿童学习文字，而是为了让儿童讨论自己的想法以及对书的感受（见图6.2）。其他的方法包括围桌谈话或是对话站，这些都给儿童提供了一对一或一对二的讨论自己感兴趣的事物的机会。

与父母交流

不论给儿童提供的交流环境有多丰富，如果能与父母开展共同的交流活动，丰富的交流环境才会更有效。有一些情境非常适合人际互动，如鼓励在家庭中展开对话的资源盒子（"聊天盒子"）或者故事袋活动，以及聚焦于游戏和谈话的联合活动。当家庭和机构的环境都特别聚焦于交流和语言时，建立与父母共同交流的多种方式会对儿童发展的结果产生巨大影响。

学步儿谈话

与儿童中心联系在一起的日托中心可以建立一个婴儿—学步儿的环境。这个环境为儿童提供更多的空间，并使儿童与关键他人之间的联系是延续的。这样，关键他人可以一直陪着孩子直到3岁。这种密切关系的发展可以促使关键他人更敏感地觉察到儿童的早期交流。

一天，一位教师带来一些彩色氢气球给儿童玩。Luke，17个月，刚刚能够走稳，喜欢牵着气球的彩带，充满活力地上下晃动。Sharon，他的关键他人，说"晃动，晃动"，并且模仿他的动作。Luke大笑起来，并且晃得更起劲了。忽然，彩带从他手里滑落了，气球迅速地飘到天花板。他用惊讶和警觉的表情看着Sharon。她模仿他的惊讶表情，并且说："它飞上去了！飞上去了！"她用胳膊做着飞上去的手势。Luke试图向上抓住彩带，但是他够不着彩带。"太高了，我们怎么办？"Sharon问。"我能抓住。"当她站起来去够时，发现她也够不到彩带的末端。她看着Luke，张开胳膊，说："噢，太高了，我要跳着够。"她跳起来抓住了彩带，把它给了Luke。他拿了一小会又让它飞了，然后咧嘴笑着向上指。"啊哈，"Sharon表现得很惊讶。"它飞上去了！"Luke开始弯着腿并且突然抬起他的身体——像跳一样但是脚却没离地。"我要跳吗？"Sharon问。"跳！"Sharon说着又重新拿到了气球。这个过程重复了几次。在这个过程中，Luke开始跟着说"掉！"类似跳的发音，并做出跳的样子。随后，Sharon注意到当Luke玩玩具挖掘机时，他很关心怎样才能移动带爪的手臂，所以她就抓住机会使用这个情境里的关键词汇："噢，它的手臂向上，又向下，又向上，又向下。"

在日托中心，每天都有设计好的小组歌谣活动。每个关键他人都有一个装手指玩偶的包，这些手指玩偶都与一些熟悉的歌谣有关。教师请儿童选择一个他要唱的歌曲的玩偶。教师认识到重复有助于儿童熟悉语言，并且也会找出儿童没有掌握的段落。Sharon决定在儿童熟悉的歌谣中加入"约克的老鸭子"。Luke非常积极地参与，不断站起，坐下。在这个过程中没有使用录音带，因为录音不能根据孩子的节奏随时调整速度，取而代之的是教师经常唱这首歌，同时观察儿童的反应，鼓励他们参与进来。Sharon会抓住机会，放慢速度并且强调词汇"上"和"下"。

在随后的一周，一个孩子带气球来日托中心庆祝生日。Sharon高兴地发现Luke看着她说"掉"，并且他还做出要跳起来的样子。"是的，"Sharon说，"我们跳着抓气球！"接着，她和Luke一起边跳边说："跳，跳！"

从月亮到气球

日托中心的儿童边唱"Hey Diddle Diddle"，边看着大书中关于歌谣的插图。接下来要讨论的是，根据他们的经验、看法和兴趣，儿童是如何倾听别人并将自己的想法转化为词汇的。教师对儿童之间的对话非常感兴趣，并且注意提升自己支持这种有思考的对话的技能。教师使用了一些策略，比如提出开放式的问题，参考儿童之前提出的想法，鼓励他们拓展自己的思维。需要指出的是，成人没有干扰儿童对其他人的回应。

下面是在唱完"Hey Diddle Diddle"后，日托中心的3～4岁儿童之间的一次讨论。

Millie：有一次晚上，我住进了大篷车，我抬头看月亮，这让我的眼睛肿起来了。

Olivia：星期六我看月亮了。我们在奶奶的房子里。它是圆的，不是半个的。（和书里的图片比较）

Tom：我没有看见月亮。

成人：牛真的能跳到月亮上吗？（对书上图片的思考）

Jasmine：不能，因为月亮不是真的。

Fin：牛不能飞，牛没有翅膀所以不能飞，鸟能飞。

Charlie：有一次，妈妈、爸爸、Ned和我晚上从奶奶家出来后，坐在车里。

成人：什么是月亮？（如果不是真的，那它是什么？）

Louis：它是圆的，它是一个圈。

Olivia：我觉得月亮可能是圆的，我觉得它可能是金子做的。

Fin：月亮就是挂在上面的。

成人：它是用什么做的？（扩展"用金子做的"这一观点）

Millie：金子！

Tom：柔软的…又湿又软的。

Ben：硬的，就是硬的。

Boo：我觉得是用水做的。

Charlie：一点点水。

Ben：不！是用银子做的……黄色的银子。

Tom：我不知道！

成人：为什么月亮的形状会变？（指圆月和月牙）

Charlie：我知道月亮每天都会改变形状。

Louis：月亮会变成圆，也会变成长方形的。

Ben：冬天的时候它就会变形。

Tom：因为它真的……它很瘦。

成人：月亮是怎么到那儿的？（提出一个新的问题供思考）

Ben：它待在那儿，晚上一直停在那里，到了早上，云彩遮住它。

Charlie：我有时在早上会看到月亮。

Louis：我也是。

Boo：我有一辆大篷车，我躺到床上可以打开窗帘看到月亮，它是橘色的。

Jasmine：当月亮亮起来的时候，我能看到它。

Boo：我认为是一只鸟举起了它。

Ben：如果是鸟把它放在那儿，会掉下来的。它停在那儿，早晨就消失了，因为可能到了秋天，它就会消失了。

Louis：你知道的，它是从高山上爬上来的，因为太阳也是从高山上爬上来的。

Ben：太空人能飞并且像蝴蝶一样。我知道我们怎么才能去那里，如果巴斯光年在这附近的话！

Louis：我有一个好主意，用点火的降落伞。

Ben：不，因为降落伞会往下，往下，不是往上往上。

Louis：我知道我们怎么能到那里了——火箭！

Tom：用勺子、叉子还有南瓜，南瓜可以通过勺子和叉子跳起来，飞到月亮上去。

Charlie：Wallis 和 Gromit 去月亮了。他们制造了一个真的火箭。

Millie：不！他们做了一个大火箭，把火箭涂成橙色并且住在里面。

Charlie：不！……我是说……

Ben：我知道你需要一个火箭。你去机场坐飞机，但是飞机不能到月亮上去，它是去一个城市的。你得去火箭着陆的地方。我知道——我们做点什么的话就可以到空中去。

Louis：如果我有金属的话，我就能做一个火箭，我还能开火箭，因为你知道吗，小男孩是能驾驶火箭的。

在随后的环节中，教师继续为孩子梳理他们此前谈话的主线。她开启下一个话题，用"我也在考虑怎么飞。我想知道，什么东西可以飞呢？"在为期两周的讨论中，孩子们讨论了火箭、鸟、翅膀，怎样才能让一些东西飞起来，最后探索了喷气式气球以及是否能找到让它飞得更直的方法。儿童根据他们的想法画画，这能帮助他们理清思路，并将想法转化为词汇。这些画上还标注了儿童的评论，这让他们能回顾自己的想法，有助于随后的讨论（见图 6.3）。

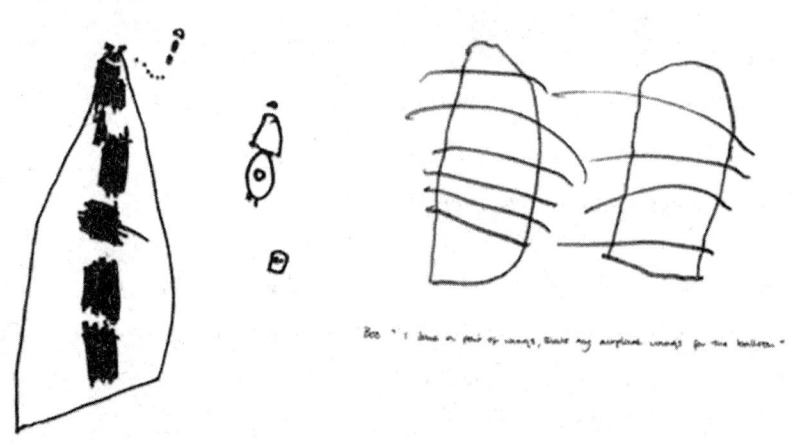

图 6.3　飞向月球图：帮助儿童将想法转变为语言

在学前班中回顾所学内容

学前班每天都有一个儿童自发活动的延长环节，可以向儿童开放以获得丰富的室内外活动资源。活动开始前，教师要求儿童简短地描述他们准备做什么，很多都是建立在前一天与其他孩子共同活动的基础上的。教师对其中的一些孩子说，"我希望你们回顾下今天我们做了什么。"这些孩子中有一个叫 Thomas，他正返回到之前的活动，继续做船。

教师在儿童中间穿梭，不时地从这儿或那儿加入到儿童的活动中。和户外用纸盒搭建塔的女孩组在一起时，教师问她们是否愿意回顾下今天做了什么，女孩们回答说愿意。

Thomas 拿一根胶棒作船的桅杆，他想把它系在船的一边。他剪下不同长度的绳子，但是当他努力系上去时，他发现长度不够。教师让他先描述下这个问题。

"它不够长，"Thomas 说，"但是我拿着它量过了。"

"你想想为什么会是这样？"教师问，"为什么你量它时的长度是够的，现在长度不够了呢？"

Thomas 认真思考了一会，然后说："因为打结用了一部分线。"他的老师鼓励他说出怎样做才能裁出合适的长度，应当将打结的部分也包括进来。

一个小时后，也就是午餐前，是孩子们集中在一起的回顾时间。三三两两的儿童站起来展示并且谈论他们做了什么。轮到 Thomas 时，他先展示了他的船，并进行了简短的描述。教师接着问孩子们，"关于 Thomas 的船，你们有什么要问的吗？"孩子们已经习惯了问一些关于制作过程的问题，因为教师一直在给他们做示范。他们问 Thomas："你制作的时候遇到什么问题了吗？""你为什么用那种木头？""你还打算更换船上的零件吗？"Thomas 恰当地回答了他们的每一个问题。

早期教育阶段交流和语言发展的建议

婴儿和儿童生来就会交流并发展语言。但是，他们需要在交流丰富的环境里学习这些技能。通过互动以及创设能使儿童交流和语言能力蓬勃发展的环境，教师可以为儿童提供敏感的和有技巧的支持。

年幼的交流者、讲话者和倾听者需要：

* 与关爱的、细心的人进行热烈的、互惠式的互动。
* 有通过表情、手势和声音进行交流的机会。
* 有语言示范，包括有关每日活动的聊天、歌曲、儿歌和图书。
* 支持在安静和平静的空间中倾听和集中注意力的环境。
* 成人通过适宜水平的语言，伴以手势、生动的声音、重复和视觉线索，帮助儿童理解语言。
* 有可以谈论的事情——激励儿童参与到交流中的资源和经历。
* 有可以谈话的人——一个感兴趣的倾听者，并且能花时间去发现儿童想表达的内容。
* 让儿童的语言向前发展的支持，如通过一些策略加强或扩展语言结构及词汇量。

第7章

"这只是一个故事，不是吗？"
——幼儿园课堂里的互动式故事讲述

莱斯莉·亨迪 （Lesley Hendy）

儿童生来就是故事讲述者。我们有这种本能，就是为了塑造生活和赋予其意义，我们会讲述、表演和倾听故事。就像 Rettleheim （1991）提醒我们的，"今天，和从前一样，最重要的和最困难的事是帮助他们发现有意义的生活。"儿童编故事经常戛然而止，他们要么被其他事情吸引，要么故事空洞，缺乏内在的联系，意义有限。但是 Engel （1999，p.3）建议，"儿童的故事对家长、教师和研究者来说非常重要，因为它让我们深入了解不同年龄段儿童怎样体验这个世界，了解一个特定的儿童有着怎样的思考和感受。"

在儿童早期的行为中，可以观察到的最初的活动之一是"假装"游戏。当你问一组成人他们还是孩子时最常玩的游戏是什么，他们通常会回答"妈妈和爸爸""医生和护士""牛仔和印第安人""商场""理发师"等。所有这些游戏都要求孩子把真实的事情换成虚构的内容。在这个游戏中，你可以假装是别的什么人，别的什么地方，做着别的什么事。使用"假装"的能力，通常开始于幼儿时代，持续到青春期甚至更大年龄段。

儿童从 12 个月大开始就积极参与到编故事的活动中。他们自己或者和别人一起通过假装游戏表演他们的故事。小一点的孩子在游戏中经常大声说出他的想法并且做出动作。随着他们生活的变化，关于他们生活的故事也随之改变。很多家长和教师都体验过"假装"的茶话会或是当过假想的朋友。

可以这么说，在早期的编故事活动中能够发现情景剧的雏形。这些故事"逐渐展开"，并且故事的"脚本"来自孩子们的经历。在早期教育中会使用"情景剧"，然而，我们应该更关注情景剧的意义而非情景剧的制作。年幼的儿童在自己的情景剧中并不创造"角色"，而是在这些"假装"情境中表演自己。正如 Hendy 和 Toon （2001，p.22）所说，"'假装'游戏可以被描述为儿童参与到一系列不同的行为和事件中，这与表达想法、动机和对假装情境中事件的反应有关。"在这点上，假装游戏在儿童发展中扮演重要角色。很悲哀的是，《国家课程》的介绍中否定了假装游戏，尤其是否定了游戏是课程中的一部分。希望在《基础阶段》的起草中能扭转这一趋势。

"角色扮演"是一个有问题的术语。它经常用来描述儿童在"假装"游戏中正在做什么。一些不一致的和个人化的理解让"角色扮演"这个术语更加复杂。在情景剧场景中，扮演某个角色的演员必须考虑他所扮演角色的所有特征，需要知道一个角色过去的经历、情绪以及与他人的关系。当儿童参与到"角色扮演"中，他自己就是医生、护士、店主，等等。他们只采纳了"角色"的一个特征，在这个阶段他们也没有能力扮演一个完美的角色。我倾向于将参与"想象游戏"的幼儿描述为"假装自己"。我们没有要求他们"扮演"。

随着不断接受学校教育，通过游戏或者假装游戏表现出来的个人反应通常被看作是不可靠的和自我放纵的。到成年时期，这种幼儿身上所表现出的奇妙的自发行为和创造力被不恰当的和社交愚笨的感受所取代。在实习生和见习教师的聚会上提到"戏剧"这个词，就会感觉到群体里有明显的不安在流动。在情景剧课程之初，经常听到的话是"我希望她没打算表演我起床或做其他的事情"，或是"我不能愚蠢地演我自己"。对很多人来说，在课堂上读莎士比亚或是参与演出需要学习和朗诵台词，这让成年的他们感觉恐惧。

大约在过去的十年间，商业和工业再一次发现使用角色扮演是开展管理培训的一种重要方法。现在很少有课程不使用角色扮演的方法来进行团队建设，或探讨群体中遇到的困难，或是作为一种问题解决和决策的方法。这些正是优秀的幼儿教师鼓励孩子们学习和发展的东西。

在这一章里，我将列出将情景剧作为有效学习媒介的方法，既包含"家庭或角色扮演角"中成人的干预扮演，也包含儿童主动编故事。我将讨论把情景剧策略作为一种方法来反思或扩展编故事中的体验。我希望这样可以减轻大家对情景剧的焦虑，并且给早期教育者提出一条基本原则，即在课程计划里将情景剧作为一种教学工具。

情景剧在早期教育中为什么很重要

作为儿童游戏自然发展的重要组成部分，当我们与儿童互动时，假装游戏为我们提供了一种现成的方法。通过"好像"（也就是在一个虚拟环境中活动的能力），儿童能够思考、观察和理解外部世界，获得不同的观点。

但是，作为儿童剧，假装游戏需要经过严格审查。我们需要知道幼儿进行"好像"游戏时有两种不同的方式：一是按照源于现实生活的剧本进行社会角色扮演；另一个是虚拟角色扮演，其中儿童可根据自己的想象编故事。因为这两种方式均需要不同的思考模式，所以这两种方式都是重要的。

Bruner（1986）率先定义了这两种方式。在他的"范例"模式里，他认为逻辑性、顺序和分析能力，都可以在"家庭""医院""办公室"等社会角色游戏中探查到。另一方面，Bruner 所说的叙述思维，存在于主题情景剧游戏中的创造性和假装事件的结构中。

在关键阶段 1 和关键阶段 2（读写核心学习期），将情景剧引入演讲、倾听和学习中，能够推动语言学习。一些关于角色扮演在早期语言发展中的重要性的重大研究（Sylva，

Bruner 和 Genova，1976；Hutt，1989；Kitson，1994）和 OFSTED 的报告《第一课》（First Class）表明，"有效地采用情景剧和角色扮演"的班级的总体读写水平更高。

尽管如此，采用情景剧并不是语言学习的唯一方法。假装游戏的社会性可延伸到课程中，并应用于需要儿童描述和交流其结论和观察结果的情境中。当为儿童提供一个"好像"的虚拟场景，他们能够就自己所知所想进行讨论和交流，则课程效果将大大提升。儿童在"好像"的场景中，需要具备自然常识，使用逻辑能力和分析能力。这些主题剧提供的叙述能力，能够开发创造性思维，增强其他方面的学习能力。

采用情景剧和提供机会使用多种方式开发课程一样，也能够为教师提供小组活动的机会，让孩子们进行社会互动和思想交流。通过这些活动，读写基础阶段所要求的核心技能得以强化。儿童可提出和解决问题、推理、决策、计算、交流，拓展他们的个人技能、社会技能和情绪能力，利用所学的知识和对世界的理解，而且，还能够开发创造性和身体能力。

情景剧被引入课堂中，通过使用"人物—地点—时间"的方式增强儿童的学习能力。通过创造虚拟世界，儿童有机会扮演他们喜欢的人物、在他们喜欢的地点和时间。例如，他们可以亲自进入虚拟世界，设法找到解决问题的办法，包括如何打扫他们的村庄，并将此作为环境项目的一部分；他们想变成老鼠，爬上月球，看看月球是否真的是由奶酪组成，这是登日和登月计划的一部分；他们想变成仆人，担心白雪公主会消失；他们想变成农场主，努力想办法如何从坏了的运奶车上转移牛奶。这些虚拟场景的设置，吸引了儿童，使他们发挥"专家"的作用。通过运用已有的语言、经验、动机和兴趣，教师能够适时介入情景剧，引入看问题的新角度和新方式。这为教师提供了大量的潜在时机，但在通常的课堂教学中这些是无法提供的。

情景剧的主旨是作为一种学习方式，以多种形式出现，能够带来效果的变化。例如，它能够带来：

- 知识和理解水平的变化；
- 思考方式的变化；
- 态度的变化；
- 假装游戏所带来预期的变化；
- 已有语言的变化；
- 意识和他人需要的变化。

使用语言和运用知识之间的关系也会发生变化。通过为儿童提供各种时机，设定程序，了解他们感兴趣的事务，教师能够使用更广泛的课程，并可在现有课程需求的框架下达成上述目标。

作为一种学习手段，情景剧的主要特征如下：

- 一种教学方法，以不同的交流方式引入信息和想法（有时儿童是专家，教师是一名受教育者）。

- 一种方法，教儿童运用他们的技能，使他们更好地运用知识和想法（儿童有机会选择必须解决的问题和将要做出的决策）。
- 一种方法，给儿童一个积极响应的虚拟场景，而这在教室里通常是无法实现的（给害羞的儿童一个扮演其他人的场合）。
- 一个描述和交流的可供选择性的方法，使儿童能够将他们自己的知识带进教室（具有钓鱼或骑马等专业知识的儿童能够做出全面贡献）。
- 一种学习方法，实现学生和教师之间的教学平等。
- 一种提供必修知识的方法，可对已经或将要在教室里学习的知识进行强调（儿童常常想对故事中的内容进行研究）。

如果要说情景剧是什么，那它就是学习的机会和人生的转折点。在剧中可以使参与者在安全的环境中，反省他们的行为，反思他们的想法。为此，参与者必须运用已有知识和主观判断。他们还要引入新知识，包括事实和客观依据，用来帮助他们解决问题和进行决策。其中，教师将发挥至关重要的作用，正如 Readman 和 Lamont（1994,p.16）所述：

教师的职责是
- 保持儿童对所选角色做出的任何假设；
- 选择能够反映真实的多元文化的内容领域；
- 使儿童选择能够挑战各种刻板的角色；
- 为儿童提供团结协作的机会。

家之角之外

在早期教育教室里，家之角／角色扮演区是教师开展"好像"活动的最明确的场所。教室里的家之角／角色扮演区通常只是儿童区，有时让孩子单独在里面玩是很重要的，但偶尔也有成人进入，和孩子们一起玩。

知道何时以及怎样有建设性的介入，而且不让孩子们感到教师的闯入，需要敏感和细心。最初，经过家之角时就角色扮演与孩子们进行简短交流，有助于建立信任。最近我参观了一个婴儿教室，教师在家之角建了一个海滨咖啡吧，孩子们要求我购买一些薯片，我和孩子们一起抱怨缺盐少醋。

当你估摸着孩子们准备接纳你时，你再进入他们"假装"的世界，并花更多的时间和孩子们在一起。使用"家"这个单词，并将其改名为角色扮演区，从而使更多的可能变成可行。相对于其他场所，孩子们能够通过穿着装扮和载有洋娃娃的婴儿车，一眼就能辨别出角色扮演区。家之角只适合扮演社会角色。通过提供不同的环境，孩子们有机会参与社会剧和主题剧中的角色扮演。

创建角色扮演区，要求整个班级都为之工作，可能需要数字和形状方面的知识，需要做东西，或者需要应用 IT 技术。通常，没有效果的情景剧是因为孩子们在场地设计或管理方面缺少输入。

成人的介入

我们跟孩子们一起做游戏，在玩"过家家"游戏假装某一个角色的过程中，既需要引导他们，也需要对他们做出反馈，从而促进他们学习。教师的每一次介入都会改变学习机会，甚至可能改变学习成效（Baldwin & Hendy，1994）。特别是当教师们认识到并充分利用这种由孩子们的天性诱发的学习机会时，学习效果会更加明显。让孩子们意识到自己在游戏中的地位，以及自己在表演游戏中的贡献是有价值的，这些对孩子们都很重要。教师在故事中可能扮演病人或者顾客的角色，这就要求他们必须跟现实生活中一样，对"医生"或者"牙科医生"，"旅行社员工"或者"蔬菜水果商"怀以同样的尊重态度。这将有利于以一种更加开放的方式来分享这个角色扮演游戏，当其他孩子听到这段谈话时，便会受鼓舞也参与进来。同时，教师的介入将帮助孩子们在虚构的故事中更坚定地投入到自己扮演的角色中去。通过采用这种教学方法，我们能够给孩子们一种暗示，即他们的表演游戏是有价值并深受尊重的。交流对我们十分重要，也是一种受人尊敬的活动形式。

角色扮演区域的类型

角色扮演区域不必总局限于熟悉的场景，任何地点和任何时间都可以。举例如下：

- 让孩子们回顾过去年代的场景，诸如城堡、帆船、海盗船和古宅等等，这些场景给孩子们一种过去的感觉；
- 时间旅行场景，诸如太空船或者时光机等；
- 童话故事场景，诸如三只小猪的砖房、小红帽的村舍或者七个小矮人的房子等等；
- 想象的场景，诸如全绿色的房间、颠倒的房间、梦想的房间等。

所有这些可能的场景有利于开发孩子们说和听的能力。我们为孩子们提供什么，将决定我们后续能利用什么样的学习机会。

通过以这种方式参与到孩子们的情景剧游戏中，我们得以跟孩子们建立起信任与责任。我们能够加强孩子们通常无法自我维持的维度。到以后承担更大集体或者全班性的情景剧表演时，这些理念将得到进一步延伸。我们的介入能增加持久性和结果性维度。不仅在成年人看来，孩子们的所做和所说可能是充满挑战性、有争议的和经过深入分析的，孩子们自己也是这么认为的。

希腊语中对情景剧的解释是"正生活在……之中"，情景剧表演需要演员们通过装扮使其生活在虚构的场景当中。在这个虚构的世界里，所有演员同意参与和共享同一个情景剧活动，这是很重要的。成人务必注意，绝不要在不告诉孩子的情况下就介入到剧中。成人可以问孩子们"我可以表演吗？"之类的问题，实质上是通知孩子们我们介入进来了。所有的演员必须充分运用自己在真实生活中所学知识，以帮助其生活在这个虚构的情节里。以一种积极主动的方式来利用生活经历和事实性知识，最终在孩子们心里形成一种"需要知道"的概念。重要的是，孩子们和成人总会意识到他们是在表演，因此他们必须能"同时在他们的头脑里容纳下两个世界"（Readman & Lamont，1994，p.27）。他们还应意识到"假扮"随时可以停止，从而通过自相矛盾的方式建立了一种安全感。教育心理学家维果斯基将这种具备生活在两个世界中的能力描述为双重效应（1986）。亚里士多德也描述了这种现象，成为"次元"，即真实世界和表演中的虚幻世界同时出现在表演者的思想中。

表演是以一种更重要的方式帮助孩子们交流，同时让他们对表演活动的结果进行更深入的思考。例如，在游乐场里任意"表演"射击可能是有争议的，因为射击会伤人，这便引起孩子们随后的思考。同时，表演使孩子们获得别样的经历，在一种"安全"的环境中考验他们对事物的反应。孩子们被反复要求回答他们对其他角色的认识，这种问答经常以孩子不熟悉的方式进行。另外，他们也有机会重新表演、更换角色，以及思考各种不同角色的表演。

把即兴表演作为情景剧活动的一种手段

情景剧活动的表演方式之一——即兴表演，这个术语经常出现在各类文件和书籍中。在绝大多数学生团体和早期教育工作者中，关于这个术语的含义他们有一些共识，但是对如何即兴表演理解得不够。即兴表演的最好解释是：它是一种积极主动的表演方法，这种方法要求孩子们和教师们都进入一个虚拟的世界，在这个虚拟世界中，他们有时是自己，有时是别人，并且能够做到：

- 探索人类关系和行为；
- 对事件和观念有第一手的体验；
- 对说和听有真正的需求；
- 解决问题并做出决定。

在这个虚构的世界里，参与者之间的对话和非语言行为也是随着情节的持续推进而虚构的，就像现实生活中的正常交谈和行为一样。表演团体并没有预先写好的可以借鉴的剧本。在整个虚构情节中，对话内容和非语言行为可以被引向教师们或者孩子们想要探讨的任何主题。这种表演活动被称为"连续即兴表演"，只要表演者能够维持，这种表演可以一直继续下去。教室里的表演也利用了剧场表演中常出现的元素：运用动作和语言来塑造连接空间和时间的复杂故事情节，由此产生张力和悬念，进而推动人物关系和情景发展。

想把连续即兴表演维持较长时间是非常困难的。年幼的孩子们会很快从连续即兴表演中脱离出来，也许是因为孩子们觉得他们的表演没有得到回应，抑或是因为他们完全专注于他们自己编造的故事中了。对于规模庞大的表演团体而言，保持即兴表演可能并非易事。随着班级规模的不断增大，表演需要周密的计划和组织。

作为设计工具的表演策略 / 公约

表演策略 / 公约是一种结构化手段，可以帮助教师让孩子们的注意力集中到故事的某些特定方面上来。近年来，表演策略 / 公约的使用已经成为表演设计和结构化的一个重要方面。教师可以借助表演策略 / 公约中断故事，从而达到以下目的：

- 帮助建立一种共享环境（我们都在同一片树林里吗？我们对马戏表演有什么共同的理解？当我们看见小岛时，我们看到岛上有什么？）；
- 如果故事情节没有任何发展，或者陷入死循环，那就通过教师的旁白解说来推动故事情节发展；
- 关注到已经发生的一些事以帮助孩子们对困境建立群体认同，因为困境可能阻碍了孩子们对"接下来将发生什么"的渴望。

在许多情况下，表演团体可以倒回来重新表演一个桥段，但这可能导致孩子们陷入他们不太愿意面临的某个境地。就像一个孩子观察到的，"跟现实生活不一样，因为你可以往回倒带，改变刚才所做的一切"。

一些适用于早期儿童的表演策略 / 公约：

大多数关于教育戏剧的书里面都涉及表演策略的描述与使用。我个人认为最适合早期儿童的书籍有 Baldwin 和 Hendy，1994；Readman 和 Lamont，1994；Woolland，1993；Neelands，1990；Toye 和 Prendiville，2000。

以教师的身份参演对教育工作者而言可能是最熟悉的表演策略 / 公约了。这是一种十分有效的方法，因为这样可以使教师同孩子们一起进入虚构世界，同时可以组织安排故事情节的发展。然而，当参加培训的教师刚接触到这一表演策略时，他们会觉得跟孩子们一起进入虚构的场景是相当令人生畏的，游离于这个虚构世界之外来组织活动似乎是更安全的选择。那些愿意参演并全身心投入到编故事当中的教育工作者发现，以教师身份参演是最有效也最可取的方式。让孩子们参与到一个已知的故事中，同时运用表演策略 / 公约来驾驭"我的故事"。这样，角色中的教师可以讲述故事里自己所处的困境，例如猪妈妈找不到自己的孩子，公园管理员丢失了所有动物，睡魔的外孙找不到沙子，等等。

其他表演策略 / 公约还有：

- 静态图像：全体或者部分团体成员摆一个造型，构造一个画面来描述他们想要表达的内容。
- 连续角色扮演：全体小朋友通过扮演诸如农民、办公室人员、三只小猪的朋友们、会飞的小朋友们等一般性的群体角色，参与到故事创作中。
- 圆圈教学：全体成员围坐一圈，讨论事件并做团体决策。这是让整个团体冷静和稳定下来的有效手段。
- 集体角色扮演：若干个小朋友通过相互配合来扮演一个角色。

- 你能看见什么？每个小朋友描述一个情景、一个事件或者一个人，由此建立团体形象。这更适合于关键阶段 1 的小朋友。
- 思路追踪：每个小朋友大声说出自己对一个事件、一个人物或一个观念的所思所感。这更适合于关键阶段 1 的小朋友。
- 小组活动：要求一个小组的小朋友们借助对话或者非对话的手段来创建一个场景，来展示一件事发生期间可能导致的结果或者一种观念实行后可能发生的事。这也更适合于关键阶段 1 的小朋友。

设计表演活动

通过运用剧场演出元素、即兴表演，以及表演策略 / 公约，教师们拥有了设计和编撰故事的工具。表演活动的基础是创建一个可以进行即兴表演的场景，场景还可以根据具体需要采用其他表演策略。根据已采纳的各方建议，明确开展表演活动的目的是使其对孩子有教育意义，而不是单纯的为了玩游戏。

在编撰的故事里，必须提供一个强烈的困境（张力和悬念），使孩子们能在其中建立起信念；换句话说，必须发生一件事来引起他们参与的兴趣。孩子们需要以一种"仿佛"就是如此的表现进入角色。为了使表演活动顺利开启，必须对孩子们进行足够的刺激，使大家怀着共同的意愿"把假戏当真"。

年幼的小朋友拥有天生的能力理解故事的构思。他们本能地知道一旦故事中的困境开始了，就将有事情要发生（Hendy，1995）。他们知道故事中的主人公将遭遇难题和困境，并需要他们自己来解决，例如小红帽遭遇到想要吃她的大灰狼，三只小猪被一只企图破坏他们房子并想吃掉他们的大灰狼追逐。这些困境强烈而具有生命危险。当然，这并不意味着所有的困境都是生死攸关的。但是，有些事情必须要发生，这有利于产生强烈的张力来保持兴趣，创建可以发生新的认识和理解的环境。

选择故事背景

故事背景的选择是互动式故事编撰的一个重要因素。知名的儿童故事可以是很好的选择，因为这些故事可以通过令人充满兴趣的背景来激发小朋友们的想象力。选择好故事背景后，识别出一些故事发展过程中可以探究的学习领域是值得做的一件事。设定在森林或者户外的故事可能引发环境方面的问题或者对世界认知层面的问题。设定在室内的故事可提供一种便于培养交流、语言与读写、问题解决、推理和计算能力的情境。

故事主题选定好之后，接下来要确定关键的学习领域。这些领域可以涉及普遍的观念，诸如以下问题：

- 我们如何了解人们都喜欢什么？
- 我们如何跟不同的人打交道？

- 我们应如何处理那些威胁到我们的事情?

或者,学习领域也可以更贴近课程,诸如:

- 如何描述物质之间的相似点和不同点?(对世界的认知问题)
- 怎样设计一套装置,能带着我们随风飘起?(解决问题,推理和计算能力)
- 能否讲述一下自己曾经的故事?(交流,语言和读写能力)
- 怎样对待那些出现在我们生活中的新面孔?(个性发展,社会性发展,情感发展方面)

为了回答上述问题,可以运用即兴表演和情景剧表演策略/公约来构思故事,进而探索关键的学习领域。以"睡魔"为例(具体方案见表 7.1),这个故事引出的一般性问题可能是"怎样解决困难问题?"。

表7.1 互动式编故事活动计划:使用幼儿园儿歌,"瞌睡神来了"

瞌睡神来了;
瞌睡神来了;
他带来了优美的雪白沙滩;
所有孩子都在地上;
瞌睡神来了。

教学目标:

说、听和回答问题方面

- 让孩子喜欢听讲,喜欢用口语表达,并乐于参与和学习。
- 让孩子专心听讲,能够就他们所听到的进行讨论、提问或活动。

情景剧

- 通过即兴创作和角色扮演,探索熟悉的主题和人物。
- 在小团队或大团队中安排恰当的角色,设计可选择的活动过程。

教学目的	设计	编故事
鼓励孩子专心听讲	教师亲自教唱幼儿园儿歌,并与孩子进行约定	教师和孩子坐成一个圆圈。教师朗读幼儿园儿歌"瞌睡神来了",并教孩子学唱。教师问"瞌睡神是谁?他要做什么?他什么时候来?他会带来什么?"鼓励孩子给出答案。(按照开展活动前的约定),教师让孩子们一起编一个故事。教师告诉孩子,"她将离开圆圈,当她回来时,她将扮演一个每晚必来的新人瞌睡神,他们是没有入睡的孩子"。

提供信息，约定故事的上下文	教师使用"T-I-R"（teach in role，角色教学）和"我的故事"	你是一个每晚必来的新人瞌睡神，带着雪白的沙子，将这些带有魔力的沙子洒向小朋友的眼里，使他们入睡。你是一个新的瞌睡神，因为你的祖父当了很多很多年的瞌睡神，不想每晚都飞往世界各地，想去度假。当他离开时，他让你来接替他的工作。但他在开始长假之前没有告诉你到哪儿获得雪白的沙子，你已经用完了沙子，需要向孩子们寻求帮助。
使用语言来想象并设计角色和经验	连续的即兴表演以营造故事背景	孩子们准备"T-I-R"，为旅行作准备，"T-I-R"问，"我们需要准备什么？到那儿需要多长时间？"孩子们将针对这些问题提供答案和解决办法，"T-I-R"评估这些方案，和孩子们决定选择最合适的方案。旅行开始了。
发展交流和社交技能	连续的即兴表演以制造紧张气氛	旅行可以到达任何地方。"T-I-R"应时刻记着要寻找能够获得沙子的地方。要不断提出问题，如"我们在哪儿能够找到美丽的白色沙子？""最近有人到过海滩吗？""我怎么知道这些是我们要寻找的沙子？是我祖父使用过的。"
发展问题解决和推理能力	反省和重新开始的圆圈时间	定期花些时间进行集中，讨论已经发生了什么和什么将要发生。对行为和决定进行讨论。
培养个人和情感技能	静止图像	继续本故事，在孩子们进入圆圈之前，让孩子按照图像里他们正在从事的事情获得一个位置。让孩子们闭上眼睛，思考他们对本次旅行的感觉。然后，让这幅图像来到现实生活中，慢慢地告诉孩子们去寻找一个朋友，小声说出他们对朋友的感觉。
以小团队或大团队的形式进行，决定选择性的行为	连续即兴表演以编撰故事，并形成一个可接受的结论	按照孩子们的主意，继续推动故事发展，直到得出可接受的结论。就这个故事来说，孩子们将回家，新人瞌睡神将往孩子们的眼里洒些沙子，孩子们将逐渐入睡。

教师在编撰故事时，需要考虑采用例证式还是叙事性的思路。故事应采用孩子们熟悉的场景，这有助于引入知识或评估孩子们解决难题、推理的能力，以及使用数字理解、相互交流与共同工作的能力。这类故事称为"家庭"故事，是基于现实生活，所有行为都要遵守自然法则。换句话说，这类故事与魔力无关。这类互动式故事是非常有用的，能够帮助年幼的孩子了解他们未知的世界。

另一方面，虚拟故事是不一样的感觉，它们源于想象。这类情景剧允许所有可能的情境和念头，哪怕是奇异功能或非凡能力，可提高孩子的叙事思维和想象力。这种故事在编撰时需要考虑孩子的意愿，包括：

- 采用"假装"；
- 虚拟行为和场景；

- 虚拟物品；
- 保持口头的虚拟；
- 通过动作进行虚拟；
- 与团队中其他成员进行互动；
- 遵守活动组织和游戏规则。

教师也必须在脑海里拥有自己在故事中的角色定位。成人必须做到以下几点，孩子们才能高效地学习，具体包括：

- 具有使用这种方法的强烈愿望；
- 热衷进入孩子的世界，相信他们的行为，认真对待他们的工作；
- 了解即兴创作和情景剧策略如何发挥作用，并能够进行运用；
- 具有将故事的学习潜能与以前的能力联系在一起的知识；
- 能够提出需要解决的难题；
- 具有冒险的意愿；
- 愿意和孩子们一起活动，让他们做出决策。

进行约定

在进行互动式故事编撰前，孩子们和成人进行约定，以便熟悉活动计划，这是非常重要的。当故事开始后，约定使得孩子们和成人能够知道下一步的事情和任务。只有孩子们和成人被告知了约定，并知道他们将要干什么，故事才会开始。

主动编撰故事的案例

利用现代儿童故事

最近，实习教师决定选用尼克·巴特沃斯的《暴风雨后》编撰情景剧。这个故事发生在暴风雨过后的树林里，动物们无家可归，这为实习教师和她的学前班提供了丰富的想象空间，而且班级的主题是"动物"，因此这个故事就很好地融入到了课程设计中。

实习教师开始分析学习场地。树林能够考察儿童关于树木和动物习性的相关知识，以及他们在教室里学习到的内容。她想知道儿童掌握了多少关于生命过程和生活的常识。当儿童根据扮演的角色开始设计自己的新家时，她想知道是否能够为儿童传授关于形状、空间和尺寸的知识。设计和建造是本故事的重要特征。当儿童看到自己受到重创的生活环境时，他们将讨论关于世界的知识和理解。实习教师要求儿童记住暴风雨之前的情况以及他们听到暴风之前依次发生的事情，她希望加深儿童对过去的理解。慢慢地，通过周密设计，她能够挖掘故事中固有的学习潜力。

在整个故事中，实习教师希望让这些"小动物们"讲述自己的故事，而且她还参与其中，扮演河鼠，并提出问题，制造难题，加深儿童的理解。通过传达恶狼来袭的消息，儿童们瞬间感受到了紧张。这些"小动物们"没有看到恶狼，但都知道恶狼要来，于是纷纷急忙寻找新家，避免被恶狼吃掉。没有合适的工具或材料，这成为"小动物们"面临的大难题，因而寻找或设计新家的进展非常缓慢。通过"聪明的猫头鹰"的指引，儿童们展开了营救。这只猫头鹰由一个儿童扮演，他邀请其他儿童到他树上的家里做客，并招待茶水。

这个故事的主要情节都是通过连续的即兴表演产生的，但实习教师采取了一些其他策略以增加思考和约定。起初，儿童围成圈站着，都看着树木。实习教师走到每个儿童前面，定义他们的动物角色，并让他们说出他们看到的情景。接着，这些儿童勾画出树林中树倒叶落的场景，实习教师让每个儿童跑回家，救出一些东西。这些儿童返回原处，展示着他们拿回来的东西，并描述这些东西对他们的意义。大部分东西在故事后面的情节里都得到了应用。在故事的结尾，每个儿童都要画一张他们扮演的小动物站在新家外面的图画。最后，实习教师给儿童阅读这个故事，而这个故事则成为全班非常喜欢的故事。

按照儿童提出的想法工作

当按照儿童提出的想法工作时，教师需要能够以儿童的身份进行思考，并抓住学习的时机。对于加强团队合作，提高儿童解决难题和作决策的能力来说，这种工作方式是非常理想的。这并不意味着不需要提前设计，但这种设计是多变的，需要根据可能的情景预先判断所学的内容。根据以前的经验，教师能够判断故事发生的阶段。下面的案例是一个由垂直分组班编的故事，他们正在进行班会主题讨论。

会议以圆圈时间开始，儿童和成人坐在一起，并明确他们在哪、是谁以及在干什么。他们想假扮国王的仆人，正准备一个大型宴会。为了使活动可控，每个儿童都需要进入到活动场地内，并从事某项工作，而这项工作正是他们在图画中所展示的工作。当所有儿童都集中在一起时，活动开始了。

随着儿童开始"扮演"混合、剥皮、焙烧等活动，故事缓缓展开。我（教师）扮演一个新来的仆人，接受的工作是告诉物品的位置。我并不好好工作，而是制造难题，再由其他仆人帮忙。通过这些，我获得了关于儿童的大量信息。他们备餐的常识非常丰富，我们可以就土豆的烹调方法展开长时间的讨论。我可以就我所知道的烹调方法提出问题，以查看我是否是对的。在这个案例中，儿童们都是"专家"，而我是个新手。

不久，第一个大难题出现了，改变了活动的进展。一个儿童大呼"着火了！"，我们立刻跑过来，试图扑灭火焰。这是一个讨论火灾危害的时机：火灾是如何发生的？当你离火焰太近会发生什么？你如何处理烧伤？处理完这个难题，又出现了另一个难题。又一个儿童告诉我们，这起火灾不是由于仆人的疏忽造成的，而是国王锁在地牢里的龙引发的。这条龙正在大吼，他的眼泪变成了火焰。

国王的宴会几尽破坏，我们坐在一起，讨论如何帮助这条伤心的龙，我们能相信他不会烧伤我们吗？应如何学会相信那些曾经带来伤害的人？这条龙是真正凶猛呢还是因为害怕？为什么这条龙在被捉住前会烧毁村庄和烧伤人们？讨论之后，每个儿童都需要大声说出他们的想法，以及对龙的感觉。类似的活动可以提出大量的问题，可以提供很多学习的机会，而这些在正常的课堂教学中很难进行讨论，也不一定会提及。

完成此次活动中所有的事件，需要很长时间。必须声明，90 分钟过后，龙需要回家照顾小宝宝，负责烹调的仆人需要返回城堡，为国王准备膳食。这个活动的很多地方隐藏着"解决问题、推理和计算"，包括为了容纳所有的仆人和龙，我们需要多大的魔毯？我们如何在没有卷尺的情况下测量龙的长度？还暗含着常识和理解，包括龙和人类吃同样的食物吗？在魔毯起飞之前我们需要多快的速度？龙生活在什么样的地方？如果降落在山区，我们需要穿行什么样的地形？还有一些创新发明，如我们创作一首安静的儿歌，唱给龙宝宝，让她入睡。

这样的活动方式对于儿童来说是非常特别的。我常常在活动结束时告诉孩子们，以前没有人听过这样的故事，这是全新的，属于他们的。通过将这样的故事写成书的形式，他们可以在图书角增加自己喜欢的内容。

充分利用童话故事

通过虚构教师的角色，教师扮演三只小猪的妈妈，儿童们扮演小猪的朋友，帮助猪妈妈寻找小猪。教师设置故事的背景（4W，即谁、哪里、什么事和何时），并让儿童知晓。通过设置更多的情节，避免有时陷入熟悉的故事情节中。儿童对原有故事的了解有助于他们创造一系列事件，但这更像是侦探们在侦查过程中拼凑证据。

当教师告诉儿童她的角色时，故事以圆圈时间开始。一旦教师返回圆圈，她就开始扮演三只小猪的妈妈了，儿童们将是小猪们的朋友。教师告诉儿童，当她走出圆圈时就闭上眼睛。

当教师返回圆圈时，她告诉儿童自己非常担心，因为小猪们离开了很长时间。自从他们离开家，她只收到了一封信。教师从口袋拿出一封她事先准备好的信，并读给儿童们听。信上写到，"妈妈，您好，我们很好。我们非常高兴，因为修建了一个稻草屋。听说这里有狼，所以我们要好好照顾自己"。教师让儿童提出有关狼的问题，并说出狼像什么动物。她是否需要担心？她要去寻找小猪吗？儿童乐于加入寻找小猪的队伍吗？

大家三三两两地组成小组，分别画了小猪家附近的地图，使用绘画和符号代表不同的地点。这些地图用于寻找小猪。关于位置的问题包括：他们将走哪条路？往北，往南，往东，还是往西？他们将去小山上，还是树林里？最后他们选择了通往树林的路。天黑了，他们想找个睡觉的地方度过黑夜。什么地方最好呢？他们怎样保护自己以免被狼伤害？他们在哪儿找到了吃的东西？

随着故事的发展，在"猪妈妈"的引导下，儿童的兴趣持续高涨。通过有效的提问和讨论，故事中引入了挑战和难题。通过让儿童主导故事的发展，使之演变为他们自己的故事，教师能够开发很多学习潜能。教师巧妙运用戏剧策略，创设了在需要的时间和需要的地点对事件、人物或想法进行反思的时刻。

因为是一个圆圈时间，故事结束时又回到了起点。三只小猪都已经找到，而且打跑了狼，所有的参与者都准备去睡觉了。

情景剧可节省时间

与多数人的观点不同，情景剧教学并没有占用更多宝贵的课堂时间。通过积极设计，教师可想出更高效的教与学的方法，这些方法不同于其他的课堂组织形式。采用这种互动式教学，实现了边做边学，学习了各种知识。最近，一个 7 岁的儿童能够很详细地向我描述两年前班级欢迎仪式上进行的互动式活动内容。利用故事中采用的不同的思考和对话方式，儿童能够清楚地描述他们知道的内容。通过周密设计和组织，情景剧以互动式讲故事的方式，节省了时间，并在不同场景下为儿童引入了新的学习方法，验证了他们的假设与观点，检验了他们的常识。这种教学形式大大有利于提升儿童早期的社会性、情绪和认知能力。

早期教育阶段开展情景剧的建议

在早教课堂中采用情景剧应注意以下几点：

- 编故事是儿童早期天生的行为。
- 教学情景剧重在教学意图，而不是剧本。
- 情景剧是课堂教学的一种工具，不能排除说和听。
- 教师必须像儿童一样愿意暂时让自己相信虚构的事物并积极参与活动。
- 有效采用情景剧策略可以很好地设计情景剧。
- 故事的情境必须是引人兴趣的，而且是不容易解决的。
- 故事的情境必须能够提供良好的学习时机。
- 实质上，就学习新知识和检验原有知识来说，情景剧是一种非常高效而节省时间的方法。

第 8 章

"我可以自己写！"

—— 早期阶段的书写

海伦·布拉德福德（Helen Bradford）

概　述

本章描述了一系列能够让儿童成为自信、积极的书写者所需要的经验。从发展的取向看，是基于这样一个前提，儿童并非在接受正式教育之后才开始探索书写的特征。在儿童开始使用形音结合的字母规则之前的早期阶段，他们就一直在尝试进行书写。尽管从成人的视角来看，这个阶段的书写可能是不规范的。幼儿一直暴露在有文字的生活环境中：他们在家里和幼儿园里都会看到成人在写字，进而形成自己的对于文字是如何写成的猜测。随着儿童逐渐发展出对书写系统的功能和形式的认识，他们会用自己萌发的知识和理解去尝试、探索在纸上或电脑屏幕上创造出意义。本章的重点在于提升幼儿教师对建构儿童书写萌发技能所发挥的作用的认识，从而为儿童正规书写的发展起到支架作用。

书写的发展

儿童在很早的时候就开始探索书写的特征了，他们在理解字母拼写规则之前，便想要用书写来创造意义。虽然从成人视角来看，他们写出的东西不规范，也不可读（Bradford and Wyse，2010；2013）。早期阶段的这种尝试被称为读写萌发（emergent literacy）（Teale and Sulzby，1986；Hall，1987）。读写萌发理论研究了正规学习读写之前儿童的读写行为及其如何发展到正规的书写。该理论有两个关键的前提来描述书写萌发的特点：（1）几乎没有什么书写经验的儿童是能够进行一系列实践活动的；（2）随着幼儿元认知意识的发展，儿童会积极地对读写的性质和目的进行探索（Wray，1994；Jacobs，2004）。

意图性（intentionality）是书写过程的一个特征。也就是说，儿童已经能够有计划、有组织地进行书写，并且他们期望自己书写的符号代表一定的意义。Harste，Woodward 和 Burke（1984）发现，儿童早在 3 岁时便可以有意识地按照自己的意图去书写。Goodman（1986）的研究以及最近 Lancaster（2003）的研究发现，儿童早在 2 岁时就会为各种目的进行书写，而且，大多数儿童已经开始能够使用一些符号来代表实物。

Marie Clay（1975，p.15）认为通过探查儿童最早期的书写尝试，就可以"充分地了解（儿童）对文字的学习"，这种学习贯穿于儿童对书写的多次尝试。因此，Rowe（2003）通过对儿童不规范的书写文本进行分析，发现早期儿童的书写过程与年长书写者的并没有本质的差异。此外，另一些研究，例如 Harste，Woodward 和 Burke（1984）以及 Wary（1994）发现，当面对必须要进行的书写任务时，儿童和成人会采用相似的决策认知加工过程。书写过程涉及从一系列可能的动作中进行选择，这些动作反过来也意味着儿童对多种潜在可能性的意识。Pahl（1999）认为，儿童可以根据当前可获得的信息和资源、当前头脑中最突出的想法来解释事物。也就是，儿童会简单地使用他们所知道的信息。从这个角度看，缺乏经验决定了儿童规范书写的能力，而不是由于他们在完成书写任务时所采用的策略。Jacobs（2004，p.18）将这种策略描述为"临时脚手架"。当儿童开始对书写过程有更多的理解，这种策略就会逐渐得到改善。

理解儿童的书写：Scott

基于社会文化理论的一些研究发现，儿童对书面语言最早的学习是通过积极参与社会和文化世界来完成的（例如，Compton-Lilly，2006）。儿童生活在人们会使用文字表达各种意图的环境中，因此，儿童能够推断书面语言的符号本质和功能本质（Purcell-Gates，1996）。读写发展就发生在有读写活动的地方。因此，儿童最初对文字的学习是发生在家庭和社区里，通过与其他人在阅读和书写情境中的交流互动来实现的。也就是说，儿童在进入幼儿园之前，至少具有一定的对书写目的和功能的理解。一项小规模的研究调查了（参见 Bradford 和 Wyse，2013）六个 3 至 4 岁儿童的书写行为。研究发现，他们全部具有明确的自己是书写者的意识。尽管这些书写还不规范，这些儿童也能说出写出来的东西的意义。以下是一个 3 岁 6 个月的儿童 Isla 说的话：

Isla：我可以写字。
Helen：你可以写字吗？
Isla：我用自己的方法写。

从以上可以看出，Isla 认为自己是一个书写者，尽管 3 岁 6 个月的她只能按照规范写出她的名字。

另一项短期的个案研究是来自对儿童 Scott 的研究。这个研究具备本章节理论部分提出的几个关键点：Scott 通过探索展示了他如何使用自己所知道的书写方面的知识来创造意义；他如何使用他所知道的来写出文本；以及他如何验证他对文字功能的假设。最后，这项个案研究表明了 Scott 在家里的书写经历是如何影响他在幼儿园的书写方式的。

这项研究开始的时候，3 岁 4 个月大的 Scott 刚刚开始表现出对字母感兴趣。他把所有的字母当作数字并且会指着字母问："这个数字是什么？" Scott 经常会看到妈妈在家里写一些购物清单，并且也喜欢在自己的纸上写自己的清单。可能是因为他观察到自己的父母会用蓝色圆珠笔来写字，他也更喜欢用这些笔来写字。他知道在家里的哪个地方可以拿到写字需要的工具，他有一个画画的桌子，上面放着铅笔、蜡笔和纸，他也会把厨房里的早餐吧台当成"办公室"。Scott 会很清楚地把早餐吧台当作书写的地方，父母观察到他在这里写清单。在早餐吧台上有电话、笔和凳子，Scott 想要告诉父母"这里是我的办公室"。他的书写行为是在模仿爸爸，因为有时爸爸会在那儿工作，例如，讲电话的同时在便笺簿上做记录。当 Scott 写字时，他很认真地拿着笔并且认真地在纸上作一些标记。当和父母一起外出时，他对一些标志符号感兴趣，例如他会认识 /s/ 代表 Scott，/r/ 是弟弟名字的首字母的发音。

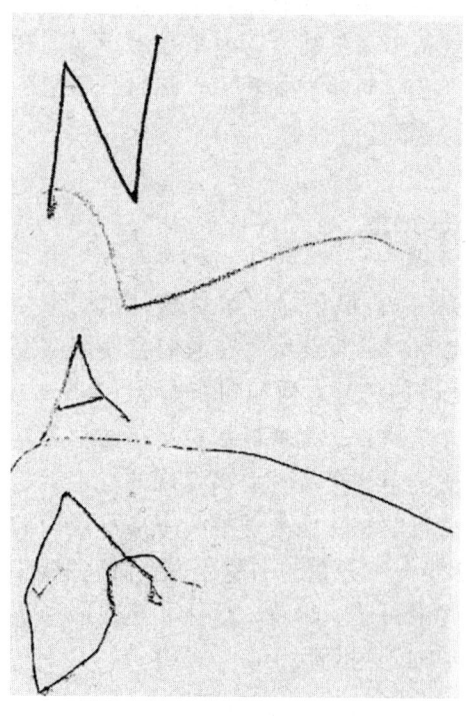

图 8.1　Scott 做的第一次班级登记

持续 4 个月的研究发现，Scott 认为自己是书写者的意识在发展。一开始，他就很清楚地知道文字可以传达一定的意义。像在家里一样，在幼儿园写字时 Scott 也喜欢使用圆珠笔。在研究开始之后不久，Scott 开始角色扮演。他拿着班级花名册，花名册记录簿包括一个记录板、夹在记录板上的 A4 纸和一支圆珠笔。一般儿童适用的记录板通常是附带一支用绳子连起来的铅笔，然而 Scott 故意找没有带铅笔的记录板，然后再另外用一支圆珠笔（有一次，他解释道"我必须找到另外一支笔"）。幼儿园的看护人员建议他看看别的小朋友姓名卡片上的姓名，然后开始登记花名册。Scott 按照建议做了，他指着每张卡片并且似乎在记录板上检查每个名字（见图 8.1）

在图 8.1 中，前两个字母（N 和 A）是幼儿园的看护人员为他写的。Scott 每天都会拿着班级记录簿看一会儿。有一天，他要求拿着他需要带的东西，在一个半小时的室内活动中一直都这样。他主要是站在看护人员旁边，看着看护人员拿着记录板和笔对每个儿童进行日常的观察和记录。他认真地看着看护人员写字，而且模仿她的一些习惯和书写行为。例如，他会看看同伴，再看看姓名牌，然后在他的登记簿上找他们的名字。最后，他报告当天托儿所总共有 19 个儿童。之后他开始扮演消防员，在自己的登记簿上做了一次消防安全检查（见图 8.2）。

在家里时，Scott 把一块区域当作教室，而且会把它和书写活动联系起来。在教室里，老师的书写区也叫作办公室。在研究开始的 4 个月之后，Scott 第一次根据自己的姓名卡规范地按照正确的字母顺序写下自己的名字，然后在结尾处还添加了一些"亲亲"（这些符号在他的名字下方），他对自己写的卡片很自豪（见图 8.3 ）。

图 8.2　Scott 的消防检查登记　　　　图 8.3　Scott 的情人节卡片

　　从图 8.3 中可以看出，Scott 的书写和他 4 个月前在消防安全检查时的书写之间的差异很大。随着 Scott 信心的增加，他认为自己是书写者的意识也在研究的这几个月中发生了改变。他对书写中一些约定俗成的规则以及文字可以传递意义的理解和认识也得到了发展。此外，他也开始知道和理解单个发音和字母是如何组成单词的，特别是他会关注自己的名字。在这个研究结束的时候，Scott 能够在成人的帮助下规范地写出自己的名字而且能够使用他的姓名卡。他认为书写是享受的事情，是自己能够做到的事情，同时他能够用书写来交流意义，并且这是可以被其他人领会和理解的。

早期教育者的角色

　　幼儿需要处于一个允许他们有机会书写的环境中，这样书写才能成为儿童交流技能的一部分（Dyson，2001）。当儿童有机会接触到书写材料、看到书写的示范或者观察到成人书写时，他们的书写行为就开始萌发。此外，幼儿教师能够关注和发现儿童知道或不知道哪些书写方面的知识，也是很重要的，这样便于幼儿教师考虑和计划一些适宜的活动，给儿童提出挑战。幼儿教师如何对儿童书写做出反馈，对于发展儿童的自信、积极地感知书写的价值和目的很关键。例如，教师可以问儿童"你写的是什么呀？""你能读一下你给我写的是什么吗？""你给谁写的信呀？"这些都是有关如何使用书写词汇的例子。这些问题可以用来确认儿童是否使用文字进行了有意义的交流。当观察儿童书写时，关注书写活动的情境也很关键，例如，Scott 的消防检查登记。情境可以赋予儿童探索的意义和目的，也能帮助教师理解儿童的探索。在环境中或教室里示范书写行为，教师与儿童一起在展板上书写，在打印出来的文本上创建标签等等，都会支持和鼓励儿童看到使用文字的不同场合。

创造充满活力的书写环境

幼儿教师需要创造一个充满感情的环境，以便儿童在这个环境中敢于去探索和进行书写活动。除了支持儿童进行刺激—反应式的书写，还需要给儿童提供选择和决定自己书写目的的机会。从托儿所到学前班、关键阶段 1，书写区一直是幼儿早期环境和教室的特色。在关键阶段 1 的教室里，可能没有专门的书写区域，但是可以让儿童在角色扮演区域内进行书写。在整个早期阶段，在户外创造书写机会也不失为一个好的选择。例如，为花园里的种子做标记，或者在夏天时，为户外小餐馆写菜单并且为顾客点菜等。专门的书写环境可以为儿童提供使用各种书写材料的时间和空间。提供实际生活经历相关的材料可以更好地帮助儿童尝试和发展作为书写者的经验，例如，十二月时需要到邮箱去邮寄在养育中心制作、书写的圣诞节贺卡，因此可以在书写区提供各种各样的卡片和信封便于儿童自己领取。此外，也可以提供一便士的邮票，还可以在靠近书写区域进行一个关于儿童书写圣诞节贺卡的图片展，并记录他们小组往返邮局的路线。

图 8.4 展示了 Amelia 去参观邮箱之后做了什么。

Amelia 对如何在信封上写地址知道很多！她看到过在邮寄信之前其他成人是如何给她父母写圣诞节贺卡上的地址的。成人们也让她在寄信之前给信封贴邮票，因此她很小心翼翼地把邮票贴好。Amelia 知道如何写一些自己知道的内容，例如，她用自己名字前两个字母代表自己，在信封上写上爸爸的地址。她只是写了一封信，一旦她把信放到信封里，她就会放到邮筒里寄出去。

材 料

在室内或户外的书写区都可以为儿童提供很多材料，但教师不可能一下子准备所有的东西。在一定程度上可以根据儿童最近的经历或者当前的话题或主题来提供材料。以下清单中并未包含所有的材料，也可以选择其他材料。

- 无线格的纸——各种大小、形状、颜色、材质以及类型；
- 硬纸板——各种颜色、材质和厚度；
- 乐谱纸、方格纸、有线格的纸或者白纸；
- 便签簿、笔记本、信封（使用过的或未使用过的）和邮票（面值一便士的邮票）；
- 笔记板、白板和黑板；
- 便利贴和标签（贴画、行李标签）；

- 通讯录、日记本、登记簿和线圈本；
- 现成的书——Z 字形（可折叠的）、装订好或未装订的。

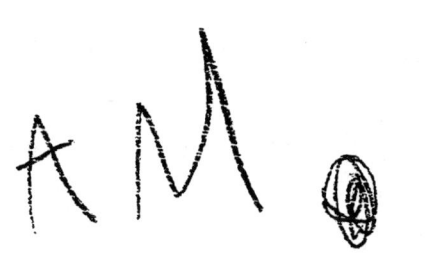

图 8.4　Amelia 在信封上贴上了邮票，写上了地址

还可以提供各种各样的工具：

- 各种粗细的书写工具——记号笔、马克笔、蜡笔、铅笔、彩铅、圆珠笔、白板笔以及粉笔；
- 转笔刀；
- 印章和墨水垫；
- 订书机；
- 打孔机；
- 尺子和剪刀；
- 各种的粘合材料——胶带、胶水、胶水贴、钉子、纸夹、财务专用的装订签、修正带、绳子以及毛线。

还可以提供更好的书写环境：

- 环境中的文字的示例——提示语、时间表、广告、传单、垃圾邮件；
- 通知、展示板或者交流袋（高度约为儿童身高，以便儿童独立使用）；
- 姓名卡片和数轴；
- 配有各种设备的创作 / 书写小推车，室内或户外均可使用，或者是装有书写设备的便携的塑料小篮子，这样可以让儿童或者幼儿教师外带使用。

书写经验

可以在室内丰富儿童的书写经验：

- 制作登记簿或者在登记簿上记录；
- 写名字——对图画作品贴标签，例如写在卡片上；

- 在日记中或日历中记录有意义的事件，或者在通讯录中记录电话号码和地址；
- 为厨房活动写菜谱或者食材；提供天平、时钟和定时器，记录重量、体积和时间；
- 在学校办公室制作手写的通知；
- 在安静的区域，使用纸板、纸张和笔记录自己的感觉；
- 在角色扮演区域提供书写的机会，例如，在鞋店里，儿童可以填写纸条、订货单和鞋子码数。

能够参与户外的文字活动意味着儿童已经长大，即儿童已经不把书写和数字当作只是在室内完成的工作。以下是可能在户外进行的书写活动：

- 在游戏室内放一些纸板、纸张和书；
- 在露台上放一些笔记板、纸张和信封；
- 利用大的纸张和油毡笔制作地图；
- 允许儿童在铺满纸张的野餐桌子上写或画；
- 在地板上放一些纸卷；
- 在角色扮演区域提供一些书写机会，例如，在建筑工地，儿童可以填写单据和订货单，画自己设计的建筑，而且有机会记录、数数、测量、计算等。

游戏在支持儿童书写发展中的作用

由于多种原因，游戏对早期阶段的学习很重要。当我们想要做某些事情时我们会学习得很好，而逼迫我们去做不感兴趣的事情时往往不可能学习得好。儿童会很自然地沉浸在游戏体验中，而且大多数儿童可以在自己选择的游戏中全神贯注很长时间。因此，游戏可以提供给儿童按照自己的节奏和书写发展阶段来探索和学习的机会；此外，游戏也能带给儿童对一些有意义的、开放的、与书写相关的经验的控制感和胜任感——例如，儿童不用害怕犯错误，可以根据自己的意图去写。通过游戏，儿童能够满足自己的需要并且理解他们所处的世界。正如我们从 Scott 的例子中看到的，游戏提供给儿童做标记的机会，这可以为以后有效地用字母和数字等符号来代表自己的想法打下基础。游戏可以引发儿童的创造力和想象力。它也给儿童提供机会去巩固学习（见图8.5）。最后，

图 8.5　练习性和巩固性的学习

儿童的游戏能使幼儿教师观察到儿童能力的最高水平，并且能看到、理解和接受他们的想法、意图和兴趣。

游戏作为重要的工具，可以提供有意义的情境来让儿童独立地探索文字。Bromley（2006，p.7）写道：在游戏中儿童可以模仿成人的书写习惯最后形成自己的习惯。对于幼儿教师来说，一个挑战是如何安排最合适的物理环境来支持和囊括书写经验，即如何最大程度地将书写融于游戏中。Neuman 和 Roskos（1997）调查了幼儿在游戏环境中的文字活动，尤其是能够反映儿童实际生活的书写情境。这个研究进一步表明了游戏玩伴在儿童文字发展中的重要性。从观察和谈话记录中可以看出，有经验的同伴可以通过他们更有能力的"现场"示范来帮助那些不太熟练的同伴，同时能够增加他们对环境的了解，例如，如何往邮箱里寄信件。

角色扮演区域提供了许多各种各样的机会来将书写融入游戏。例如，一个幼儿教师在学前班课程中设计了以 Jack 和豆茎为主题的角色扮演。这个区域里有巨人的城堡，豆茎缠绕到城堡的顶端。Jack 就住在绿色豆茎的叶子上。儿童扮演的角色是 Jack 的妈妈，需要写信给 Jack 告诉他要为妈妈从城堡里收集一些特别的东西，例如金蛋等。儿童需要把信投寄在城堡中的邮箱里。放学后，幼儿教师把信系在绿色豆茎上以便第二天早上他们能找来阅读。这样就提供了一个机会来讨论和认可儿童书写的可靠性，并且鼓励儿童书写，同时让儿童知道他们写的信是有价值的。另一个角色扮演中的书写活动是根据 Eileen Brown 的故事《Handa 的惊喜》而设计的。角色扮演区域变成了村子中 Handa 的家，她家里有装满水果的篮子。在角色扮演时需要给儿童提供扮演的服装。故事发生在 Handa 看望朋友 Akeyo 的旅途中。儿童在幼儿园教室外面可以做这些角色扮演，幼儿教师可以在 Handa 的旅途中放置一些动物，儿童需要画出往返 Handa 家的路线图，并且标注 Handa 在途中遇到的动物以及他们从篮子中拿出了哪种水果。

早期阶段以及关键阶段 1 儿童的书写：
男孩、女孩和超级英雄

点燃儿童书写的兴趣需要使用各种各样给予儿童灵感的刺激，这些刺激包括视觉刺激（例如，图画、照片以及电影）、音乐、儿童文学作品、加工品、亲身经历（包括学校的旅行）、书写热身、书写游戏、角色扮演和话剧、书写前的谈话以及故事盒子和故事包。儿童需要理解为什么教师要让他们书写，有创造性的幼儿教师会创设一些有意义的情境，帮助儿童进行有读者意识和目的感的书写。此外，幼儿教师永远不要低估书写前谈话的重要性。当前的写作教学方法中的重要组成部分是，将谈话作为成功书写的重要前提（例如，Fisher，Jones，Larkin and Myhill，2010）。谈话能够允许儿童探索自己在书写前的想法，使用和发展新的词汇，并且巩固思考。这样，谈话就可以作为儿童学习的脚手架，最终使儿童能够独立进行书写。

男孩的书写是一直以来都受到关注的问题，尤其是他们书写的动机。小学教育读写中心（Centre for Literacy in Primary Education）实施的"男孩与书写"项目（Boys and

Writing Project，2003-2005）的引言里提到，男孩和女孩在书写方面的表现存在差异，主要有以下两个原因：

1. 男孩不愿意书写，是源于他们缺乏自信心和动机。
2. 男孩缺乏他们所熟悉的书写的方法，或者感觉不到自己能成功。

研究进一步说明，不仅仅是设置的学习情境，还有更为广泛的社区、家庭以及文化的情境对于男孩的态度和感知都有重要的影响（Bearne，2002；Younger and Warrington，2005；UKLA，2004）。Bearne还认为男孩对于书写的恐惧也是一个影响因素，这使得他们不敢去尝试书写，因此进步比较小。"提高男孩书写成就"的项目（Raising Boys' Achievements in Writing Project）（UKLA，2004）提出了一个关于扩展儿童书写的教学方法的模式，特别需要注意戏剧法和视觉刺激这两方面的结合。在这个项目中，该模式显著地提高了男孩书写的成绩，也对男孩在更广泛的课程中的书写产生了有益的影响，使男孩对于自己作为书写者有了更积极的态度。这个研究还引发了进一步的研究项目，例如，Bhowanji，Lord 和 Wilkes（2008）调查了在教室中使用多种教学方法对男孩（和女孩）参与书写的影响。参加该研究项目的儿童约6岁，结果表明男孩对书写有了更积极的参与、动机和态度。

当所有的书写者在写自己早已知道的东西时，会写得最好。因此，对幼儿教师来说，为了找到能创造儿童积极和有目的性的书写经历的方法，发现并抓住儿童的兴趣是很重要的。有意义的情境会让儿童产生共鸣，能启发儿童去分享他们已有的知识，进而发展新的知识，并且能够通过手写或者打字的方式把知识用文字记录下来。关于情境的主题，可以确定的是，超级英雄这一主题是很有吸引力的。这个主题有各种各样的阅读作品，适用于不同性别的儿童。以下挑选了其中的一小部分：

- 《牵引人来了》（*Traction Man is Here*），作者是 Mini Grey。牵引人是有名的超级英雄，牵引人大胆的冒险经历在小男孩对他的想象中上演，冒险经历发生在男孩家里的日常生活情境中。
- 《艾略特琼斯，午夜的超级英雄！》（*Eliot Jones, Midnight Superhero!*），作者是 Anne Cottringer 和 Alex T.Smith。Eliot Jones 是个小男孩，他从巨大流星中拯救了地球。
- 《超级黛西和万恶的豌豆星球》（*Super Daisy and the Peril of Planet Pea*），作者是 Kes Gray 和 Nick Sharratt。Daisy 在豌豆星球和地球碰撞的时候，拯救了地球。这个故事超越了豌豆这种日常可想象到的食物。
- 《大麦虫》（*Superworm*），作者是 Julia Donaldson 和 Axel Scheffler。大麦虫从蜥蜴巫师手里拯救了昆虫和小动物。
- 《超级英雄ABC》（*Superhero ABC*），作者是 Bob McLeod，可以从中学习从 A 到 Z 的发音。这本书以连载漫画的形式呈现，兼具男性和女性超级英雄的特征。

分享式书写

在早期阶段，有效的书写教学要求儿童个体、整个班级以及儿童小团体的投入。

分享式书写，这个术语是用来描述给整个班级设计的书写活动，它可以作为幼儿教师示范书写过程和儿童独立书写之间的桥梁。三个层次的分享式书写可以为教育者提供很多的机会来形成有效的教学策略，可以明确地教给儿童一种技能或方法，也可以吸引儿童通过提问、谈话、戏剧表演和其他活动来参与到教学的过程之中。分享式书写的第一个层次是示范，在这个过程中，教师是"专家"，示范如何写出某种特定类型的文本或者某个特征，同时教师要对写了什么并且为什么这样写给出现场的评论。第二个层次是抄写，儿童参与到写作当中，教师写下他们的建议从而形成一个可以进行分享的作品。孩子的建议可以是词汇选择、句子结构、人物塑造和编辑等。例如，结合超级英雄，可以用合适的词汇来描述某一特定的英雄。第三个层次就是支持性书写。幼儿教师可以把词汇和句子的选择交给儿童。儿童可以两人一组使用白板书写并且把白板举起来给老师看。

指导式书写

指导式书写是一种小组书写方法，根据儿童的能力和需要可以按照每组 6 个孩子来分组。指导式书写通常从分享式书写开始，针对每个小组特定的书写发展需要，关注书写的整个文本、句子和词汇水平。对于不自信的书写者，指导式书写应该使用分享式书写中的简化的元素，而对于有能力的书写者，应该增大分享式书写的难度。幼儿教师对于儿童的指导式书写应该持续 20 分钟左右，可以包括更广泛的内容，例如，对于句子概念的理解。结合超级英雄来说，可以指导儿童书写一个句子，描述一下如果自己是超级英雄可能会具备哪些超能力。此外，指导式书写还应该关注某一特定的书写形式，例如在写故事的时候可以使用描述性的语言。超级英雄属于科幻范畴，可以创造一系列在超级英雄科幻故事中的描述性词汇，这些词汇可以作为脚手架，支持和激发儿童之后的独立书写。

关于超级英雄书写的进一步的观点：

- 制作一些有字幕的互动性的展览以及表演道具，例如，超级英雄的面具等，可以让儿童更加了解超级英雄的性格特点。
- 进一步发展跨课程领域之间的联系，例如，什么样的材料可以保护超级英雄不淋雨？什么样的材料可以更好地保护超级英雄的眼睛不被光照？可以测试各种各样的材料并记录结果。
- 创编一个故事／剧本并且装扮成超级英雄。

更多支持超级英雄活动主题的资源可以登陆网站：http://www.teschprimary.com/learning_resources/view/pie-corbetts-superhero-resource

结　论

学习规范书写通常需要很长的时间。在接受早期教育之前，幼儿就已经开始探索书写的功能。因此，儿童已经具备一定的知识并且能够理解幼儿教师所传递给他们的知识。这些早期经验与未来的书写发展有着很大的关系。同时，书写是比较困难的，所以幼儿教师需要创设能让儿童兴奋和激发儿童书写的活动，使儿童有目的地进行书写。幼儿教师要清楚地明白教儿童书写是为了鼓励他们能够在有意义的情境下进行书写。

早期教育阶段进行书写活动的建议

幼儿书写者需要：

- 知道自己是书写者。
- 能够认为自己是书写者的环境，而且处在每个阶段的儿童都能认为书写是有价值的。
- 能让他们兴奋、觉得有趣并且能够有目的地进行书写的环境。
- 感受到他们是书写的主人。
- 能够选择自己写什么。
- 具有将书写和谈话、阅读联系起来的经验。
- 能够看到成人的书写活动。

第 9 章

"Bromley 小姐，你知道那只小狗在想什么吗？"

——图画书与学习阅读

海伦·布罗姆利 （Helen Bromley）

帮助儿童成为阅读者是所有幼儿教育工作者最高兴的事情：让儿童在阅读中建构知识；与儿童分享喜爱的文学作品；介绍和讨论新的作者和题目。最为重要的是，教师可以高兴地看到儿童作为阅读者的成长，阅读为他们打开了另一个世界（如图9.1）。

我记得自己幼时并不是很喜欢学校的阅读活动。我清楚地记得我在女校长的书房给她读《快乐冒险读者》（*Happy Venture Reader*）（Schonell，1958-）。虽然我可以记起Dick，Dora，Nip 和 Fluff 这些人物，但这些记忆并不带有什么感情。我能记得这些人物不是因为他们是我的好朋友，更多是因为他们是我必须接受的，他们和我的关系比较远。对我来说，与我形成紧密关系的书是在家里由当地图书馆提供的《小熊，穿袜子的狐狸》（*Little Bear*，*Fox in Socks*）以及很多其他的书。这是大约在 50 年代后期的情况。从那以后，人们对儿童图书的出版进行了很多探索，这为幼儿教师在课堂上的教学提供了丰富多样的选择。

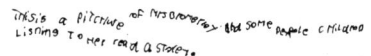

Liz Waterland（1992）论述了自由创作的书籍（free range book）和类型化书籍（battery book）的差异。前者是作者和插画师能够自由细致地发挥自己的想象力来创作的作品，而后者则是工厂化了的文学产物："书里有着明显限制和约束，有着明显的、不自然的，甚至是机械的、没有经过思考的痕迹。"（pp.160-161）

图9.1　阅读活动让人开心

书是儿童的朋友

为了进一步探索两种书籍的差异，我将继续用友谊作类比。儿童需要能一次一次进行互动的朋友；需要与朋友分享他们的开心与痛苦。高质量并且多页面的自由创作图书就能够给孩子提供这样的机会。在上学之前的六个月内，4 岁的 Amelia 能够每天坐着看《泰迪强盗》（*The Teddy Robber*）这本书，就好像她与另一个孩子建立了友谊。她能够一遍又一遍地读书，并且能够从熟悉的内容和开心的结局里获得极大的安慰。之后，她能够建立另一个"友谊"，但是每当遇到压力的时候，她还是会回到《泰迪强盗》这本书上。对儿童来说，有这样一本最喜爱的书是很重要的经历，这与他们之后阅读的品位和偏好的发展是紧密联系的。

Brooke 的阿姨最近去世了。她把《爷爷》（*Granpa*）这本书给了妈妈，但她自己并没有去看这本书。她给我解释说："妈妈会看到，所有的事情到最后都会好起来的。"这是一个用"朋友"去帮助其他人的例子，也是年龄最小的儿童如何去理解阅读的意义，理解阅读是如何帮助我们的例子。在我的职业生涯中，我使用过很多阅读方案，但是回忆不起有什么样的例子能提供给人们这样的帮助。类型化的书籍不能够提供像朋友一样长期的支持，这样的书只能在阅读时提供短期的支持，最终我们会去阅读其他类型的书。而且，我们也不应该鼓励儿童与这种书籍建立长期持久的联系。

友谊的另一个重要的部分是友谊中存在的分享对话。和自己的朋友在一起，儿童可以笑、可以哭并且可以建立起共同的记忆，同时也可以更多地了解自己。儿童文学就可以提供类似的经验。例如，因为 Alyck 认为猫头鹰宝宝 Bill 非常好玩，所以他总是会在家里反复拿着《猫头鹰宝宝》（*Owl Babies*）这本书。我教过的其他儿童也很喜欢这本书，因为他们在故事中能感受到"想念妈妈"是合理的，并且很认同猫头鹰宝宝 Bill。

儿童需要朋友来帮助他们学习，这样他们才不会害怕失败，并且会知道冒险是一种有价值的活动。因为朋友会鼓励你"进行别的尝试"，不论是在骑没有稳定轮的自行车还是自己独立阅读一本书等。我前面所提及的书之所以能够吸引儿童重复阅读，是因为这些书给儿童提供了一个机会，让儿童同时看到熟悉和不熟悉的情形，这样儿童就会想一遍一遍阅读它们，就像是去看望一个老朋友但玩的是一个新游戏。专门为阅读教学而编制的教科书可能无法提供友好的支持，特别是如果不容易阅读的话（就更不能提供帮助了），即对儿童来说，独立阅读教材（或者插图）通常是很困难的，就像如果儿童对旧的游戏不能掌握的话，就可能无法尝试新的游戏。

对儿童来说，最好的朋友是与他共同成长和变化的朋友，而不是那些只在 5 岁或 8 岁时适合的朋友。儿童的阅读材料也是如此。正如 C.S. Lewis 曾经写道"没有一本书在 10 岁的时候值得你阅读并且在你 15 岁时也同样值得阅读"（1982）。因此，把在课堂上使用的书籍看成是找朋友一样：如果（教育者）觉得课堂上使用的书籍无趣或者不想更好地去了解它们，那么为什么要让儿童去阅读它们呢？不可否认，人们在书籍选择的看法和品位上会有差异，但这正是一个好的出发点。

我希望，儿童在教师的鼓励下能够找到很多好"朋友"，充满情感和快乐地记住这些"朋友"，这些"朋友"会告诉孩子们阅读是人生一大乐事，而不是一系列他们必须跳过去的圈套。本章将会介绍一些使用有意义的阅读教材的活动，这些活动在我自己的班级上开展得很成功。这些建议可以灵活地修改，而且儿童的阅读教学远非这些内容。我希望幼儿教师不仅能够亲自尝试其中一个想法或者所有的想法，也能够受到鼓舞去发现更多的方法。

关于阅读幼儿需要学习什么

当儿童进入教室时，他们已经知道了很多关于阅读的知识。教师认识到这一点很重要。因此，本章列出来的活动能让儿童展示他们早已知道的知识，并教授新的阅读课程。Henrietta Dombey（1992, pp.12-15）总结了一些她认为儿童学习阅读所需要的课程，以下是她的建议：

态度

- 快乐和满足：把书看作快乐、信息和理解的有力来源。
- 自信：对将要学习阅读有坚定的信念。
- 专注和坚持。
- 包容不确定性。
- 尝试：愿意去改正错误。
- 反思：准备用某种超然的眼光审视自己能做什么或读过什么，以及需要学习什么。

知识和策略

儿童需要理解：

- 每一次重新阅读的时候，阅读的文本是相同的，页面上文字会告诉书里的内容是什么。
- 语言是由单个词汇组成的。
- 英语语言系统的书写规范。
- 词汇是由一个个的字母组成的。
- 英语的拼写规则。
- 一定量的视觉词汇（sight vocabulary）。
- 如何运用他们关于世界的知识和书中的内容来帮助识字。
- 如何使用图画传递的信息（如图 9.2）。
- 如何配合着使用各种各样的设备。

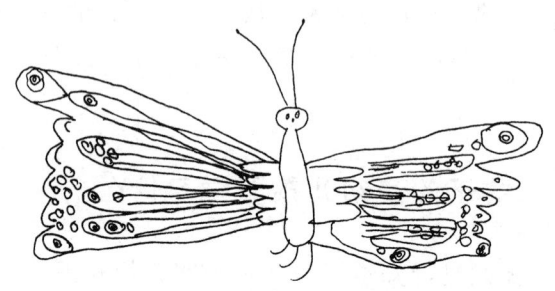

图 9.2　使用来自图画的信息

　　我认为儿童学习这些课程最好的方式是通过参与由热爱阅读的教师提供的各种有奖励的体验活动。课程中必然有一些内容比其他内容更明确外显，但这些内容都对儿童发展成为阅读者至关重要。因篇幅有限，本章节无法详尽描述能够支持萌发时期儿童阅读的所有方法，以下是儿童能够进行内隐或外显学习这些课程内容的活动或环境。

大　书

　　以往已经有理论很好地论述了如何使用大书。例如，在 20 世纪 70 年代，Holdaway（1979）在新西兰工作的时候，为了了解儿童如何做到在来学校之前就已经开始阅读，他关注了一些儿童的阅读活动。他发现大多数儿童都有自己最喜爱的图书，并且会反复阅读。渐渐地，他们能够独立阅读更多的书籍，一开始只是记住书上的文本，后来就能够将词汇和短语与已知的文本匹配起来。大书以一种讲故事的方式使得更多的读者能够使用。Holdaway 指出，所有的儿童都能够以这种方法顺利地进行适合自己水平的阅读。大组儿童能够用大书进行对熟悉作品的分享阅读，这种书提供了能够讨论的共享情境，并且全班儿童都很容易聚焦到所选择的阅读作品上。

　　在我的学前班中，儿童最喜爱的大书是《这是熊》（*This is the Bear*），他们听过很多遍对这本书小的版本的朗读，已经对它很了解了。作品中的押韵、奇妙的图片和特征能够帮助和支持发展中的阅读者。通过这种放大版本的故事可以帮助儿童学习阅读的内隐和外显知识。教师每一次使用大书，都可以根据下面的形式来进行：

- 仔细地看书的封面，找出一些特征，例如标题、作者、插画师、出版商以及出版社商标。这些基本流程结束后，接着可以让儿童快速地指出书上的词汇以及作者身份。之后他们自己就会很自然地使用这些术语。
- 看每一页，不要忽略任何东西。有的书籍会有精美的衬页，某些情况下，衬页上会呈现故事的一些内容。
- 寻找赠言。小朋友们会把书赠给谁？

- 他们使用的首字母是什么？
- 封面和前页是否告诉了读者关于故事发展的一些内容？

发展理解技能

　　教师可以使用以下几种方法中的一种来发展幼儿的阅读理解技能。通过阅读故事的一部分并且询问儿童接下来将会发生什么，鼓励儿童作出预测，对作者作进一步了解。为了扩展这种活动，可以要求儿童给出他们预测某一结果的原因。这样的活动可以提供很好的机会来考查儿童推演和建立自己的假设的能力。

　　另外，故事可以读给儿童听，不一定完全不中断，而是尽量少的打断，这样可以使儿童从故事里获得最多的意义。这是在多次阅读中的第一次阅读，所以他们会有很多的机会去讨论。这种观点并不是让儿童成为被动的听者——听众很难去打断正在阅读的教师——而是鼓励儿童参与进来并且对他们听到的、看到的内容提出问题。当儿童听过一遍完整的故事后，在分享情境下的讨论是更有效的。

　　教师可以通过很多种方法来使用大书来激发儿童的讨论。我使用过的一个最有效的方法是让他们组成小的"发言小组"，并且要求他们针对故事提出问题。这种方法给予所有儿童机会来讨论阅读作品，并且提供了安全的氛围，帮助那些在人多时不发言的儿童开始发言。同时，也能够以一种合作的方式来对阅读作品进行更为仔细的推敲，更好地帮助儿童去讨论他们的阅读并且向其他人学习。

仔细看文字的特征

　　除了能促进儿童的阅读理解技能，大书也能够使儿童认真地看到文字的特征。

- 选择一个特定的字母。看儿童在一页或者两页的范围内能够找到多少个这样的字母？
- 儿童能否在长的单词里找到比较短的单词？如"is""in""the""and"。
- 儿童能否找到有相似尾音的两个单词？（适用于押韵的阅读作品）。
- 儿童能看到多少大写字母？大写字母都出现在文本中的哪些位置？
- 向儿童介绍不发声字母的概念，儿童能否找到这些字母？
- 以儿童的名字为参照来找字母。例如，Jodie 能否找到以"J"开头的单词？Matthew 能否找到"at""the""he"？根据我的经验，儿童很喜欢与自己名字相关的活动，能够很快学会与自己名字相关的字母，以及其他人的名字。
- 鼓励儿童想出很多和自己有关的相似问题，这样的活动既能变成儿童独立进行的活动，又能变成成人引导的活动。

　　显然，学习与文字有关的元语言特征还不能使儿童变成一个具有批判性和更强阅读动机的阅读者。作为教育者，我们想让儿童知道阅读是快乐的，并且重复阅读之前喜欢的书可以获益良多。使用大图书，有可能将所有的都呈现给儿童，同时允许他们提出问题和想法，这个需要结合教师的提问，最重要的是，给儿童提供机会去提出自己的问题。

- 将儿童分成两到三人的小组，然后要求儿童对故事提出问题（包括图片）。
- 鼓励儿童关注图画是如何讲出不同的故事的。
- 仔细地关注书中人物的身体语言。
- 追随一个人物在整个故事中的行动。通过持续的关注来研究人物、动机和情节！

阅读时超越文本是很令人兴奋的，因为即使面对相同文本的重复阅读，儿童总是能够发现新的东西。例如，在我给5岁儿童上课时，主要是讨论《这是熊》。简单来说，这是一个关于泰迪熊的故事，一只泰迪熊被一只狗推进垃圾箱并且被误送到了垃圾场。这只狗开始寻找熊，找了很久，终于找到了熊，又开车带他回家，像欢迎英雄一样欢迎他回家。关于这个故事，可以提出以下的问题：

- 为什么狗要把熊推进垃圾箱里？
- 在垃圾箱里时，熊是怎么样的感受？
- 如果你的泰迪丢了并且他回不来该怎么办？
- 狗是不是嫉妒熊？
- 你觉得熊喜欢狗吗？
- Bromley 小姐，狗在想什么？

值得注意的是，儿童没有提出"车是什么颜色的"这类问题。所有的问题都是儿童深入地看这个故事后提出来的，他们想了解有关故事人物的更多信息。

规则游戏和自由游戏

无论什么时候开展诸如此类的阅读活动，我总是会告诉儿童这是游戏的一部分。有时他们会不听我的话，有时他们会很配合来玩猜猜看的游戏。例如，当他们闭上眼的时候，我会用小卡片挡住个别单词。当他们睁开眼睛时，要猜一猜挡住的文字是什么。这样的游戏会帮助儿童仔细地推敲文本，并且把手指指到的文字与口语发音对应起来。当大组活动结束后，我通常会询问他们是否想自己玩游戏，之后他们会玩类似的游戏。进行这样的游戏需要提供大书、固定好的画架，准备好四把椅子并放置成半圆形，并且周围有一些东西可以作为指示器。

Eleanor，Hannah 和 Rebecca 特别喜欢这个游戏，他们经常会劝说其他小朋友来参加这些活动，同时他们会按照自己的方式去活动。Rebecca 是这个组中最有经验的阅读者，她会询问类似于"在这一页中你能找到'the'这个单词吗？"Eleanor 很擅长记忆文本，她能够用尺子指着文本为这个组其他成员读这本书。Hannah 能够很好地掌握首音字母，并且提出类似于"你能够找到和'apple'开头发音一样的单词吗？"我认为，游戏中的儿童会在三个"小专家"的教学下学得很好。

通过观察班级中儿童的游戏内容就能知道他们是在玩"学校"的游戏。因为可以明显地看到儿童重现或者强化教师的示范行为。每次玩游戏的时候，儿童都不是对先前游戏的重复，他们会加入新的想法，会商量、讨论问题和答案。

发展儿童的意识

在我班级里的儿童，也会有和阅读伙伴（二年级班级的孩子）分享大书的机会。在一次活动中，我要求儿童和他们的同伴一起来反思大图书怎样才能帮助他们阅读。下面是孩子们的一些观点：

"我喜欢大书因为你总可以看到一些字。"
"我和我的朋友认为大书很好，因为可以比一般的书看得更清楚，而且这些图画也更清楚。"
"大书可以帮助你更合适地阅读，因为有大大的单词可以帮助你阅读。"
"它可以更好地帮助你书写。阅读将会让你更好地思考，会帮助你学习，也会帮助你思考这些图画。"

正如你所看到的，儿童能够意识到大书这种形式可以鼓励他们成为分享阅读的参与者，并且相比常规的故事讲述环节，他们更有参与感。谈话是上面列出的所有活动的中心。这些活动由一个更有经验的阅读者组织，在儿童的最近发展区内进行。如果允许儿童通过对话去探索知识，儿童拥有的知识和学习潜力将会表现出来。通过角色扮演（例如"学校"游戏）他们能够和同伴一起，扮演更有能力的人。通过这种活动方式，自尊和自信得以建立，在没有成人"监视"的情况下，儿童有犯错误的空间并且能够改正。

图 9.3 "大书能够帮助你更合适地阅读，因为上面的单词更大"

小组阅读

能够鼓励儿童在游戏中学习阅读的方式不仅仅只有大书，幼儿也可以用他们的阅读材料开展游戏。如果有合适的学习氛围，创设可以冒险的情境，那么围绕着多本相同的阅读作品开展小组阅读也能够提供给儿童类似的机会。

《梅西·米德尔顿》（*Maisie Middleton*）讲述了一个平凡的小女孩每天早上起床后，虽然会尝试着叫醒她的父母，但最后还是自己准备了早餐的故事。这个故事吸引了我们班的所有儿童，可能是因为他们也想分享 Maisie 的独立性，尽管这种想要拥有独立性的想法只是短暂的。因为这本书很受欢迎，所以我选择了它作为小组阅读的主题。小组里的四个儿童听这个故事的次数相同，因此可以把之前的一些知识带入小组情境中。

在这个活动中，首先儿童会听到大声读出来的故事，如果儿童乐意的话，也可以参与进来。然后他们轮流对书本的每一页进行提问，可以互相提问，也可以向在场的成人提问。我比较惊讶的是儿童对本书的投入程度。很快，我意识到我低估了这本书的潜力。在书本的第一页中展示了 Maisie 家的外景，Maisie 家有一个用花装饰的拱门。（看到书之后）Eleanor 开始说话，"我想知道是谁在条纹窗帘后睡觉呢？"在她问之后，其他小朋友立刻就参与进来，他们一起猜测这个屋子可能的住户是什么样子的。Brooke 开始想象她在前门，抚摸着小猫，喝着牛奶。对我来说这些看起来很简单的图片，就可以提供给儿童至少 15 分钟的丰富的讨论。我原本以为孩子们不会进一步深入这本书，但是没想到他们在讨论中涉及很多知识并且有很多问答。之前所认为的只有成人才能给予解答的假设是错误的。Thomas 想知道牛奶为什么一直放在门阶上，他担心太阳的照射会让牛奶变酸。Brooke 指出窗帘一直是拉下来的，因此应该是清晨。Eleanor 也指出了星星一直在天上，所以"这就是为什么牛奶一直没有被拿走的原因"。从以上的讨论中可以清楚地看出儿童的说话技能、倾听技能、推理能力以及把现实世界的知识应用到书本里想象的世界中的能力。同时，这样的方法可以培养儿童从阅读文本以及作者的写作意图中体验到快乐。

我清楚地记得，当我们在思考书的前两页时，儿童开始做其他的事情：开始假装自己在这本书里，开始决定 Maisie Middleton 房子的哪个房间在哪里并且自己把房子分为几个部分。他们把现实和想象的世界结合起来，还为兄弟姐妹或者宠物留了空间。

我认为这个活动会对儿童有很多影响，不仅仅是儿童对书的理解，还包括他们对任何读者都可能有的想法的意识〔另一个有关儿童对 Maisie Middleton 的讨论，可以参考 Barbara Jordan 在 1992 年发表的文章《对任何年龄都有益》（*Good for any Age*）中的描述〕。同时我也强烈地感觉到这些阅读活动对于学习视觉词汇或者文本的解码也很重要。开展这些活动是很值得的。几天之后，Eleanor 问道"我们可以再玩一下之前的游戏吗？你知道吗？当我们看书的时候真的感觉很好"。因为这个活动开展得很顺利，我把它融入了之后的小组阅读环节中，儿童不需要我太多的指导。当小组阅读时，非小说类文学作品和故事类作品同样很受欢迎。在故事作品中，儿童可以扮演骑士和士兵。

关于小组阅读的一些建议：

- 在活动中尝试给儿童提供各种各样的阅读作品：非小说类文学作品、漫画等。
- 使用同一个作者的阅读作品，这样儿童能够识别相同的特征。
- 促进对人物的讨论。哪个人物是儿童最喜欢或者最不喜欢成为的？
- 鼓励并帮助儿童使用一些木偶和道具，例如，在看《亲爱的动物园》(*Dear Zoo*) 时可以使用一群动物玩具。

"大声读出来"

"大声读出来"这个活动实际上是我班里的儿童自己想出来的。他们可以持续很多周进行这个活动并从中获得快乐。这个活动也能够让我听到他们阅读，检查他们的视觉词汇、对熟悉的作品的学习以及阅读理解。班里儿童的阅读水平会显著地提高，同时倾听技能和注意广度也显著提高。总之，我肯定会把这个有价值的活动引入到我新教的儿童小组之中。

这个活动是这样开始的。一天早上，Rebecca 走进教室，她想为全班读一下她最喜爱的书。大家同意在那天晚些时候由她读给小朋友们听。她朗读时表达清晰，并且理解得很透彻。全班的反应都很积极，所有小朋友都全神贯注、很感兴趣地听着，连最坐不住的儿童也在听。而且，许多小朋友也跟着大声读。实际上，整个活动像滚雪球一样开展起来。儿童可以大声阅读，可以自己读，也可以和朋友或者小组一起读。这样可以让没有勇气自己阅读的儿童有机会参与到这项受到小朋友高度重视的活动之中。

这个活动中最受欢迎的分组是三人组成的小组。在这个小组中，一个小朋友知道很多图书的内容，一个知道大部分内容，另一个需要在组里增强自信心并且获得更多关于图书内容的知识。这是一个很好的例子，可以说明儿童在别人的陪伴下比独自一个人学到更多的知识。通过这样的小组活动，整个班级既可以学习之前知道的作品，也可以学习新的作品。因为儿童会模仿成人的行为，很多儿童会变得擅长阅读。他们像教师一样手里拿着书，向注意力集中的观众展示一些图画并且提出问题。

虽然让小组内每个人都能有机会表达很困难，但我还是不会去组织这个活动。尤其是一个小朋友——Alyck，我很难说服他去读出来。但当他的朋友 Sebastian 想让他读《桃子，李子，梅子》(*Each, Peach, Pear, Plum*)，情况就改变了。Alyck 很容易拒绝我的要求，但他发现他不可能拒绝他的朋友。之后，Alyck 和 Sebastian 一起大声读出来，并且读得非常好。这样的活动使得他的自信心和自尊得到提高。在那之后，他开始频繁地在同学面前朗读。

在这个活动中我只是作为观察者参与其中。儿童们会自己组织整个活动。只要有儿童想要大声读，他就会拿起他们选择的、有便利贴标记的书，然后坐在特定的椅子上开始等待朗读时间。他们还会对阅读的相关书籍相互提问，发表意见，在倾听时也很开心并且很积极。他们的评论多是"Hayley，你读得很好"之类的，不会居高临下，而是充满善意。

教师的角色

重要的是要认识到，之前提到的三个活动不应是幼儿使用高质量图画书的全部经验。它们应该作为经过深思熟虑的一系列活动的一部分。这些活动是为了给儿童提供无数的机会，使他们能够接触到他们周围的文学作品。作为教育者，我们有能力在我们的关怀中激励和启发儿童，这种能力不应该被低估。幼儿教育工作者应该很好地利用并熟悉各种各样的儿童书籍，发展自己对书籍的喜好，这样就能够给儿童做出示范，引领儿童建立不同于他人的阅读品位和偏好。

我坚信现在的图画书会让儿童们收获很多，就像交到"好朋友"一样，远比我儿时的《快乐冒险系列》（*Happy Venture Series*）要好。为了让儿童们了解这些"朋友"，首先需要把这些"朋友"邀请到教室，并且用一种儿童想要"和他们一起玩"的方式多次介绍这些"朋友"。正如 Henrietta Dombey（1992）所说：

> 所有的儿童都需要见识广、有同情心的成人的帮助，这些成人能够理解儿童的优点和缺点，对激发儿童的兴趣和努力这一目标有着清晰的想法。儿童也需要接触一些他们能够投入、可控和获得满足的读物，并且能够让他们清楚地感觉到自己的进步。如果能用一种充满激情和启发的方法做到这些，儿童将会收获很多"一生的朋友"（p.20）。

帮助初学阅读者的建议
- 教师花时间大范围地了解儿童可阅读的书。
- 为儿童做榜样，对感兴趣的书籍和其他阅读材料表现出热情。
- 鼓励儿童和教育者及其他人讨论他们阅读的东西。
- 计划为儿童提供更广泛的阅读经验，例如把阅读经验和儿童的游戏经验结合（例如木偶，道具等）。
- 制定高效且信息丰富的方法来监测儿童的进步，真实反映儿童阅读过程的各个方面，而不仅仅是视觉词汇的获得。

第三部分
更广泛的课程领域

第 10 章

"我们向四周传递微笑"
——早期阶段的个性、社会性、健康和情绪的教育

苏·宾厄姆（Sue Bingham）

引　言

当儿童开始进入学校，成为班级中的一个成员，或者在游戏场中玩耍时，大量新的与个性、情绪和社会性相关的学习就发生了。这种学习甚至在儿童尚未接受正规学习之前就开始了。儿童会带有来自家庭的经验，这些经验告诉他们哪些行为是可接受的，哪些行为是不可接受的。他们已经发展出一定的是非观念。家庭和学校之间的价值观和态度越相似，儿童入学的过渡阶段就会越顺利，即便如此，儿童在学校这一与家庭不同的社会团体中仍然需要"重新开始"。

从根本上来说，儿童需要轻松面对一个或更多重要的成人，需要认识和了解他们。他们需要熟悉周边环境，探索陌生的建筑和房间，并熟悉新的日常和规则。最初他们可能并不认识彼此，但是他们需要习惯与很多同伴待在一起。对儿童来说，所有这些都是全新的体验，他们需要快速地适应特定的"规则"：

- 团体内的行为规则：为什么我必须等待？为什么不能立刻轮到我来玩滑板车？
- 教室里的行为规则："收拾东西"在教室里意味着什么？为什么我不能在教室里随意跑动？
- 学校里的行为规则："集合"是什么意思？为什么我必须举手？

这些"规则"在本质上形成了儿童一生在团体内行为举止的基本框架。在任何团体中，每个人都需要考虑别人的和自己的需求及愿望，并在行为中体现出来。在幼儿离开家庭进入社会形成最初经验的过程中，早期教育者的作用至关重要。在需要表达情绪和进行社会交往的情境中，他们为儿童学习适应、应对和获得成功提供支持。许多家庭环境中亲子互动的研究值得学习借鉴，这些研究为教师提供了强有力的基础，使他们可以

敏锐地支持幼儿在个性、社会性和情绪方面的需求。这些研究包括：

- 父母经常是在一对一的情境中，或者至少是在小的团体中与儿童进行互动的——这样就会有频繁的互动。
- 父母会明确地表达他们对儿童的爱和照顾——这都反映在他们对儿童行为、想法和发展的真实兴趣之中。
- 父母是在现实的世界中抚育儿童；儿童被来自视觉、听觉和触觉的刺激全方位地包围着——真实的景象和声音会持续地吸引着儿童，并引起儿童提问：这是什么？为什么是这样的？它们是怎样的？
- 在大多数情况下，父母们会在儿童开启互动后给予回应，而不是预先决定儿童需要学习什么。
- 在家庭这个非正式的学习环境中，父母给予儿童时间去学习——给他们提出有意义问题的时间、形成自己的假设的时间、尝试解决问题的时间、犯错误的时间、顺其自然的时间——以及之后能够适时返回到某项任务上的时间。

"社会性和情绪学习"指的是什么？

社会性和情绪学习（social and emotional learning，SEL）是指识别和管理情绪，建立健康关系，设定积极目标，发展符合伦理道德的和负责任的行为以及避免消极行为的过程（Payton et al.，2000）。这些学习中只有一部分是发生在学校环境里的。但是近年来，大量研究揭示出教育机构支持幼儿自我调控情绪和社会行为的方法，并通过 SEL 项目的形式来指导专业人员。一些项目把情绪和社会概念分解开来，融入到课程内容框架里，通过课程来传递。但这些不一定是来自幼儿个人在社会情境中的兴趣、经验或选择。因此，在本章我认为早期教育中仅仅给儿童上 PHSE[①]"课程"是不够的。幼儿在发展的重要时期里，需要一个更为整合而平衡的方法。他们需要一种"教学法"——一个比"课程"更广的概念。考虑到更为广泛的儿童日常的物理和社会环境，需要同时重视对儿童的照料以及他们身体的发展和学习。这种教学法的目的不仅仅在于内容导向，而更在于过程导向。需要注重支持儿童的技能学习，以及个性、健康、社会性和情绪的健康发展，这些会让儿童在终身学习中受用。

因此，目前最好的实践建议认为 SEL 项目应该在学前开始，并在学校阶段中延续，本章内容会强调幼儿教师支持儿童的情绪和社会技能发展并**穿插在日常的学习生活中，鼓励有意义的渐进式学习**，而不是作为一个"孤立"的课程在 PHSE 的课程表上单独传授。在全校和家庭里，创建和维护一个安全而有支持性的学习环境，让儿童感到被尊重和被照顾，成年人示范合适的社会情绪技能，这些都为儿童练习和使用社会情绪技能提供了机会。大量的证据表明"全校"（whole-school）方法（包括改变学校环境、课堂里

---

① PHSE，原书无解释，根据上下文应指 personal，health，social and emotional education，即个性、健康、社会性和情绪的教育。——译者注

个人技能发展及父母参与）的整合模式比单纯的上课更为有效（如 Barlow，Parsons，& Stewart-Brown，2005）。

全校方法的开发

开发"全校"方法要考虑到所有相关个人对氛围和价值观问题的回应，这种氛围和价值观会指导他们在学校里的行为和人际关系。这些考虑会引发学校里每个人的讨论和共识，包括餐饮人员、操场管理员、父母协助者、行政支持人员、照料者、课堂助手、教师和家长——当然还有儿童自己。虽然这些讨论会花一些时间，但是在学校活动里，每个成员都能在方法上达成一致非常关键。从本质上看，成年人可以通过以下方式与儿童构建尊重和关爱的关系：

- 在对话时把儿童当作平等的伙伴；
- 跟随儿童的指引；
- 协商意义和目的。

渗透到学校生活各个方面的相关信息需要一贯体现尊重、关怀、包容和平等的氛围。墙上的公告、家庭邮件、对待所有家庭的态度和在操场上与儿童交谈的方式都是这个工作的体现。所有成人的动机、能量、热情和积极性都能促使学校充满活力，成为一个富有创造力的活动中心，同时也把学校构建成一个学习和发展的完美环境。

社会情绪学习项目

在社会情绪学习项目（SEL 项目）中要清晰地传授社会情绪技能，并在不同的情境中进行练习和应用。这些基于课堂教学的项目包括"Zippy 的朋友"（Clarke & Barry，2010）、促进另类思维策略（Promoting Alternative Thinking Strategies，PATHS）（Domitrovich & Greenberg，2000）以及许多英国小学实施的社会和情绪学习教学项目（DCSF，2005）。这些项目都在 3 ~ 11 岁儿童的公立学校中实施。这些项目的目标都是使儿童能够内化特定的技能、策略和态度，并且能够将这些融入到他们的行为方式之中。这些项目旨在帮助儿童感受到成功的动力，相信自己能成功，能够与他们的教师顺畅交流，能够设定学习目标，并自己克服障碍，达到目标。

然而，PHSE 项目需要仔细地计划，通盘考虑各个年级，这样做可以避免重复，也可以避免过早介绍给儿童超过其发展阶段的情绪概念。另外，很多 PHSE 资源的主导方法依赖于儿童识别、管理和讨论感受的能力和意愿。对很多个体来说，重复聚焦于内省和自我评估可能最不舒服，甚至最为痛苦。此外，正是因为幼儿处于不成熟的状态，他们可能没有这方面的表达技能。在现在的环境中，由于儿童的背景千差万别，他们的文化、情绪、社会行为和"常态"多种多样，教师们为儿童介绍识别和管理情绪的主题和应用调节策略时需要非常敏锐地拿捏好尺度。

成年人在现实生活中的情绪调节策略主要包括评估有挑战的社会情绪情境，并决定是否参与、回避或尝试改变情境。我们应该鼓励幼儿去学习和练习应对自己情绪和他人行为的策略，但这些必须是在环境中自然发生的。情绪社会"课程"和所有真实的学习一样，都要通过个人体验才能得到学习。儿童需要犯错，并从错误中学习。哪里会有比与朋友们在一起的安全环境更好的学习环境呢？教师能够成功地聚焦于个性、社会、情绪和健康教育因素的方式是，基于儿童自然发展的自我控制、识别和管理情绪以及解决人际关系问题的能力——把这些都带入日常和自然发生的教室"情节"中，并在之后的活动中检验这些方式。

自我决定理论

自我决定理论（self-determination theory，SDT）有力地描述了下面提到的三个焦点领域。这个理论支持个人的持续发展，不仅仅是儿童的发展，还包括所有个体的毕生发展。SDT 是一个动机理论，该理论认为所有的学习者，不管他们有多年轻或是经验不足，都会受到一系列内在心理需求的引导。这些心理需求包括关系、自主与胜任感，它们塑造了人们的自我动机、自尊构建和健康个性的发展。该理论还认为，从发展最早期开始，儿童已经有了一个内置式的、积极主动的动力来探索和理解他们环境中的各个方面。从教师的角度来看，寻找支持儿童积极动机的方式是促进他们最佳的学习、参与、构建情绪发展和社会适应的关键（Ryan & Deci，2000）。

个性和健康教育

能力

"自我"的概念在生命早期已经开始形成。在儿童发展的最初阶段，他们已经对自己有别于他人的知识、经验、偏好和欲望有了相对复杂的理解。教师可以在他们表现出的理解"自我"的基础上，支持他们的健康的心理发展。

自尊构建

当儿童对自我感觉良好，他们以积极方式来处理问题的可能性就会更高，并能学会接受失望。教师可以通过以下方式支持儿童积极自尊的构建：

- 表现对儿童所学所做的兴趣；
- 称赞他们做得不错的事情，鼓励他们尝试新鲜事物；
- 避免让儿童过早做一些事情，给儿童介绍他们可以完成的简单任务。

自主性

支持儿童自主性的教师们相信，儿童自己发起行动、从自己的成功或失败中学习并尝试自己解决问题十分重要，而且，这比依赖教师告诉他们该做什么更重要。在学习过程中，必须培养儿童发展出"我能"的方法。敏感的教师通过识别儿童的自然倾向，围绕儿童兴趣和偏好来开展教学活动，以及通过提供挑战和做出选择的方式，帮助儿童建立尝试新活动和"试试看"的内部动机。儿童自主意识的提升主要来自环境的提升，成人的实际行动需要同步进行：

图 10.1 "哦，对，该我了！该我了！"

- 学习资源和座位的安排方式更适合鼓励儿童活动而不是被动学习；
- 在教师计划的活动情境中和自由选择时间里都给儿童提供一些选择；
- 为儿童提供一些机会，让他们可以用自己的方式说和做；
- 与儿童一起来商定规则和日常安排，而且这些规则和日常安排都是明确但又灵活的；
- 允许儿童承担适当的责任，比如寻找和收拾材料，尝试在找教师之前自己解决问题，承担课堂上的"工作"等等。

鼓励儿童成为自己的"主人"

在许多儿童身上有一种自然的动机，那就是变得有能力，并成为他们自己世界的"主人"。儿童自然地希望自己能做大人做的事情——当我们去帮助儿童穿外套或鞋子时，我们听到他们说过多少次"我可以自己来"？儿童对身体方面自我调控的欲望有赖于教师在教育环境中设定的每日常规和活动。这些常规和活动可以强化自助技能，促进儿童大动作和精细动作技能的发展。这也意味着开始的时候，建立一些基本的常规会花一点时间，比成人为儿童做会慢一些。但是需要认识到，这样做会促使儿童的自尊迅速发展，同时他们也会变得越来越有能力！

- 到学校自己签到；
- 放好自己的鞋子、外套、手套和围裙；
- 给自己倒水（见图 10.2）；
- 鼓励儿童基本的"礼貌"，比如拉开门让别人先行；关门而不是甩门；自己拿水果之前，先给别人；擦干净点心桌上洒出来的东西，让其他人方便使用等等。

图 10.2 "我不会洒出一滴水！"

养成健康的生活常规

生活常规也是每日活动中养成健康习惯的一种自然方式。在许多情况下，在需要遵循生活常规的场所附近的墙上张贴照片或图画，提示儿童需要进行的行动的顺序。

保持清洁

良好的卫生习惯是日常照料的重要部分，也是保护儿童免受疾病侵害的重要方式。教师要教儿童洗手的时间和方法——比如，如何用纸巾擤鼻涕并"扔进垃圾桶"。

穿衣技能

户外活动前，教师可以给儿童示范怎么把衣服套到胳膊上，怎么拉上拉链，这样可以巧妙地鼓励他们形成自己穿外套的习惯。当儿童尝试自己穿鞋后，教师要思考如何提醒他们鞋子穿反了，温和地问他们的脚是不是"感觉不舒服"或者"看起来有点好玩"，而不是用让儿童自尊受挫的方式告诉他们。

在户外活动前，通过教师鼓励儿童自己承担起保护皮肤不被晒伤的责任，来鼓励儿童变得有"阳光意识"：

- 穿着防晒服——尽可能挡住皮肤，戴帽子遮住脸部、头部、颈部和耳朵，戴太阳镜；
- 涂抹防晒霜；
- 找阴凉的地方——晴天时利用树木或建筑物的阴凉处。

健康饮食

儿童的生长发育主要受到饮食摄入和每日活动量的影响。因此在学校里帮助儿童安排健康饮食和活动习惯对正常生长发育是十分重要的。儿童现在形成的习惯可能影响到他们将来的健康。

食物是教师与儿童打交道的过程中很常见的不容易沟通的内容。在这个阶段，儿童还在学习有关食物、口味、质地、使用刀叉、餐桌礼仪和饮食规律。食物是一种表达他们新建立的独立性的方式。教师们可以通过在正餐和点心时间提供健康食物，以身作则，让进餐时间变得轻松等等来支持儿童的发展。

一般来说，健康的儿童都会在某几天觉得非常饿，而在有些时候却吃不了太多。儿童的胃口可能每顿饭都是不同的，每天也可能是不同的，这都很常见。当我们给儿童提供营养食品时，他们的确能够知道自己需要吃多少量的食物。固定饮食模式可以让儿童形成健康饮食习惯，所以尽量每天在固定时间给儿童供应正餐和点心。进餐的间隔时期为身体提供了机会去体会饥饿，这也对牙齿有好处。尽量与儿童一起商量决定点心时间和正餐时间。教师需要考虑正餐和点心的健康水平以及饮食的时间节律。

- 让儿童决定是否需要点心，并为他们提供几个有限的健康的选项。
- 让儿童自己安静地决定什么时候吃饱了，什么时候清理剩下部分。避免在儿童吃得不多的情况下提供另外品种的点心。
- 给点心时间设置一个结束点——比如离开饭桌——帮助儿童明白吃东西时间已经结束，等到了下一顿饭或点心的时间才能再吃。
- "吃完东西的孩子才是好孩子"这样的说法对儿童并没有帮助，因为这样只会让儿童学会清空盘子里的食物或吃饱了还继续吃。许多成人很难改掉这种习惯，常常就是因为他们在孩童时期就被要求吃完盘子里的所有食物。

水是解渴的最佳饮品。白水和牛奶对牙齿健康最有益。鼓励儿童喝白水：天热时可以在冰箱里存放一大罐水，加点冰块、吸管和一片橙子都可以增加喝水的乐趣。正餐和点心时间可以提供一些白水和牛奶（或稀释过的果汁）。

讨论体重

体重对家长和儿童来说是一个敏感话题，即使是对 4 岁儿童来说也同样如此。教师们应该聚焦于影响体重的事情，而不是体重本身，鼓励儿童正常进食并通过以下方式让儿童积极行动起来：

- 鼓励和表扬儿童参与力所能及的活动，比如学习骑单车或翻跟斗，以此促进儿童建立积极的形体印象；
- 避免当面评价儿童的体重（甚至评价你自己的体重）；
- 从不向儿童提倡节食或提出减肥的要求。

鼓励儿童探索并保持安全

儿童需要有机会在安全环境中练习使用自己的身体，这样他们才能够发展出对自己技能（比如骑自行车、爬和挖）的自信心。儿童生来就喜欢里里外外地跑来跑去，攀爬或钻过障碍物，尝试做一些超过他们能力的事情。在儿童检测自己的技能，作出判断时，有时会摔跤和磕碰。虽然儿童的探索非常重要，但是4岁儿童是非常爱冒险的，他们有时不会知道危险。在鼓励"试一试"新的活动体验时，教师要忍住不要过分保护儿童，但要确保他们的学习区域是安全的，也要确保儿童能在适合他们年龄和身体的设备中游戏。安全规则包括：

- 当有人要从滑梯上滑下来的时候，我们不迎面爬上滑梯！
- 我们骑车时要带上头盔！
- 远离电器插座！
- 手里拿着剪刀时，要合上剪刀！
- 当我们和成年人过马路时，要拉着他的手。

情绪发展

连结

社会环境会影响儿童反应性和连结性的发展方式，特别是幼儿生活环境中的重要他人提供了示范作用，包括父母和教师的特定行为方式。研究发现，这些示范作用与幼儿的亲社会行为发展直接相关。这些教师的行为示范了合作和谈判的策略，而不是示范强制的策略。这些示范策略包括：

- 在班里示范亲社会行为和利他行为；对幼儿们来说，行动比语言更有力量。
- 共情性的关心和教学；师生之间温暖和有回应的关系可能是亲社会行为最有效的促进方式。幼儿成长的社会氛围是他们对别人感受的重要影响因素。
- 制定清晰的规则和边界，表明明确而细致的行为结果，更可能培养儿童的亲社会行为。比如说："我们不踢别人，那样会很疼！"，而"不许那样做"等禁止性指示并不会帮助儿童，因为儿童不能把准则转化到相应的情境中。另外，这个准则需要通过情绪信念传递，这样儿童才会意识到所包含的认知信息的重要性。
- 使用描述性的称赞非常重要。当你称赞一个儿童时，精确地描述你喜欢哪一方面。
- 把积极品质归因于儿童自己。当我们不断认可儿童的亲社会品质，如助人和友好，他们就会内化这些品质，同时这些也会成为他们行动的内部动机。

承认和接纳儿童的消极情绪

当教师表达自己承认和接纳这样一个事实，即有时孩子们不愿意遵守教室里的行为规则时，教师表达出了对儿童的观点和权利的理解和支持，有时候儿童表达消极情绪是对一些教室纪律和规则要求的有效的反应。有时，教师通过"包容"或接纳儿童的消极情绪反应，指导儿童学习有效管理情绪的方法，这样就是在支持儿童而不是低估他们的自主意识和社会情绪能力。

依恋理论（Bowlby，1988）认为首要照料者的能力和敏感性，比如理解儿童因不确定性和恐惧引发消极情绪的能力，是早期依恋体验的重要方面。Bion（1967）将这一点与学习、思维联系起来，认为婴儿对于外部世界或未来没有任何经验，在面临一些重要事件或需求时会感到"无所适从"。然而，敏感的父母或照料者能够理解儿童极端的消极情绪，并容纳这些情绪，与儿童交流他们对情绪的理解——在早期阶段可能是通过躯体接触来达到交流，如拥抱或轻抚。Bion 把这种行为称作涵容（containment）。父母和照料者的理解性反应会让婴儿感到安心，婴儿通过体验父母和照料者的理解来调节自己的消极情绪。当儿童进入学步儿阶段以及之后的阶段，语言对成年人消除儿童的消极情绪可以起到重要作用，可以通过语言和思维来减少他们的恐惧或沮丧。当然，涵容消极情绪的理念可以延伸到学校教师的工作过程中去使用。

另外，教师通过向儿童敏感、及时地传递"涵容"过程中的要点，可以支持儿童在学校里的情绪发展。换句话说，教师可以支持儿童去学会应对强烈情绪的策略。最开始可以向儿童介绍情绪语言，帮助他们识别情绪。识别和标识情绪是学会理解和表达情绪的第一步，这样就可以给儿童提供一种对强烈体验的掌控感。最终儿童可以独立思考他们的消极情绪，将恐惧或失望转变成可以忍耐和可以思考的想法，并通过言语和反思来忍耐和调节沮丧或悲伤。这是情绪调节的最初阶段，以合适的方式去控制和表达情绪——是幼儿自我调节功能的主要方面，对形成社会技能很重要。这种重要性不但体现在友谊和同伴关系方面，也体现在学业成绩、自我形象和情绪感受方面（Denham & Burton，2003）。

建立在儿童自然的连结动机之上

有些教师会思考与儿童交流所使用的语言，他们通过以下方式，与儿童之间建立并保持尊重和信任的关系：

- 仔细倾听、认真思考儿童话语的含义；
- 尊重儿童的观点，通过直接而非控制性的语言来理解他们的看法；
- 真诚地回答儿童的问题；
- 通过及时、积极的反馈，即时称赞儿童的进步，并鼓励他们去努力，提示他们再接再厉；
- 教师的行为要简洁，不打扰儿童的活动，而且常常是解释或协助儿童解决问题。

确定时间和地点来谈论学习和感受：集体活动时间

教师支持儿童反思在某个情境里合适的情绪表达和管理的模式之一，就是运用集体活动的时间（QCT）。Jenny Mosely（1996）在她的《小学课堂里高质量的集体活动时间》（*Quality Circle Time in the Primary Classroom*）中，为支持教师管理整个学习共同体的一系列问题提供了一个民主而具有创造性的方法。Mosely 提倡将 QCT 作为全校方法的一个部分，每个班级都举行自己的会议。有研究证明，QCT 在促进友谊和积极行为方面很有用，而这两点可以有效地促进学习以及学校顺畅和谐的运转（见图 10.3）。

图 10.3 "我们向四周传递微笑"

更广泛而言，教师可以将集体活动时间的方法应用于任何年龄的团体中去讨论和协商重要议题。如不同的感受、我们应如何友好相处、友谊、谈判技巧，以及挫折管理等问题都适合在安全的、有边界的集体活动时间里展开讨论。为了让儿童进行真实而有意义的讨论，而不是理论和抽象地讨论，很重要的一条就是教师要注重讨论儿童在学校和家里出现的、现实生活中的真实的社会性和情绪性问题。

公民权和参与

儿童迟早会明白他们具有影响作用，他们可以为团体和小社群贡献自己的力量。接着，他们也会理解每个人在生命里都对社会环境和周围的同伴负有责任。

教师可以支持儿童参与到与别人的讨论中，鼓励所有人相互认识，持有某个观点，并参与到某个话题的简单辩论中。通过这些，教师支持儿童认识到自己的选择，认识到对与错的差别。儿童会：

- 意识到他们属于不同的团体和社区，如家庭和学校；
- 认识到别人和其他生物也有各自需要，并认识到他们有责任去满足这些需要（见图 10.4）；
- 理解那些改善或损害他们当地的自然和建筑环境的各种因素。

图 10.4 "哇，看啊，它们正在吃草！"

教师可以进一步在学校里支持"连结性"，我们在以下"社会性发展"的部分将讨论具体的方法。

社会性发展

学校里的同伴对儿童发展社会性控制能力非常重要（Dunn，Cutting，& Fisher，2002）。在早期发展阶段，成功地建立友谊关系是一个核心主题，能否建立友谊有赖于儿童与同伴的谈判态度、互相尊重、调节情绪和适当控制行为的能力。因为同伴效应非常持久（Ladd，Herald，& Andrews，2006），不适当、不成功、攻击性的互动模式会延续到小学、中学，所以仅仅与其他儿童在一起并不足以产生社会性能力。因此，教师支持儿童建立建设性的同伴关系，并为他们示范互动方法十分重要。

在早期阶段儿童经常需要教师来帮助他们抑制冲动，解决社交问题，加强亲社会态度，同时去适应同伴的个体差异，其他儿童的欲望、建议或需求，以及应对挫折。在关键阶段 2，同伴变得越来越重要，那些更能欣赏别人观点的儿童，能够更积极独立地进行谈判。成功建立友谊是这个阶段儿童的核心发展主题，这是因为他们在人数更多的课堂里得到教师的帮助更有限，会越来越依赖于同伴的情感和学习支持。另外，参与同伴社交的儿童会发展出更高级的认知、言语和社会技能，并发展出更有效的沟通策略（Wentzel & Asher，1995）。遭遇同伴拒绝与"外化障碍"有关，比如攻击、多动或非适应性行为，同时也与"内化障碍"有关，比如过度的消极情绪和回避行为（Eisenberg，2002）。在童年中期，同伴交往技能的缺失看起来可能与难以建立同伴关系有关；建立同伴关系的困难又可以预测成年期的适应问题。

创造儿童导向的环境

在学校建立支持儿童社会性学习的物理环境，教师是非常关键的，有助于促进儿童的合作、谈判和社会能力。

欢迎儿童

大多数学校对新入学的学生及其家长都会有"适应性"策略。与家长的合作关系对于幼儿来说非常重要，因此，很多时候教师会进行家访。家访可以加强与家庭的连接，也可以了解儿童先前的经验，这些经验是他们新的"学校"经验的重要起点。

通过以下方式，教师可以制造良好的欢迎氛围：

- 每节课都亲自问候孩子；
- 每节课都用各种各样的儿童的家庭用语来问候；
- 建立学生签到的规则系统，这样他们会明白自己是受欢迎的，也是这个"集体"的一部分（见图 10.5）；
- 确保每个儿童都有他们自己的"空间"，比如一个外套挂衣架，放置鞋子和运动服

图 10.5　一个简易的自助签到系统

的地方以及放他们的图片或书包的托盘。可以用他们的照片来标注空间的归属。

认同规则

为了让儿童在学校感到安全和有保障，也能感到与他人之间的连结，他们需要了解活动的"边界"。这些知识为儿童提供归属感、可预测性和控制感，由此消除遭到威胁的感受。如果儿童能够参与制定"规则"来塑造他们自己和所在小社团里其他成员的行为，他们就更容易"接受"这些规则。许多教师发现，花点时间来讨论课堂里（或操场，或户外）哪些行为受欢迎，哪些不受欢迎是非常值得的，而且在开学时讨论非常有用，因为这时每个人正开始互相认识，并开始习惯于分享空间。与儿童的讨论可以包括我们想如何运动、彼此交谈、分享资源、对待彼此和照顾彼此的方式等等。与儿童一起产生的想法，最好以图画或海报的方式总结出来，或者教师可以将这些想法以简单积极的提示语呈现出来，比如：

- 我们彼此倾听。
- 我们温和地做事。

- 我们语气友好。
- 我们轮流玩，我们分享。
- 我们在室内"走路"。

当然，如果这些信息在学校里的不同常规时间点，比如排队、外出、就餐时被不断地一致而公平地重复，这些信息就会自然而然地融入到儿童的行为之中。

安排组织：布置和资源

遗憾的是，在英国的许多地方，很多家长反对冒险让孩子在没有监护的情况下玩耍——他们更倾向于让儿童在室内、花园或特别设计的游乐场所活动。这些地方常常设置一些安全的平面，这样就可以避免跌倒受伤。幼儿的自由时间越来越受到成人的细致管理，他们为儿童安排活动时间表，比如音乐课、体育课，他们更愿意随时知道儿童的行踪——鼓励儿童花时间进行单独的活动，比如看电视或 DVD，或玩电脑游戏（Lester & Russell，2010）。儿童较少参与合作游戏，逐渐依赖于大人的监管和指导，这都有明显的危害作用，很可能对儿童社会能力的发展具有短期和长期的消极作用。为了支持他们的社会经验和学习，在学校提供鼓励儿童之间协调与合作的机会中，早期教育工作者应起到重要作用。

座位和分组的安排

教师们可以通过以下方式鼓励儿童之间的互动：

- 围绕桌子或在地板上安排座位，这样儿童就可以更亲近，可以在一起分享想法和谈话；
- 在积木游戏、建筑套装、火车轨道建筑或大的拼图游戏中鼓励儿童去解决问题，这样就需要保持室内室外的活动空间宽敞；
- 安置好的大型设备（比如水箱、沙盒和儿童游乐室）可以让儿童在游戏中活动自如并进行合作；
- 安排一个舒适的图书角和室内外分享故事的公共倾听空间；

图 10.6 "从前……"

- 安排好进行社交的点心和进餐时间，鼓励儿童在那里交流；
- 安排戏剧或带有音乐制作的设施，比如搭建一个舞台或木偶剧场（见图 10.6）。

角色扮演区域

角色扮演为社会情绪发展提供了很好的机会，因为这需要依次轮流活动、分享和谈判等技巧。因为儿童特别有游戏的动力，在创建支持这些学习的角色扮演区域中，教师们将起到有影响力的作用。教师的支持不但包括具体资源和道具的安排（比如用来打扮的服饰和物品），也包括成年人自己的角色扮演，因为当儿童模仿其他人的表现时可能展现出更高的想象力（Lindqvist，2001）。

首先，有趣的是，假装游戏可能并不是真正的"自由游戏"，甚至与成人偶尔观察到的、最初呈现出的样子完全相反。

正如维果斯基（1978）指出的那样，在假装游戏情境中选择自己的角色后，儿童就要按照角色来扮演，要放下自己冲动行为的本能欲望（比如，抓住想要的玩具，或抓紧他们想要的东西）来遵循"基于规则"的行为，要精确呈现角色。他将这个称之为"假装悖论"（p.100）——儿童为了遵循游戏规则（比如，参与到年龄稍大儿童的虚构表演中），把他或她即刻的需求放到次要位置（比如，穿上一套特定的"公主礼服"），在那一刻这就变成儿童的"新的需求模式"（p.100）。许多研究（如 Elias & Berk，2002）发现，儿童与其他儿童的假装游戏会支持儿童自我调节能力的发展，因为他们与同伴在这样的角色扮演过程中，会学会检查他们自己的冲动行为并管理自己的行为。角色扮演需要认识并执行游戏规则，这些可以帮助儿童发展自我调节能力，特别是抑制能力（见图10.7）。

其次，"社会性扮演"游戏可以帮助儿童理解情绪（Lindsey & Colwell，2003）和其他人的心理状态及观点。这些心理能力对于儿童了解自己和其他人的行为与动机非常重要。这些正在萌发的心理能力在幼儿社会性扮演游戏中很常见：当儿童能够在想象的世界中或对创编的戏剧里的其他"角色"进行"读心"时，他们可以用所扮演"角色"的特定语音语调或词汇进行"心理状态的对话"。有研究证据表明儿童与其他儿童一起建构共享的想象游戏，并能叙述内部心理状态是这个游戏的关键部分，主要有赖于儿童之间关系的质量。许多研究（包括 Singer & Singer，2005）表明，朋友共享的假装游戏的频率主要依赖于同伴关系的质量，顺畅和成功的沟通、社会能力和亲社会行为、较少的冲突以及发散性思维。

图 10.7　"五只斑点小青蛙……"

促进社会能力的资源和活动

- 有规则的游戏能帮助儿童理解"规则"的性质，并鼓励社会情绪的学习，这些都是从共享的时间和空间中产生的，也是从他人看待事情的观点中产生的。一系列用掷骰子或沙漏计时器来轮转的简单棋盘游戏，在学校里更容易实现，而且不需要大人监管。大型游戏在户外区域是非常有趣的（见图 10.8）。

- 身体游戏也能有效支持儿童的情绪和社会性发展，这样儿童可以在学校环境和成人监管的"安全网络"中检验身体力量的"极限"和可以接受的接触类型（见图 10.9）。降落伞游戏、攀登架游戏、滑板车、自行车和三轮车游戏都需要儿童能够控制住他们的运动，进行合作和依次轮流。

- 团队游戏和体育活动可以增强儿童与同伴朝着同一目标努力所得到的收获（见图 10.10）。

图 10.8　户外区域大型游戏非常有趣！

图 10.9　"呜咦咦咦咦咦咦咦咦咦！"

图 10.10 "来吧，绿队！"

帮助儿童学习与同伴合作的策略

教师可以通过指出好的行为和运用真诚的赞美和鼓励，来积极加强儿童在学校里表现出的友好行为，比如表现友好、表达感恩、把玩具给别人等等。然而，也需要凸显和加强一些社交课程。教师通过观察儿童面对环境中的社交"挑战"，可以向儿童"传授"和示范一些促进共情的策略：

- 请求别人允许自己参与他们的游戏：如果孩子非常害羞或不愿意去加入别人的游戏，可以与儿童练习一些词语表达（见图 10.11）；
- 分享：示范成人分享材料的例子，可以为儿童展示当材料有限时，需要妥协；
- 等待和轮流：必要时使用沙漏计时器或其他装置，这样可以促进儿童尊重别人权利的观念；
- 识别不同类型的玩笑，以及如何发现那些故意不友善的行为：教师可以帮助儿童区分什么时候"忽略"不友好行为和什么时候不能接受这些行为，以及如何求助；
- 帮助儿童练习表达"说对不起"的方式，并理解这意味着"我会尽量不再这样做"。

图 10.11　"一,二,三，哈！"

合作：培养儿童在冲突情境中自我调节的模式

考虑以下两个日常情境以及所发生的真实的学习：

情境 A

在沙箱中，两个孩子争夺该由谁来玩挖掘机，其中一个孩子打了另外一个，受委屈的孩子哇哇大哭。教师走过来，抓住玩具，举起来让孩子够不到，说："那样不好！杰克，说对不起！约瑟夫，别哭！男孩们，你们需要分享，友好地玩耍！约瑟夫，你可以先玩，然后再轮到杰克玩！"

情境 B

为了争夺该由谁来玩挖掘机，在沙箱中一个孩子打了另外一个，受委屈的孩子哇哇大哭。教师走过来，蹲下来和孩子视线保持在一个水平线上，然后问："发生什么事了？"同时把玩具轻轻地挪到中间地盘上。她认真倾听每个孩子的观点，每次只有一个孩子说，以防止如果一个孩子插话会打扰另一个孩子，他们每个人说的过程中教师在旁边点头。如果孩子不能标识自己的情绪，她就会描述她所感受到的每个孩子表现出的情绪。她要求每个孩子看看对方的脸，让他们描述他们所看到的朋友脸上的感受。她会问："为什么杰克/约瑟夫会有这样的感受？"她还会问他们做些什么可以让对方感觉更好，以及他们怎样才可以"解决分享挖掘机的问题"。

在情境 A 中，孩子学到的是大声表达情绪会产生吸引教师注意力的效果——约瑟夫不会学到更合适的方式来表达痛苦。他们都会学习到需要大人来解决两人之间的问题，而不是尝试寻求独立解决分享的问题。两个男孩都会觉得自己做了错事，杰克为此需要道歉（真诚吗？），但是他们不太明白什么才是"友好地玩耍"。这样也使得约瑟夫认为哭泣是不可以接受的。孩子决策和解决问题的机会错过了；他们只是简单地遵从大人的指示。

在情境 B 中，孩子有机会可以远离在为谁先玩而争吵中产生的愤怒、沮丧的原始情绪——他们有时间用另一种更为社会接受的方式来表达他们的感受。教师带领着他们识别自己和同伴的感受，并思考产生感受的缘由。教师带领孩子们去为自己引起消极情绪而承担一定的责任，同时，为孩子们提供机会来展示他们自己独立地改善情绪的计划。她也要求他们思考下次该如何分享，这样在将来可以避免发生同样的负面事件。

早期阶段 PSHE 计划的建议

儿童从我们与他们在一起时的行为中学到的东西不比从课程和教育活动内容中学到的少。早期教育中我们所采用的方法和我们对儿童的尊重与关心，都会影响他们的学习能力和发展成为有效公民。在早期教育过程中计划 PSHE，我们必须谨记以下几个要点：

- 很多研究发现儿童的个性、社会和情绪学习与其认知能力之间存在着联系。
- 成人和儿童之间的关系质量非常重要。
- 家园 / 校的合作关系十分重要。
- 让儿童受益于全校规模的社会情绪学习方法是非常重要的。

第11章

"我怎样才能做得更好？"

——从运动发展到身体素养

帕特里夏·莫德（Patricia Maude）

你喜不喜欢荡秋千？
荡着秋千飞上蓝天？
哦，我觉得在孩子的世界里，
这是最快乐的游戏！

（Robert Louis Stevenson，1945）

引　言

幼儿期对于儿童的身体发展和运动发展是一个令人兴奋的时期，在这一过程中，他们不仅在身形上发生了变化，随着不断探索所处环境中的运动信息，他们还有了身体意识（body awareness）。通过不断的尝试，历经成功与失败，年幼的运动者表现出越来越协调和成熟的运动能力。运动不仅仅是幼儿的主要探索方式，而且也是正常成长的基本要素，它为幼儿的最优发展和学习提供了必要的刺激。随着其他能力，如语言、观察力、对所处环境包括运动环境的感知和理解等能力的发展，幼儿的身体素质也得到了提高。

作为教育工作者，我们肩负着使命，要确保在工作过程中鼓励儿童，使他们能够在可获得的、最为广阔的空间中获得运动体验。运动不仅仅只是在室内和室外的环境中活动，更需要通过不同的运动项目来平衡幼儿不同身体部位的发展需求，也要维护和增强他们身体的力量、灵活性和耐力，从而帮助幼儿发展健全的体格和积极的生活方式。为幼儿提供丰富的活动机会，并在能提供多种资源的环境中鼓励儿童积累有价值的运动经验，这将有助于发展他们的运动能力，增强他们的运动信心和运动过程中的创造力。自信对幼儿在运动中的自我表达是至关重要的，较好的运动协调能力能够极大地促进幼儿自尊的发展。早期教育工作者的一个挑战就是，通过让儿童从婴儿期到学前期多接触丰富、有益的运动词汇来获得广泛的运动经验，并以此来提高他们的运动能力、知识与技能，最终帮助儿童在完善身体素质的旅程中走得更远。身体素质可以被定义为动机、信心、身体能力、知识和对价值的必要理解，并能在整个生命过程中为坚持有目的的体育活动而负责。

在本章中，我们研究了儿童从出生到婴儿期再到幼儿早期身体发展的一些过程，包括感觉和大脑神经活动的发展。我们通过观察幼儿的运动模式和运动经验的获得方式来探索他们身体能力的发展。我们在对幼儿和教师的角色定位时，把幼儿看作一个运动学习者，而把教师看作一位幼儿身体素质的促进者、运动经验与知识的提供者。我们将提出一些建议，这些建议将为幼儿在上小学的头几年里形成的运动学习奠定基础。在探索幼儿身体素质的过程中，我们也需要考虑运动发展的目标和内容，以及在幼儿早期所需要学习的运动课程，包括英国国家课程的幼儿园阶段和关键阶段1。

读者可以：

- 回顾幼儿早期身体和运动发展的知识；
- 考虑为幼儿提供扩展运动词汇和运动记忆的方法；
- 通过扩展自己观察和分析幼儿运动的能力，来给幼儿的表现提供及时有效的反馈，从而提高幼儿的运动质量；
- 提供适宜幼儿身体活动的课程，包括各种环境、设备和其他资源，提高幼儿运动能力标准；
- 引导儿童获得体育素养。

身体和运动发展的原则与过程

首先，我们拥有大脑的目的之一就是为了指导我们的运动！身体活动为大脑发育提供了至关重要的刺激，原因在于它促进大脑中数十亿细胞之间的神经连结。Daniel Wolpert（2012，p.35）指出"运动是我们影响周围世界的唯一方式"。Ratey 和 Hagerman（2008,p.4,p.245）提出，"练习是在大脑中建立学习模块的关键"，练习是"优化大脑功能的最有力量的工具"。研究者还提醒我们，"为了让大脑保持最佳状态，我们还需要努力工作"。

与幼儿和教师同样相关的婴儿早期身体发育有三点关键的原则：

- 头尾发展（cephalo-caudal development）原则；
- 近远（proximo-distal development）发展原则；
- 分化原则。

这三个原则不仅为我们提供了许多关于婴儿成长的过程和节奏的深刻见解，而且还成为了幼儿发展的许多方面的基础。当我们考虑幼儿的运动发展时，这些原则尤为重要。运动在幼儿探索和获取环境信息以及了解自我的过程中发挥了引领的作用。

头尾发展原则

身体发展的第一个原则之所以这样命名，是因为它源于希腊语中的"头"，即"kephale"，而拉丁语中的"尾"则是"cauda"。这一原则表明发展是一个从头到脚的过程。这似乎很明显，因为大脑是所有身体机能的主要控制者和监管者。大脑还调节身体的生长和发育。头部是幼儿出生时身体最发达的部位，下肢相对不发达，也不重要，缺乏肌肉和功能。

运动发展同样也遵循着头尾发展的原则，从"头部"开始，一直到"脚部"。站立和行走的过程从颈部和肩部肌肉力量的发展开始，而颈部和肩部力量的这一发展是为了让婴儿在只能趴卧的时候抬起头部。之后脊柱和臀部的力量及控制得到了发展，婴儿学会了坐。随后，臀部、膝盖和脚踝以及脚的肌肉力量使得双脚需要承担体重的力量得以发展，婴儿学会了站立。直立为运动开启了大门，婴儿通过迈出第一步，逐渐经历了一系列的动作，如蹒跚学步、跟跟跄跄地小跑、蹦、向上跳起、向前跳跃、连续的跑步、连续且快速的向前跳跃。

这种"自上而下"发展的原则影响着我们的计划和教学，因为我们一直试图确保幼儿获得基本的运动模式，使他们的运动能力（特别是下肢部位）得到发展，成为一个熟练的运动者。例如，踝关节处的有效的运动依赖于与它距离最远的大脑的功能，帮助幼儿理解如何有效运用踝关节，作为一种可以将其弯曲和旋转的关节，在促进身体高效和长期运动方面是至关重要的。在早期，使用清晰、简洁、适用于交流运动的词汇，对促进运动学习是非常有价值的。引导幼儿专注于指定的身体关节，帮助他们将大脑到各个运动关节的适当的运动信息和知识装进大脑中。例如，要求学习者伸直或伸展踝关节，而不是"找脚趾"，可以使幼儿精准地完成从大脑直接到操作部位，即踝关节的神经信息的传递。另一个例子是，如果幼儿的任务是伸直腿，要求他们"把膝盖伸直"这个指令就可以帮助幼儿把注意力集中到关键的操作细节上。

近远发展原则

第二个原则是指从身体中心到四肢的向外发展。"proximo"指靠近中心，"distal"指远离中心。中枢神经系统控制来自大脑的所有信息，沿着脊柱运行，并负责婴儿的所有生命功能。重要的器官，尤其那些对生存至关重要的器官，都位于身体的中心，由胸部和骨盆周围的骨骼给予最大的保护。这些位于身体中心的器官在出生，乃至人的一生中都是最活跃的。相比之下，那些距离中心位置较远的、外周的身体部位的早期活动——如双手，位于上肢的最远端——在早期的生活中相对来说微不足道，且功能有限。事实上，在这个阶段，手部由于缺乏肌肉组织，且手腕上的骨骼还没有分化，在结构功能上并没有准备好。在腕关节发育完全，能够为手部的复杂运动需求提供服务之前，它们的软骨组织必须成熟发展为复杂的骨骼结构，然后通过频繁的活动和锻炼，发展足够的肌肉组织。

与头尾发展原则一样，对教育工作者来说，近远发展原则对创造一个运动项目是非常重要的，需要考虑到在离身体中心较远的肢体部位达到运动能力所需的时间长度。教室学习也极大地依赖于这一原则，例如，幼儿还不能够用钳子或三脚架姿势（在拇指和食指之间）握住一支铅笔，觉得用手掌的力量握住铅笔（铅笔夹在手掌和手指之间）更舒服。钳子姿势更好控制，因此使用钳子姿势握住东西的精准度要优于运用手掌力量。然而，手腕和双手的肌肉必须足够强壮，才能确保孩子能够承受更高要求的钳子姿势。幼儿在诸如攀爬、摇摆、抓握和放松等身体活动中，肩膀、手肘、手腕和手的运动发展都促进了身体发展。

分化原则

第三个原则是指新生儿都具有跨文化的普遍反应，而更成熟的幼儿则会更多地出现差异。例如，用针扎婴儿的手，婴儿会大哭，会把手抽回来，通常还会用手去拍打。年龄稍大些的幼儿则会将手收回，有可能会哭；而成人如非必要，不会将手抽回。随着神经系统的发展，幼儿逐渐成熟，他们分化式的反应能力也随之增强。这种随着成熟而发展的分化式反应能力是幼儿早期学习的重要因素。

成长与发展的顺序

这就引导我们去考虑婴儿成长与发展的顺序，这里包括运动的发展。这一发展顺序是不变的，但由于个体差异而引起的发展速度却是不同的。例如，通常情况下，在运动的发展过程中，婴儿先学会翻身，接着学会坐，然后在学习走路前学会自己站立（见图11.1）。

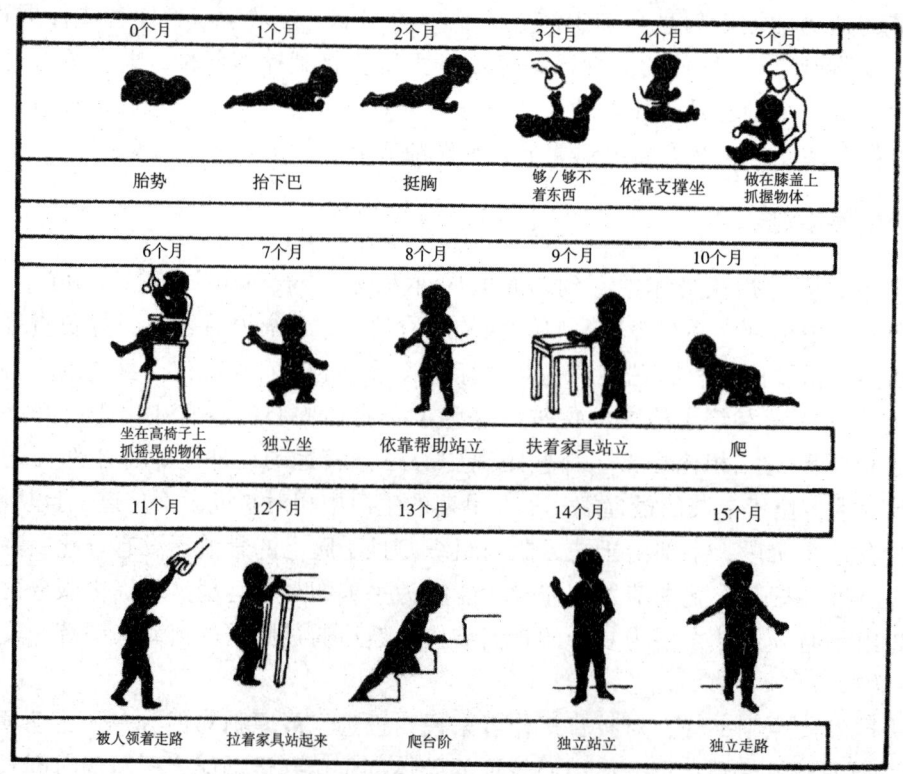

图 11.1 婴儿运动发展的一般顺序，来自 Rathus 1988，p.202

粗大和精细动作技能

与前面提到的运动发展的三个原则有关的是另一个很寻常的、不变的幼儿发育特征，即"粗大"和"精细"运动动作技能。相比精细动作技能的发展，幼儿先掌握了对粗大动作的更好控制。例如，年龄较小的幼儿在行走、跳跃和跑步这些粗大动作上的发展和控制明显要比画画、剪切或涂色等精细动作技能好，因为发展手腕和手部的力量对于年龄较小的幼儿来说是件极具挑战而且极易感到厌倦的事情。由于课堂上大部分的学习包括绘画、书写、测量、剪切和粘贴等活动，所以幼儿的手腕、手指以及肌肉组织的发育越发成熟，肌肉的抑制和疲劳越来越少，他们越能成功地完成自己的作品。有时我们认为，当幼儿"不工作"或注意力不集中时，他们就无法管理自己的行为。然而，身体缺乏力量也可能会使人很难坐直，并保持一段时间，同时手腕和手部结构及功能的不成熟，也会导致手腕肌肉的不发达，从而最大程度上限制幼儿对活动的参与。由于粗大动作技能是发展高效的精细动作技能的跳板，所以，对教育工作者来说，为幼儿提供参加涉及粗大动作技能的积极游戏的各种机会，可以说是义不容辞的责任。

积极游戏的重要性

还有什么比积极游戏更能为幼儿提供频繁的精细与粗大动作活动呢？英国心脏基金会（BHS，2012）指出，为了减少久坐的时间，建议每天至少进行三个小时的积极游戏，并为幼儿设计了四种类型的游戏：

- 非结构化游戏——没有成人支持的自由探索游戏；
- 幼儿发起的游戏——成人在幼儿准备就绪时以适当的形式提供"脚手架（scaffolded）"式的支持；
- 专注学习游戏——成人指导的；
- 高度结构化游戏——有计划的和成人指导的。

为幼儿制定的运动发展课程能够建立在游戏的基础上，是一个激动人心的目标。积极的身体游戏对以下三方面是很重要的：

- 鼓励运动能力的探索；
- 允许创造和探索运动环境以及运动所需的各种设备和资源；
- 提供练习时间来提高运动能力，加强心肺和肌肉系统。

为儿童的学前游戏、在校和课后的发展性游戏提供富有刺激的环境，是父母和其他教育者为幼儿制定详细计划的一个组成部分。适宜发展身体能力的环境应该包括：

- 一个能够玩耍轮式玩具的牢固区域，包括卡车、手推车、摩托车、三轮车、平衡自行车、自行车和其他可乘坐和推拉的玩具；
- 一个有合适标记的游乐场，可以鼓励幼儿在运动中的挑战；
- 一个有软体设备和体操设备的室内空间；

- 草地和坚硬地面的区域里有各种大小和质地的球，有沙包、铁环、球棒、丝绒粘扣、靶子、跳绳、丝带和围巾；
- 安全的人行道；
- 一个适宜探险的游乐场；
- 一个秘密花园；
- 一个树木繁茂的区域；
- 满足幼儿涉水、戏水、漂浮和游泳的水域。

以上这些和其他的家庭、学校和社区所提供的环境都为幼儿的运动学习积累了丰富的经验，更好地促进了幼儿运动能力的成熟。

锻炼粗大和精细动作技能的游戏对儿童的运动发展至关重要，这是支撑身体发展和体育课程的重要基础。事实上，学校的课程应该建立在幼儿自然的身体运动词汇上。

我们一般假定幼儿在入学时已经能够清晰地表达运动的词汇，并且已经建立了基本的成熟的运动技能模式。具有丰富的学前运动经验的幼儿，当他们真正上学后，他们希望使用他们现有的运动词汇，建立有效的运动模式，使他们能够充分参与到活动中，享受学习过程，体验成功。我的经验表明，即使学校里的幼儿已经能够清晰表达自己的运动了，强化成熟的运动模式也应该继续成为课程的一部分。随着幼儿的成长，他们的身体力量不断增强，身体意识也在提高，他们正准备向更加成熟的状态过渡，以获得更多的动作词汇，提高自己的运动记忆能力。

适宜幼儿的运动课程

开始设计运动课程时，我们可能会问自己，哪些运动技能在学校里对幼儿最有用。完成所有日常生活任务的效率和信心，包括用餐、梳洗、穿衣、安全地在环境中移动，使幼儿能够在学校独立工作。此外，大多数幼儿都会有一系列的粗大和精细动作技能，这些技能是参与课堂和户外活动所需要的。当幼儿入学时，如果他们的身体肌肉发育不良，协调能力、平衡能力、运动能力都很差，我们就必须提供一些方案来解决这些问题，以便幼儿能更容易地从课程中获益。

许多幼儿在游戏中积累了丰富的运动词汇，因此，游戏是早期教育各个方面的基础，这一点十分重要，不可忽视。

身体发展课程的目标

在决定身体发展课程的内容之前，我们应该探索一下课程的目标。为了提高幼儿的学习机会，并确保为他们提供最好的条件，我们应该考虑以下几点大致的课程目标。这些都与身体和运动发展、运动技能的获得以及发展身体素养所需的信心有关。

身体发展

- 促进成长；

- 促进身体的发展；
- 提供健康的运动。

运动发展

- 建立在现有的运动词汇上；
- 发展身体的张力和控制力，以及协调性；
- 积累丰富的运动词汇；
- 通过构建短语和动作序列来提高运动记忆力；
- 提高运动质量。

运动技能获得

- 在成熟阶段之前发展基本的动作技能；
- 了解新的动作技能；
- 提高运动动力学知识；
- 发展身体的体态、平衡、协调和控制；
- 教授运动的准确性和效率。

运动自信心的发展

- 教授运动观察技能；
- 开展运动实验及表达；
- 增强自我表达；
- 增强自信，提升自我形象和自尊。

促进身体素质的其他方面：

- 教授适当的词汇来描述、解释、讨论、质疑、评估和提高运动的质量；
- 激发思考过程，以促进运动发展、提高身体素质；
- 根据幼儿在运动方面的经验、进度和能力，来布置高期望和高质量的工作；
- 鼓励幼儿独立、自信和自主地学习；
- 在合作与竞争中学会彼此尊重；
- 加强与健康相关的锻炼和积极生活方式的积极态度；
- 帮助幼儿计划、执行和评估他们的运动学习；
- 保持幼儿在体能活动中获得幸福愉悦感。

是否还应该有其他的目标来支持早期幼儿的运动发展和身体素质教育课程，例如为幼儿提供刺激、富有挑战性和想象力的学习经验？这些可以纳入到课程中，以确保幼儿获得更好的身体教育，从而保持良好的身体素质。

因此，身体发展课程应该包含广泛的、可扩展的、通用的、适合所有幼儿的运动词汇，通过以上这些可以更加专门化地发展幼儿的身体动作和身体素质。

熟练动作技能的发展

Gallahue 和 Ozman（2006）设定了幼儿获得熟练动作技能的途径。他们指出在技能学习方面要经历三个阶段：

1. 早期阶段，或称为未发展的阶段。

这是自然产生运动模式的阶段，也可以称为早期实验阶段。

2. 初级阶段。

在这一阶段，幼儿的协调能力得到改善，但运动能力仍然不够成熟，表现在缺乏力量、灵活性、平衡或速度等方面。

3. 成熟阶段。

最后，当幼儿能够将各种运动模式整合在一起后，就达到了成熟阶段。这个过程包括适当的准备，采取正确的行动，以有效的持续和恢复为结束。在这个阶段，运动模式也都被整合到幼儿的运动记忆中，能被轻松调用。

观看职业板球队员从边界开始扔球这一系列动作，并将这些动作与 5 岁幼儿举手过肩的投球动作的平均水平来比较（见图 11.2），我们的头脑就会提供针对幼儿成就进一步发展所必要的足够证据：我们会观察到，在投掷过程中，对于初级的投掷者，躯干的前部是弯曲的，而非旋转的，而躯干的旋转是投掷成功的重要一环。

图 11.2　初学投掷的幼儿，来自 Haywood 1993，p.145

图 11.3 向我们展现了刚学会跑的幼儿和成熟的跑步者之间的运动发展区别。成熟的跑步者在跑步时，我们会看到他有更全面的腿部运动，且大腿和手臂前后摆动，而不是向两边摆动的。

当意识到儿童的初级和成熟运动模式在小学阶段得以发展完成后，教育者就需要在各种基础运动项目中考虑到运动发展的这三个阶段，例如，步行和跑步，跳跃（包括两脚离地跳和落地，然后一只脚离地跳和落地），投掷（抛掷和踢腿，通过接收和捕捉来完成），然后要分析幼儿的成绩以提高他们的表现。

图 11.3　刚开始跑步的幼儿和成熟的跑步者，来自 Haywood 1993，pp.128-9

什么是跳跃？

你能用三个词来描述跳跃吗？

有时人们会说男孩不擅长跳跃。这是真的吗？如果是，为什么？应当肯定地说，跳跃对于男孩来说和女孩一样容易，特别是在给予他们适当反馈的时候。然而目前看来，由于描述跳跃动作的词汇很复杂，且儿童在学习跳跃时缺乏明确的榜样去模仿，因此这种相对直接的动作序列就会变得过于复杂。例如，用两个词描述，跳跃就是"向前、跳起"，它是一个向前动作接着一个向上动作的重复序列。

"跳起"都包含了什么？哪些循序渐进的活动可以构建幼儿学习的基础？我们可以说：

- 能够跳起来并用双脚同时落地；
- 拥有足够的力量支撑骨盆，以便将身体重量转移到一只脚时仍能保持平衡；
- 能够有效地保持身体平衡和协调，保持站立不动；
- 用同一只脚跳起和落地。

当幼儿首次掌握跳跃技能的时候，他们通常会先将身体向前然后才会发现如何跳起。这项技巧的能力包括直立的身体姿势、高度、在空中保持身形、有弹性的和有控制的落地，以及左右脚的有节奏的一系列步骤和跳起动作。

什么是骑自行车？

当幼儿骑自行车，试图保持直立或踏踏板时，我们是否需要安装辅助轮来让自行车保持直立，或成年人有耐心地扶着自行车后座，在自行车后面或走或跑，直至筋疲力尽？简练而响亮的回答是："都不是！"骑自行车最重要的是平衡，转向和蹬踏是实现运动的有效的辅助方式。

在图 11.4 中，我们看到 2 岁的杰克正在一辆平衡自行车上。他在 3 岁时成为了一个独立而熟练的自行车骑行者。他的平衡自行车从一开始便使他独立。他很快便学会了如何上下车，并坐在车座上双脚着地。然后他开始骑着车沿着小路走，在小路的尽头掉头再往回走，接着他开始慢跑、小跑，然后快跑。在整个过程中，他控制着包括走、停、转向在内所有的决策，并获得了掌握平衡所必要的经验。当对自己的平衡能力更加自信时，他开始将脚从地面上抬起然后再放下，直到他滑行了更长的距离，保持自行车直立且脚离开地面。几个月以后，他和家人愉快地在公园里非常熟练地骑着自行车。

图 11.4　骑平衡车的杰克（2 岁）

踢

图 11.5 所示的幼儿在 6 岁时就已经获得了一种在关键阶段 1 很少能够学会的技巧。

图 11.5　一位 6 岁的幼儿展现出成熟的踢球动作

跨步跳

图 11.6 中所示的也是一名 6 岁的幼儿，她已经能够跨步并对空间感有了很好的意识，这应该是所有幼儿在关键阶段 1 达到的目标。在你的班级里，所有的幼儿都能跨步跳吗？跨步跳都包含了什么，哪些活动可以促进跨步跳的发展呢？可能包括：

- 使用双脚跳起和落地；
- 跳起来用一只脚着地；
- 从右到左跨步，再从左到右跨步；
- 跨过地面上标记的线；
- 用一只脚跳起再用另一只脚着地；
- 跨过绳索。

身体能力强的跨步者不仅能够跳得更高，而且在空中还能保持直立姿势，伸直双膝和脚踝，伸展肘部、手腕和手指，并用一只脚在落地时保持弹性和控制。

对于正常的幼儿来说，发展除了受限于身体和大脑之外，还需要学习者的信心、合理安全的环境、使用的设备和与其他幼儿共享的空间。

图 11.6　跨步跳

学会抓

很明显，如果幼儿不能抓住扔过来的物体，而且他 / 她总是失败，那么最好使用一些有效的循序渐进的学习方法。这些方法至少可以从两个方面来考虑：

1. 投掷物——尺寸，重量，质地，形状，表面；鼓励幼儿选择一种容易抓住的投掷物，如尼龙搭扣、软沙包或泡沫球。

2. 接物体的活动可以包括：

- 将球从一只手传到另一只手，再将球绕着身体从一条腿传向另一条腿；
- 将球滚到一个可反弹的表面（例如一面墙），在球弹回来时接住它；
- 抛出围巾、沙包和其他容易控制的物体，在其落地时能抓住它们；
- 抛出各式各样的球，在其落地时能抓住它们；
- 抛出物体后，在抓住之前先拍一下手；
- 接收者张开双手，等待在地面上缓缓滚动的球并用两只手接球；
- 接收者抓住高度很低的反弹球，使它能够回到手中；
- 抓住自我反弹的球；
- 抓住从墙上反弹回来的球；
- 抓住低抛球。

抓的技巧包含三个阶段：

- 准备阶段：包括姿态，伸向投掷物的手臂，双手准备就绪并用眼睛密切注视投掷者而不是投掷物；
- 行动阶段：双手抱住球，使用手臂弯曲或回弹的方式控制住投掷物；
- 恢复阶段：幼儿恢复到准备的姿态。

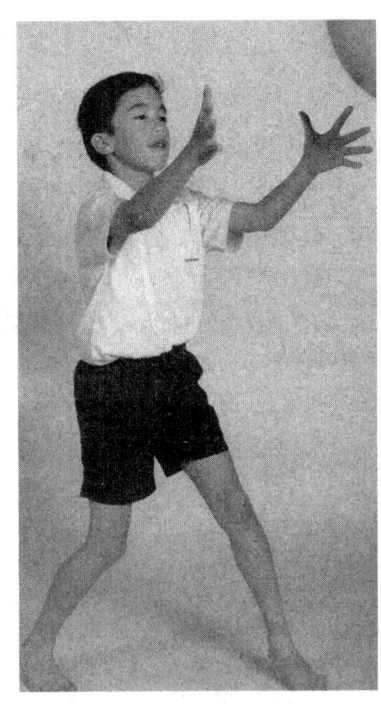

图 11.7　我正在抓

学习前滚翻

前滚翻至少需要 17 种由身体关节完成的弯曲和延伸的动作，它可谓是一个非常复杂的动作序列！在你的班级里，孩子们能说出它们全部的名字吗？

类似抓的动作，前滚翻也有许多循序渐进的准备活动：

- 在地板上、垫子上和适当的设备上做前滚翻的动作，并建立一个简单的滚动词汇表，例如，向左和向右笔直地侧滚翻；
- 练习蜷起身子向左和向右的侧滚翻；
- 尝试各种各样的开始和结束姿势，例如双膝或单膝；
- 使用一个像泡沫坡道这样的斜面，向前摇晃，然后把脚放在垫子上，站起来；
- 练习前滚翻的结束动作，仰卧蜷缩，然后向前摇摆，将脚放在靠近座椅的垫子上，最后手向前伸增加站起来的动力；
- 在类似泡沫坡道的柔软斜面上向前滚动，向前伸展以帮助将身体重量转移到脚上；
- 保持俯卧或跪姿，从一个较低的平台开始向前滚动，通过将手平放在垫子上来控制身体下降，把重量转移到肩背上，然后滚到背面用脚站起来；
- 从骑跨的姿势向前滚动（即分开双腿，从而降低身体使头部可以缩进去，以便将重量从脚转移到手臂和肩膀上）；
- 从站立的姿势向前滚动，弯曲膝盖呈蜷缩状，将重量从脚转移到手臂，把头缩进去（下巴抵住膝盖），将重量转移到肩背，沿着脊柱向下滚动，最后像上面那样结束。

在上述所选择的活动中，我们可以看到一些主要的教学点和一些循序渐进的例子，能够为学习者的动作提供流利、清晰和技巧性的指导。

对教育者来说，要能及时发现幼儿做好了准备，发现能提高幼儿学习与成绩的最佳干预时刻，这种能力对于幼儿的成功至关重要，这本身也是教育者需要具备的技巧。幼儿做好准备的时刻取决于诸如他们的身体发育阶段、身体能力和经验，除此之外，也依赖于知识经验、空间和身体意识的发展，以及身体结构和大脑功能的适当成熟。但如果幼儿还没有做好学习的准备，我们一味地帮助他们学习各种技能只会使他们更有挫败感！

身体发展和体育课程

那么，为了达到我们所选择的目标，为幼儿提供丰富的运动经验，我们在身体发展课程中应该包括哪些内容呢？在英国，《基础阶段课程指导》（2012）指出，幼儿在几乎每个领域都通过运动来学习，并且把身体发展作为一个独立的领域以寻求幼儿身体能力的发展。新兴的身体素质课程（www.physical-literacy.org.uk）以发展一般运动能力和技能的形式促进幼儿身体能力的发展。目前在关键阶段1，国家课程中的体育内容也促进了关键阶段2中的舞蹈、游戏和体操活动的经验。这些活动看起来完全适合幼儿，因为儿童的早期身体发育和运动经验是由广泛多样的积极活动所构成的。

幼儿早期和关键阶段1的一种身体发展课程是青少年体育信托基金（2012）发起的"开始运动"计划，其中采取的方法主要围绕三个关键方面，即运动、稳定性和目标控制。用来描述"运动"的词汇是在一个人从一个地方移向另一个地方时所采用的多种方式中建立的，例如沿着地面、向上向下、沿着器械、通过器械、超越或在器械之下、依靠双脚和单脚、手和脚、座位、前后、向前进、滚动、跳跃、滑动、拉动、推动和上下颠倒等。稳定性由静态和动态平衡组成，从一开始的利用各种方法保持标准站姿，延伸到之后在诸如飞行、骑平衡自行车、爬山等活动中保持平衡以控制身体。目标控制包括在操控设备时发展手眼和脚眼协调能力，例如沙包、球、棒子和各种比赛使用的球，以及围巾、丝带、在舞蹈和体操中使用的圆环和绳索。

幼儿可以通过借鉴过去的经验来提高他们的运动词汇、运动记忆和运动质量，通过在不同的环境（舞蹈、游戏、体操）中运用运动、稳定性和目标控制来增加他们的运动知识和对运动的理解。通过这种方法，幼儿可以在基本的运动模式中达到成熟阶段，并且可以探索和应用各种运动想法，更具创造性且突破过去经验的界限，挑战自己并享受愉悦感，增强信心和动力，以及对身体能力的理解。除了促进能力、信心、敏捷、平衡、协调和挑战之外，关键阶段1的国家课程也促进了合作和竞技比赛的发展，并创造了舞蹈中的运动模式。

对我来说，早期运动课程计划必须是一项发现和成就，重视学习者，并能为幼儿带来学习过程中的兴奋、挑战、享受和满足的体验。还记得本章开篇 Robert Louis Stevenson 荡秋千的经历吗？你是否还记得自己开始学习荡秋千时所需要花费的努力——首先发现倾斜的诀窍，然后向前移动来增加秋千的高度，最后又产生了恐惧，感觉似乎摆动得太高了？你是否也有与 A. A. Milne 玩这些游戏相同的回忆：

> 他玩跳绳，
> 他玩皮球。
> 他追着蝴蝶跑，
> 一只蓝色的，一只红色的；
> 他做了很多快乐的事情，
> 然后他睡着了。

（"遗忘"，Milne 1927）

通过幼儿的身体游戏，我们应该开始观察幼儿，尝试着在幼儿的"生活世界"里发现培养他们身体素质的活动。如果我们要为幼儿提供具有挑战的有价值的学习经历，让他们拥有学习的自主权，并使他们能够形成学前的游戏经验，我们必须找到合适的起点。据此我们可以提出：

- 可以成为舞蹈的幻想和探索性的表达性游戏，如旋转、飞奔、跳跃、向上、远离和暂停；
- 类似比赛的游戏包括追逐、躲避、捕捉、投掷、踢和打；
- 类似体操的游戏包括滚动、跳跃、攀爬、摇摆和平衡。

教育者的角色

当我们通过那些提供给幼儿的教育框架来影响他们的发展时，我们可能需要仔细观察一下幼儿在参与身体活动时真正做了什么，通过这种观察，可以使我们更深入地了解幼儿身体发育的本质。通过初步的培训和在职教育，教师可以提高自己的专业知识，可以借鉴个人经验，建立一套循序渐进的提高技巧的方法，发展观察技术以分析如何为幼儿提供合适的发展性反馈。

对教育者而言，满足幼儿的"技能饥渴"是一个持续不断、永无止境的挑战，这涉及幼儿常问的一个关键问题："我该如何做得更好？"

这未必是一个不可克服的挑战。那些观察、研究幼儿在自然运动发展过程中所经历的体能活动的教师和父母正在取得成功。当幼儿处于学习体验的中心时，探索和沉浸于各种体育活动的乐趣可以持续增强。这样当他们长大后，就可以更加有能力成为一个独立的学习者。

早期阶段身体和运动发展、身体素质和体育的建议

一个有效的身体发展和体育的课程有助于培养孩子的运动发展，它是集技巧性和创造性于一体，并建立一种终身的身体活动的生活方式。为了让幼儿获得身体上的能力，使他们有信心和善于表达并且发展他们的身体素质，教师和父母等养育者需要：

- 了解幼儿在运动发展和身体能力方面的发育知识，包括成熟运动模式的表现。
- 学习和理解运动习得的探索性阶段，以及发展最大运动潜力的技巧。
- 发展观察技能以便促进针对幼儿表现的评估，并对幼儿的表现提出适当的发展反馈意见。
- 从自然运动和游戏中构建身体发展和体育课程。
- 为幼儿提供丰富和频繁的探索运动和练习，增加他们的运动词汇量，提高他们的运动记忆力和运动质量。

早期基础阶段课程和新的国家体育课程都提供了基本原则，以确保所有的幼儿都有权利发挥他们在身体能力和身体素质方面的潜能，从而实现最佳的身体发展和运动发展，并且可以沿着终身发展的轨迹持续下去。

第 12 章

"我要唱歌"

——为幼儿创造一个音乐环境

琳达·班斯（Linda Bance）

引　言

在幼儿阶段，音乐对于幼儿和教师来说都是一个令人愉快的学习领域。大部分幼儿非常喜爱制造音乐（music- making）和唱歌，他们对如何能创造出有节奏感和悦耳的声音充满好奇。然而，许多教师和实践工作者对让幼儿园或学前班的孩子学习音乐是缺乏信心的，他们认为这些年龄较小的孩子是"没有音乐感"或者"很难创造出悦耳的声音"的。尽管如此，我们仍应该给予所有幼儿更多鼓励、训练和支持，给他们提供一个更广阔和令人高兴的音乐环境；给他们提供一套以现有幼儿发展理论为基础的音乐课程；一个不仅仅只依赖成人引导，还能够通过孩子自己的社会交往和自由探索米学习音乐的场地。

在发展早期，音乐对儿童意味着什么？

研究一致地明确指出，音乐对于幼儿的学习具有重要贡献。最直接的贡献就是它与语言发展的关系以及对关系、情绪和交流的影响。正是因为这些重要的作用，音乐被纳入幼儿应该学习的课程中，并成为"传统的早期幼儿教育中的重要元素"（Pound & Harrison，2003，p.1）。

这一章将带领读者以一种更广阔的视角来认识早期的音乐活动。对大多数幼儿来说，音乐就是他们的歌声逐渐萌发出旋律轮廓的过程，就是他们通过律动和游戏来强化节奏和节拍意识。音乐就是鼓励他们去"探索声音"，充满好奇地去发现所有乐器的声音，以及如何用不同的方法去演奏这些乐器。更重要的是，音乐是一种具有创造性的活动，无论结果是什么样，这一过程本身是具有价值的。

考虑到社会对教育者施加的各种要求和压力，这听起来好像是一个很高的要求，但如果我们能为幼儿创造一个音乐环境，那么我们所开发的活动将包含儿童在所有领域的学习，同时会对他们的幸福感产生积极影响。Sue Hallam博士（2008）指出，"越来越多的证据表明，音乐活动对儿童的智力和社会性发展有积极的作用。"（p.1）

为什么会选择音乐领域？

幼儿需要以许多不同的方式来感知这个世界，体验这个世界，以发现他们最喜欢的事物。而制造声音和节奏是让幼儿感到非常愉悦的事情，所以选择音乐领域的学习是一个极佳的途径，并不是困难或可有可无的课程内容。

（Ouvery，2004，p.11）

当然，唱歌和制造音乐也可以支持语言发展、数学和计算、身体意识的发展，以及认识世界。音乐学习也提高了幼儿社会性和情感的发展，允许幼儿去表达和创造。但除此之外，音乐自身也是一个有力量的工具，它能够让幼儿更加积极向上、心情放松、重新调整状态、不断创造，以及学会反思，这些都使幼儿生活得更加舒适和自信。如果在我们的生活中，没有音乐、舞蹈、艺术和诗歌，那将会是什么样呢？

因为"音乐是有趣的"或"孩子们爱音乐"的缘由，我经常能看到音乐在幼儿园课程中占有一席之地。我借此理解音乐的价值是因为它令人愉快、令人振奋。

（Young，2009，p.9）

幼儿园的音乐活动应该是什么样的？

这很大程度上取决于我们所创设的环境，音乐活动可以发生在不同时间、不同地方。它像一条线一样串起了幼儿一天的生活。例如，音乐能够：

- 变成一个自由时间的活动，让幼儿可以在室内和室外创造自己的音乐；
- 变成一个分享时间的活动，幼儿可以在一起歌唱、制造音乐、讲有关声音的故事以及欣赏音乐；
- 支持每一天的常规活动，让幼儿通过简单的歌曲学习排队、整理自己的东西和洗手；
- 增加聚会、集会和特殊时刻的气氛；
- 变成一个自发的活动，在角色扮演或者是故事角的小组活动中展开。

无论是哪一种音乐活动，只要有可能，就应该让儿童每一天都能接触到音乐。

我们自己的音乐感

许多人提到自己的音乐感时，大多会认为"我很爱音乐，但是我没有乐感"。之所以会有这样的感受，是因为他们认为："我不会演奏任何一种乐器，所以我一直是一个音乐的旁观者。""我不会唱歌。""我是一个音盲。""我不会读乐谱。""我不会演奏乐器。""我没有音乐天赋。"类似这样的回答还有很多，无穷无尽。

这种对音乐消极的认识，例如"我不会唱歌"或者"我没有足够的天赋"会快速地传递给幼儿或同事，但是一个"让我们试一试吧"的态度可以让自己开始去设计一个更广泛的、更具创造性的方法来对待音乐活动，我们也将会更有组织地安排音乐活动，规划音乐环境（Bance，2012）。

让繁忙的幼儿教师花时间学习演奏乐器看似要求过高，但是，对音乐的"运作"理解得更多，将使音乐变得更有价值。我们可以通过下面提到的一系列活动来增加对音乐的理解。

我们的声音与歌唱

调整唱歌时的声音，一个好的开始是要有意识地多注意呼吸。增加呼吸，不要唱得太大声，好听的声音是有力量的声音而不是音调很高的声音，这会鼓励幼儿去倾听（Street & Bance，2006）。练习唱歌可以增长自信心，让幼儿及其他教师"大声唱出来"。

拍子和韵律的意识

当幼儿聆听音乐时，开始意识到音乐的拍子（潜藏在音乐下面的韵律规律）。幼儿通过重复的歌唱曲调或随着节奏拍手、踏脚来回忆和提取音乐中的拍子模式。

探索音色

在教室里，我们要提供质量较好的乐器供幼儿来探索它们的音色，并保证它们的正常运转，零件完整，音色优质。尝试着在各种不同类型和材料的乐器上敲打节奏，以探索声音的各种可能性。

聆听和欣赏音乐

欣赏音乐有很多不同的原因：调整和改变心情；转移注意力；放松或是保证一整天都处于活跃状态。集中注意力来听音乐可以增强对音乐元素的理解，包括唤起感觉节奏、旋律轮廓、乐句、音调、音色和质感。在听音乐时，我们可以问自己：

- 我能听到什么？
- 这段音乐听起来像什么？
- 它何时发生了改变？
- 这个声音是怎么制造出来的？
- 这段音乐让我有什么感觉？

享受听音乐的感觉并与幼儿分享，观察幼儿听音乐时的非言语反应，鼓励他们去讨论听音乐时的感受，或者是询问他们听到了什么。倾听音乐是一种必然的又区别于其他不同类型（例如倾听语言）的听力活动（Odam，1995，p.24）。

演奏乐器

许多过去曾演奏过乐器的人都会否定自己的经历，因为会演奏乐器与当前的生活并没有什么关系。年龄较小的幼儿喜爱听不同类型的乐器演奏出来的音乐，所以天赋这个概念又一次被提出来——即使幼儿只是演奏一段非常简单的旋律——也会被认为是极高的个人成就，认为这些幼儿肯定受过专业的音乐训练。

最后是创造力

发展创造力能够帮助我们创造出自己想要传递的音乐。我们沉浸在自己的经验中并质疑自己所做的一切，我们研究和发现新的传递音乐的方法。当不知道如何去做一些事时，可以去询问一些做过这些事的人。花时间想象如何能够实现自己的梦想，我们用我们自己的方法让自己变成一个好的榜样："如果我们真正想让孩子们对生活有一种创造性的态度，那我们就必须向他们展示出我们的创造力。"（Claxton，2003，p.3）

理解幼儿的音乐发展

在我们开始设计音乐活动之前，应该先来探讨儿童的音乐能力是如何发展的。当我们开始与幼儿一起探索音乐时，他们已经拥有了哪些音乐能力？

大约在4岁左右，幼儿的创造力和想象力有了很好的发展。他们倾听各种声音并开始歌唱，有时他们会从别人那里学习歌曲，有时他们会自己创编歌曲。他们有能力控制节拍，开始注意到音乐里各种要素构成的模式，并且很喜欢随着音乐律动。更为重要的是，他们现在是探索声音和自发创作乐曲的专家了，他们通过不断的重复、转换以及融合各种音乐要素，逐渐将自己创作或借鉴来的音乐作品发展成为更复杂的结构（Young，2003）。

显然，创作音乐对儿童来说是一件令人兴奋的事情，所以他们随时准备开启自己新的想法。正如之前所讨论的，这对于教师而言也是一个具有创造性、令人激动的时刻。这些想法将会帮助教师发展幼儿逐渐萌发的音乐能力，使幼儿变成自信的歌手、律动者和作曲家。我们的目标就是希望在以教师为导向的音乐活动和以幼儿为导向的音乐活动中间发展一个平衡点，从而确保为儿童构建一个丰富的音乐环境（Bance，2012）。

幼儿歌唱时的声音

毋庸置疑，歌唱是幼儿最自然的音乐表达活动之一。如前所述，在幼儿进入到小学时，他们通常可以唱准音高，并且他们还会经常创作和演唱自己的歌曲（Shehan Campbell，2010）。在考虑培养幼儿逐渐萌发的乐感的方法时，采用本族文化的儿童歌曲和民族歌曲是不容忽视的。"幼儿学习这些歌曲，就像学习自己的母语一样轻松，而且这些有趣的、重复的旋律是最适合孩子歌唱和即兴创作的基础。"（Forrai，1985，p.20）

因为幼儿的声音范围是有限的，因此幼儿歌曲的音域范围应相对较窄。这个范围通常是从中央C到B（见图12.1）。可以说，重复是幼儿集体歌唱成功的关键因素，限制每首歌曲的词汇量对每个孩子都有帮助（很多音乐活动都需要运用重复性的游戏，我们将会在后面看到有关这方面的内容）。大部分幼儿和其他人一起唱歌时会感觉很开心，甚至独唱时也一样开心。但是，也有一部分儿童会很焦虑或者并不能成功地完成歌唱任务。当教师面对这部分不容易开口唱歌的幼儿时，先让他们听别人唱，然后逐渐鼓励他们开口唱，增强他们的自信心。如果强迫幼儿唱歌，无论是对于教师还是幼儿，都不可能产生积极的结果。

每个幼儿的声音都是独特而富有潜力的。最有可能鼓励他们嗓音发展的方法就是给他们提供更多的需要表演声音的机会，鼓励他们探索和模仿各种声音（Welsh，2006）。

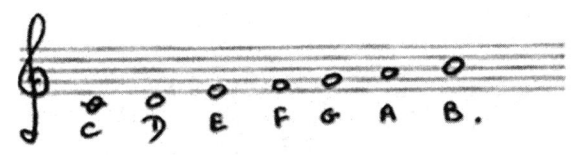

图 12.1 幼儿的正常音域

幼儿已经能够做什么了？

为了给儿童的歌唱活动确定一个适宜的起始点，教师需要评估幼儿的音高匹配能力，评估他们理解歌词的程度，着儿童是否可以自信地按照歌曲本身的速度进行演唱，以及对其他儿童的觉知。当幼儿参与到歌唱游戏中时，教师可以观察他们的反应，这有助于深入了解他们在音乐领域的发展情况，以便为每一个幼儿提供更富有成果也更愉快的歌唱体验。

开始演唱一首歌曲

当准备开始唱歌时，教师可以给幼儿一个"开始音"作为提醒，告诉他们"准备好，我们要开始了"，这将会帮助幼儿调整自己的音高以匹配"开始音"的音高，并且也帮助幼儿学会关注团队中同伴们的声音。

围绕歌曲来表演

下面是两首样例歌曲，可以帮助教师鼓励幼儿自信地参与到歌唱中，唱出优美的声音。

学小猫
学小猫，学小猫，
喵呜！喵呜！嘶！
学小猫，学小猫，
就像这样叫。

（Street & Bance，2006）

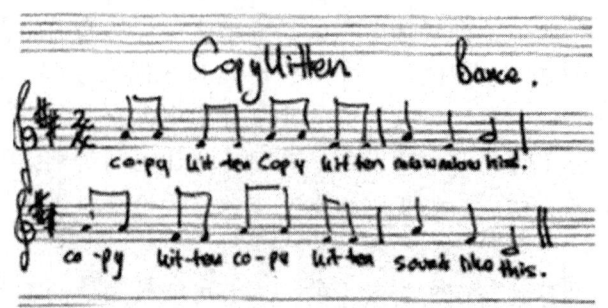

图 12.2 "学小猫"

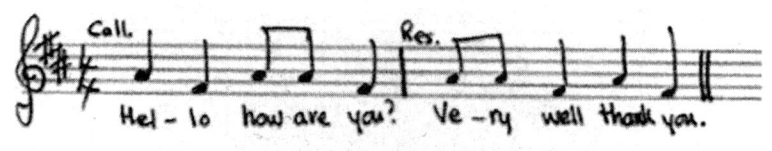

图 12.3 "嗨！你好吗？"

教师请幼儿围成一圈坐好。教师开始演唱图 12.2 所呈现的歌曲，一边演唱一边传递着一只玩具小猫。当教师的歌声结束时，教师要鼓励正好拿着玩具小猫的幼儿唱这首歌（大部分唱对即可）。在这个活动中，每个幼儿都要听别人唱，也都有机会自己唱。

教师唱图 12.3 呈现的歌曲的第一个乐句，然后鼓励幼儿唱第二个乐句来做回应。如果在这个接唱游戏中，幼儿不太会回应，教师可以用一个小玩偶来做一次示范。教师在开始唱时需要弹一个"开始音"，但注意音高要略低一点，因为太高的开始音对于幼儿来说是个挑战。这个歌唱游戏的方式是多种多样的：

- 将幼儿分成两组，一组幼儿来问，另一组来回应，鼓励两组幼儿独立地玩这个游戏；
- 用不同类型的感情来演唱歌曲，例如，快乐地唱，悲伤地唱，安静地唱，大声地唱，生气地唱，温柔地唱；
- 让孩子们想象一下，如果绵羊、老虎、或老鼠唱这首歌的话听起来会怎么样，并请孩子们说出自己的想法。

有许多歌曲适合年龄较小的幼儿演唱，参见资源列表。

节奏和韵律

当儿童在律动和跳舞时，这些活动本身就蕴含着对节奏和乐句的理解。

（Young，2009，p.107）

幼儿天生就是最自然的律动者，歌曲游戏、手指韵律操以及许多与音乐有关的活动都使他们能够自然地随着音乐的节拍运动，对音乐的模式更加敏感。为了加强幼儿对拍子和节奏的意识，可以尝试以下这些策略：

- 通过音乐的游戏和歌唱活动来鼓励幼儿进行尽可能大／小幅度的运动；
- 通过拍打身体、制造声音以及演奏打击乐器来向幼儿教授节奏知识；
- 随着音乐的模式玩耍（参见下面的活动）；
- 使用词汇来描述各种音乐律动，例如，快速，慢速，快，慢，短，长。

图 12.4　幼儿是天然的律动者

保持稳定的拍子

图 12.5 中的歌谣就是一个可以帮助幼儿保持稳定拍子的简单活动。

彼得在敲打

彼得用一个锤子锤啊锤，锤啊锤，锤啊锤。

彼得用一个锤子锤啊锤，锤了一整天。

这是一首可以适应不同环境的多变的歌曲。通过幼儿熟悉的歌词和音调来鼓励他们随着歌谣拍手，敲击或拍打大腿来保持稳定的节拍，也可以通过添加乐器伴奏和改变歌词来继续游戏。例如："朱莉演奏一个打鼓歌，打鼓歌，打鼓歌……"

教师通过这种将音节与声音匹配的歌唱游戏，可以提醒幼儿注意节奏的模式。

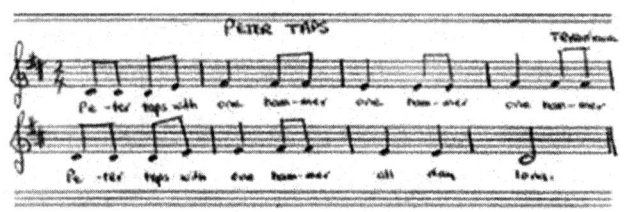

图 12.5 "彼得在敲打"

老啄木鸟先生

老啄木鸟先生坐在一棵树上，

嘿！老啄木鸟先生在为我演奏。

教师与幼儿一起念上面的这首诗，并向幼儿示范拍打出合适的节奏（每一拍匹配一个音节）。当幼儿熟悉了这首诗，教师就可以给他们提供一些可以敲击的乐器，然后，大家就可以一边按着节奏背诗歌，一边用乐器敲击节奏。在诗歌的结尾，每一个人都可以通过"我们走吧"这样的语言来表明他们准备开始演奏自己的诗歌了。这种设计考虑到幼儿需要演奏自己的诗歌，当他们熟悉了这一模式后，他们就可以开始创作自己的模式，并可以被其他人复制。

咀嚼的毛毛虫

嘎吱！嘎吱！嘎吱！嘎吱！

这里有一只毛毛虫在吃午餐，

用它许多的脚走着，然后停下来吃一片绿叶。

（Bance，2012）

这首歌谣可以与其他以小动物为主题的学习结合使用，也可以在阅读了 Eric Carle 那本著名的图书《好饿的毛毛虫》（*The Very Hungry Caterpillar*）（Carle，1969/2002）之后来使用。重复念歌谣，同时让幼儿通过拍打大腿、使用打击乐器来保持稳定的拍子。然后可以让幼儿决定毛毛虫会吃什么，并用他们的想法将语言与节奏匹配，从而再次提高他们对节奏模式的意识。

绘制一些如图 12.6 的卡片。让幼儿选择一张卡片，说出卡片上的单词。接着，幼儿就边说出卡片上的单词边拍打节奏。为了满足不同幼儿的需求，也可以让能力强的幼儿挑选两张卡片，并把两张卡片放在一排，边连续地说出两张卡片上的语言边拍打节奏，例如"樱桃蛋糕，绿叶"。为了让幼儿专注于听力的技巧，教师可以改变卡片的使用方法，从而为幼儿提供更多的挑战，让幼儿根据不同组合的卡片找到需要匹配的节奏模式。

cherry cake　　　Green Leaf　　　red apple　　　Wobbly Jelly

图 12.6　节奏模式卡片

演奏和探索乐器

幼儿天生就是声音的制造者，他们通过拍打自己的身体来发出声音，或者是演奏在他们周围能够看见的各种乐器。制造声音通常是幼儿最喜欢的活动。理想状态下，幼儿能够自由演奏，探索声音，并且可以通过玩耍，利用自己的好奇心，富有创意地发现各种声音的形成方式。在教室或早期的环境中，尤其是当幼儿进入全日制学校时，可以引入一些集体音乐时间，大家可以探索和扩展教师发起的活动。这种创造性的音乐方法可以平衡以幼儿为导向的活动和以成人为导向的活动之间的关系，对每个人都具有重要的意义和价值。

自由演奏的音乐区

如果幼儿是以发展音乐技能为基础来演奏乐器的，那么给他们提供机会自由演奏是绝对必要的。并且，想要探索和细致地了解乐器潜在的知识，以及去感觉该如何演奏这些乐器，没有哪种方式比这种安静且不被打扰的自由区域探索的时间更合适了。

（Young & Glover，1998，p.147）

这种自由演奏的音乐区域活动需要时间和想法，而且也会受到空间和实际问题的影响。一个音乐自由探索区可以包括：

- 坐垫，地板垫和低脚凳，允许教师和幼儿一起活动；
- 用来激发活动的音乐主题的照片和图片；
- 可以用来即兴创造声音的材料，如悬挂的平底锅或排钟；
- 各种调好音的和未调好音的打击乐器；
- 供幼儿使用的 CD 播放机；
- 各种道具如木偶、围巾和帽子；
- 舞台，分区，或为那些不喜欢"表演"的幼儿准备一个用帘子分隔开的区域，为那些喜欢表演的幼儿准备镜子。

幼儿在这个自由演奏的区域活动时，他们将能够有机会探索并了解到各种乐器所发出的声音（见图 12.7），而且他们还能够：

- 自发地根据自己的想法来演奏；

- 富有想象力地玩耍；
- 探索各种声音；
- 表达自己的情感；
- 发现如何制造出声音；
- 认识到各种各样的听觉体验；
- 认识到音乐适合所有人。

图 12.7　探索一个乐器能够发出的声音

在支持这一区域活动的同时，教师还可以：

- 观察；
- 倾听；
- 提供积极的口头和非口头的回应；
- 鼓励那些通常对探索新事物犹豫不决的幼儿；
- 和幼儿一起玩耍，并且提供支持和引导；
- 和幼儿玩一个"到你了，到我了"的游戏；
- 与幼儿一起表达和创造；
- 基于实践的反馈来扩展幼儿的游戏方法；
- 理解幼儿的音乐能力的发展；
- 当计划一个小组活动时要进行观察。

教师发起的小组演奏乐器的活动

如前所述，除了幼儿发起的自由探索的音乐活动之外，教师发起的小组演奏乐器的活动可以有效地发展幼儿特定的演奏技能，并且能够让幼儿学习如何控制声音的音量和速度（Young，2009）。通过演奏乐器可以提高幼儿的自信心，并且让他们学习如何控制并使用乐器来为故事或歌曲伴奏。鼓励幼儿轮流演奏，并倾听他人的演奏，与小组中的其他人分享想法。音乐技能的发展和自信心的获得需要教师和幼儿的耐心、自律。

小组活动使教师能够继续扩展和深化幼儿在自由探索区域获得的经验。教师可以示范韵律和模式的不同表现形式，也可以深化和扩展具体的学习。其他有效的策略包括：给幼儿一个起始点以便他们可以开始，并引导和鼓励大家共同参与。教师可以引入幼儿的想法来创造一个表演，或者帮助幼儿创造出声音图片和故事，或者邀请幼儿使用乐器来给他们的歌曲和音乐活动伴奏。

以下这些关于小组活动的具体想法或许会有所帮助：

- 停止和开始：确保所有的幼儿都有一个乐器，并鼓励他们像"乐队"那样演奏。通过富有趣味的活动，让幼儿熟悉停止和开始的信号。当幼儿完全理解后，让一个幼儿来做指挥。
- 模式：请幼儿围成一个圈坐下，鼓励他们当探索声音时应该学会相互倾听。收集你听到的想法，并用这些想法来强化和扩展活动。向孩子们询问"谁能用乐器演奏出一个声音模式？"当一位幼儿演奏了一个模式，模仿这一模式，并鼓励其他幼儿参与。
- 伴随音乐的律动：当所有人都在演奏时，邀请一位幼儿或助教教师在圈子中间律动或跳舞。鼓励各种身体动作，例如跑步、步行、弹跳或蜷缩。允许幼儿创造一些乐曲来为动作伴奏，通过描述动作的慢、快、安静、大声、愉快或"咆哮的"来扩展幼儿的词汇。
- 创造一种气氛：使用各种乐器来演绎故事并创造出一种气氛。例如，适合下雨的声音，适合风吹的声音，适合快速跑步的声音，或者是害怕的声音。

音乐与信息通信技术

数字技术已经成为我们和幼儿生活的一个组成部分。熟悉数字音乐资源可以通过在共享经验的背景下促进协作，更好地支持幼儿在早期的音乐学习（Rinta，Purves，& Welch，2011）。数字音乐资源提供了一种自我教学和创意思考的可能，让我们能够体验到"各种迄今为止从未想到的新可能性"的声音和经验（Young，2008，p.333）。

什么样的数字音乐资源适合在幼儿早期使用？

- CD 和 MP3 播放器为幼儿提供了自己选择音乐的机会，以便他们能够控制和引导自己的活动。

- 卡拉 OK 为喜爱唱歌的幼儿提供更多的表演机会，这有助于提高他们的自信心和自尊心。
- 录音机和麦克风等语音设备帮助幼儿了解自己的声音质量。它们能够让幼儿听到自己制造出的声音，并进行自我评估，这对促进语言和交流能力的发展是非常重要的。另外，它们也可以成为教师即时和宝贵的资源，提供可以按时间来比较的声音文件，作为形成性评估过程的一部分。
- 键盘可以让幼儿演奏，这会帮助他们学会探索和创造出属于自己的独特的音乐片段。这种活动最好设置在自由音乐区域内，能够给幼儿提供一副耳机是最好不过的。
- 视频录像机已经变成了幼儿的好朋友，幼儿通过使用视频录像机来记录他们自己创编的故事和表演，甚至是每天的演奏经历，然后再与同伴重新观看和讨论。
- 计算机软件和基于互联网的资源为幼儿运用音调、节奏、音色、音乐层次的多模式体验提供了无限的可能性，从而鼓励幼儿想象力、独立思考和表达能力的发展。

　　媒体和技术从多元文化及全球性文化中为儿童提供了无限的音乐资源，极大地影响了儿童的音乐品位。教师的任务是保持开放的态度来接受这些发展带来的影响，更为重要的是，教师需要梳理出哪些音乐资源可以在学校中有效地使用，以及该如何使用。保留儿童经验当中的传统歌曲，民间歌曲以及其他类型的音乐，这应该是学校教师的一个高尚的目标，正如儿童生活中伴有冥想音乐和电子音乐一样。

（Shehan Campbell & Lum，2009，p.328）

倾听活动

　　在我们的生活中充满了各种声音、噪音，但是我们真的倾听到了吗？我们能否只听一种声音，并专注于它，让它处于优势地位并变换这一时刻？经验表明，即使是非常年幼的儿童也能够对自己选定的声音非常敏感并专心倾听，这是学习的核心。当让幼儿有机会倾听，并让他们用口头语言和非口头语言来对音乐做出回应时，所有的幼儿"都能够参与，并达到完全的自发状态。整个活动涉及认知心理运动反应（cognitive psychomotor responses），这有助于创造力的产生"（Gardener，1994）。因此，给幼儿提供适当的机会来倾听音乐可以帮助他们体验平静，从而能够更加放松和专注。这些经验也有助于发展幼儿的听觉记忆，调节幼儿的情绪和情感。

　　在决定如何选择音乐时，教师要考虑到音乐的各种流派，这更能适应来自不同文化和国家及地区的每个人的口味。可以选择古典音乐，民族音乐，流行音乐或来自其他国家和文化的音乐。当与幼儿讨论听音乐后的感受时，可以与幼儿的家庭与学校环境建立联系。

　　现场音乐表演为幼儿提供了多种感官的音乐体验。邀请音乐家来为幼儿表演，这些音乐家可以从我们的朋友、父母、领导或是年龄较大的幼儿中来挑选。这种现场的音乐表演会让幼儿有机会仔细观察乐器并倾听其声音，这将会扩展他们的音乐知识和对音乐的理解。对于学习音乐，这是一种独特的体验。教师也可以让幼儿用声音和图片来记录一个特殊的事件，一遍一遍地体验这种感觉。

另外，也不能低估了幼儿听录制音乐这个活动。人类社会拥有丰富的音乐资源，这些音乐都可以通过录制唱片"及时有效地"在社会传播。从爵士乐到宝莱坞，从民族音乐到古典音乐，这些范围广泛的音乐内容将会扩展幼儿对音乐的认识，让他们能讨论和发展个人偏好。而且，那些在网络上演出的视频资源也可以为儿童提供高品质的视觉和音乐体验。

设计一个倾听的活动

听音乐就是让幼儿一直坐着静静听就可以了，这其实是一个错误的观念。为使音乐活动有效，必须使其适应儿童的知识水平、特定的学习环境及其挑战性，并确保作为教师的你是一个好榜样。可供选择的环境可能是一个故事角，或是能够做各种律动和舞蹈动作的大厅。有时，安静的室外，或用来休息和放松的室内也不失为一种选择。

选择播放的音乐会明显地对活动的结果产生影响。大乐团的音乐会带来激昂的感觉，而温柔的民间音乐可能会唤起平静和宁静的情感。来自熟悉的知名电影的乐曲将再次唤起幼儿对歌曲的印象，而新的和不熟悉的音乐，例如非洲鼓手或印度的音乐，将会扩大幼儿对音乐的认识。音乐片段的长度对于幼儿的注意力保持至关重要。重复音乐片段将会帮助他们更熟悉音乐，在幼儿记忆、参与和反应的过程中，这对幼儿听觉记忆力的发展、丰富音乐学习经验都起到了重要的促进作用。

幼儿在听音乐的活动中需要仔细听取老师的问题。音乐中有对比吗？例如，大声和小声，快速和慢速。音乐中是否有熟悉的声音、熟悉的乐器或是独特的声音？音乐传递了什么样的感情？听完音乐后有什么样的感觉？是否还有其他可以与这段音乐相关的活动？

在和幼儿一起听音乐的同时，教师要不加评判地观察他们的反应。可以向幼儿提出开放式问题，例如：

- 你听到了什么？
- 音乐中发生了什么事？
- 你是如何感觉到的？
- 对于这段音乐，我们能做什么？

在听音乐时，要吸引幼儿关注音乐中的要素，这将会促进他们听力技巧和敏感度的有效发展，也将会鼓励幼儿将自己生活中的经验与音乐联结。这些生活中的经验又会反过来为幼儿提供音乐创作时所需的素材和想法。随着自信心的发展，幼儿将能够运用各种不同方式来表达他们对音乐的反应。随着想法的涌动，孩子们将会通过运动和舞蹈来享受回应，比如弹奏空气吉他，像仙女一样跳舞。同样，幼儿也可以在听音乐时享受绘画的乐趣。我们的目标就是鼓励思想开放的幼儿认真、敏感、有意义地倾听音乐，从而能够获得独特的体验。

<h1 style="text-align:center">结　论</h1>

无论教师是否是音乐专家，都应该为幼儿早期的音乐学习提供有效的支持，这将为幼儿全面的发展，以及创造力的发展做出有效的贡献。教师要为儿童提供更多的机会，让他们有想法来表达出更多的可能性，使这一领域的学习变得越来越激动人心，这不仅丰富了幼儿的学习经验，还为教师提供了极大的享受，因为他们观察到幼儿在欣赏音乐和制造音乐这两方面都有了积极的成果。

早期阶段音乐教育的建议

- 音乐活动可以在不同的地方和不同的时间段展开，但在很大程度上取决于教师的安排。
- 了解音乐对我们成年人意味着什么是规划音乐环境的良好起点。
- 少即是多，重复是有效音乐学习的关键。
- 音乐不仅仅是唱歌，还有律动、跳舞，探索、创造、制造声音以及倾听，这些活动都可以融入幼儿的日常活动中，从而加强和支持幼儿所有领域的学习和发展。
- 要平衡以成人为主导和以幼儿为主导的音乐活动，确保每位幼儿都能在音乐中有创造性的表现。
- 与其他同事一起分享歌曲和活动。这不仅可以帮助教师更自信地传递信息和知识，还能够得到其他同事的支持。

感谢所有给本章内容提出想法和意见的人，其中包括 Taylor & Francis / Routledge 在"音乐早期学习"中的文摘，以及剑桥布伦斯维克托儿所的家庭。

相关网址

www.youthmusic.org.uk

www.singup.org

www.musicaleyes.org.uk

www.soundconnections.org

www.meryc.eu.

www.musicmark.org

第13章

"从前有一个人在空中行走"
——早期阶段的创造力

凯特·考恩 （Kate Cowan）

迈尔斯·贝里 （Miles Berry）

当人们讨论教与学中的创造力时，最常想起的就是传统概念里的"创造性艺术"领域课程，如音乐，艺术，舞蹈和戏剧。然而，在算术解题或者科学发明所必需的想象力和适应性方面，同样需要创造力和创新。本章将提出创造力能够成为，也应该成为早期所有学习领域中的一部分。同时通过创造性教学，创造力将不只是主课的一个附属课，而是能够成为一种嵌入式的和整体性的方法。这里会提到瑞吉欧幼儿园中两个采用创造性方法的例子，给出具体的建议，帮助教师如何创造性地启动项目，维系项目及给项目归档。同时，还会呈现一种创造性教学方法的理念，最后讨论作为一名创造性的教育者需要做哪些方面的准备。

什么是创造力？

想象力比知识更重要。因为知识是有限的，而想象力涵盖着世界的一切。

——爱因斯坦

关于创造力的定义有很多种，而且人们一直在反复争论。总体而言，创造力包含以下几个品质：创新性、想象力、适应性、解决问题能力、表达力和独创性。创造力被定义为"能够将以前无关的信息连接到一起形成新的形式，这种新的形式对个人来说是崭新而有意义的"（Duffy，1998，p.18）。这个观点与学习的建构主义理论紧密相关。建构主义的理论认为，通过确认和巩固已有知识，或进一步挑战和延展知识的经验，可以提升创造力。因此，创造力可以被认为是一种思维方式，利用现有的知识和理解来识别相似性和差异性，并产生新的连结。

创造力有时会和许多没什么意义的错误概念联系在一起。比如，创造力被认为是一

第三部分　更广泛的课程领域　197

种有些人具备而有些人不具备的天资和禀赋。但是，有一个"小'c'创造力"（Little "c" creativity）的概念，认为创造力体现在生活的方方面面，而且贯穿人的一生（Craft，2002）。从这个角度而言，创造力不再遥不可及，也不再那么神圣，也不再是只有那些伟大的艺术家、作家或作曲家才可以具备的能力，而是人人都可以创造价值的一种有力的方式。教育者的宗旨是将每个儿童和成人都定位成具备可贵的创造潜力的人。

这个理念与意大利北部瑞吉欧婴幼儿和学前中心的儿童观相同。在这里儿童的年龄包括从 3 个月到 6 岁。这些学校凭借以儿童为中心、基于探索的学习方法而广受好评和欢迎，而且也为创造力赋予了特别的理解：

不应该认为创造性是一个独立的心智成分，而是我们思维、理解和决策方式的一种特点。

（Malaguzzi，引自 Edwards，Gandini，& Forman，1998，第 75 页）

瑞吉欧独特的教学方法发展于二战之后。那时，公民们投资于早期教育环境，将其建成为一个民主的场所，教儿童学会自主思考。这种方法赋予每个儿童权利，每个人在学习过程中都被认为是一个好奇地探寻、社交和创造的个体。瑞吉欧的教育工作者们不会把儿童当成填鸭的容器，而是强调所有的儿童都有能力和潜力，来创造和建构他们自己关于周围世界的理论和理解。目前这个方法已经吸引来自世界各地人们的兴趣，它受到福禄贝尔和杜威等理论家的影响，建立在渐进式教育的长期传统上。这种模式不能简单复制，它其实是一种方法，需要教育工作者在自己的情境中及时进行对话和反思。

教师们把儿童看作强有力的、有表达能力的、能进行社会交往的和有创造性的人，这种观点对早期教育中教师的角色有着深刻含义。成人并不是专家，他们也是学习者，并在儿童提问时陪伴和支持儿童。教育工作者不仅仅是"项目传播者"，而是独立思考者和学习者，并且他们自己也要具有创造性能力。因此成人的作用可以是提供鼓励、解释或挑战观念，并提供补偿性的经验，以帮助儿童建立新的连结。这种创造性教学方式也需要将教学重点从注重创造性产出转变到认识创造性过程的重要性，并认识到创造性环境作为"辅助教师"的潜在作用。

为什么采用创造性方法？

富有创造力的成人往往就是童年时期创造性强的儿童。

（Ursula K.Le Guin）

创造力、想象力和游戏都是深度学习的重要品质，在这样的学习状态中，内驱力促使儿童去建立连结、去冒险和进行假设。创造力是教与学的起点，因为创造力可以促使儿童自己去提问，积极追随自己的兴趣，成为独立、可以自我调节的学习者。学校和教育工作者在培育"创造性生态系统"中起着至关重要的作用（Harrington，1990），系统的构建可以支持或阻碍这种类别的学习。Robinson 认为，"学校扼杀创造力"的状态，通常是由于学校过分强调知识学习的课程，而使孩子们失去了他们的创造能力。Robinson 认为这一点尤其令人担心，因为现在周遭的世界在不断变化，在这个不可预测的未来，创造力可能是适应和创新的必要条件。

一个特别重要的社会变化是，在交流中，随着数字技术的改变，信息的表征方式发生了变化。从历史来看，页面的规则一直是由书面语言所主导的，而现在则越来越多地被屏幕规则所重塑。在屏幕上，书写可能只是多模态集成的一部分。这种集成方式可以包括静止的和移动的图像，音效，音乐和布局，还有言语和文本。一个创造力课程可以认同和支持儿童在视觉、具身、空间模式和语言方面进行多模态的设计，可以看出来，在不断变化的交流背景下，这样的课程在支持儿童构建意义和表达意义时非常重要（Kress，1997）。

这个方法与瑞吉欧"儿童的百种语言"的概念有些关联，该理论将思维和表达联系起来。这些"百种语言"可以让幼儿在绘画、建造、音乐、玩影子、舞蹈和讲故事中表达自己。该理论认为"不仅仅书写、阅读和数数很重要，还要宣扬平等尊严和所有语言的重要性"（Rinaldi.，2006，p.175）。瑞吉欧的创始者 Loris Malaguzzi 在他著名的诗歌里这么说："不，真的有一百。"他赞赏儿童的表达和发明能力，敦促教育工作者也认同这些能力的价值和重要性：

儿童

有一百种语言

（其实比一百种的一百倍还要多）

但他们偷走了九十九种。

学校和文化

把脑袋和身体分开。

（Malaguzzi，1996，第 4 页）

因此，我们需要小心参与到儿童的全部"语言"中，这样可以在儿童表征和了解世界的过程中，支持他们的表达能力和沟通技能。研究者认为，有些儿童在学习过程中表达理解或体验言语和书写形式时有困难，甚至选择不去表达。言语和书写这两种形式是主流的教育方式，而多通道教学方法在了解这些儿童的学习方面更具有力量和包容性（Pahl，1999；Flewitt，2006；Stein，2008），与同龄儿童相比，瑞吉欧的儿童在沟通能力、符号技巧和创造性方面表现得非常出色（Cadwell，2003）。

在瑞吉欧，创造性的探寻主要通过 *progettazioni* 方式进行，这个方式大概可以翻译成"项目"的意思，这不是遵从某个固定或预定的模型，而是注重朝着可能的方向推进。本章有几个例子就是来自瑞吉欧小城里由儿童主导的项目，采用基于项目的创造性实践可以支持早期儿童创造力的发展。

创造性地启动项目

创造力需要勇气。 （Henri Matisse）

理念

将创造力镌刻到每个教与学的人的心里，不仅仅是可以看到的变化（如资源和教室布置），而且也包含着关注实践核心的基本目标和价值观。在儿童学习过程中，把所有儿童都看成充满好奇心和有能力的个体，起点必须是那些对孩子真正重要的东西。儿童在学习过程中是关键的主角，成人主要充当支持和合作的角色，以此来维持儿童的创造性探寻。

启动儿童主导的项目会存在不确定性因素，不知道最初会聚焦于什么内容，兴趣点会不会过分发散或不着边际，或者项目的终点会在哪里。相比而言，给儿童计划好的项目显得更有保障一些，因为这样可以根据限定的终点和结果，来决定活动中的聚焦点，规划进程，并且安排相关活动。尽管意图是美好的，但这种方法不太可能建立在儿童的真正兴趣上，或者说，可能缺乏依据儿童和他们的兴趣进行改变或发展的灵活性。瑞吉欧项目（*progettazioni*）的 Rinaldi 认为，"如果学习的终点已经提前设定好，每个儿童的潜力都会受到阻碍"（引自 Bancroft，Fawcett，& Hay，2008，p.5）。

Bernadette Duffy 老师反思自己的小班教学时，回忆起她发起的一个关于春季的很有意义的活动，她仔细准备了山峰的背景，然后给儿童示范怎样用海绵印出绿草，并用鸡蛋盒子做成花朵。值得注意的是，她班级里的儿童都非常努力地工作，但是却对最后的作品没有兴趣，她意识到这是因为这个场景与城里学校儿童自己的春天经历缺乏共鸣："这不是儿童创造力的例子，而是我自己的。创造力是呈现一个人自己的想象，而不是复制别人的。"（Duffy，1998，p.10）

真正的创造力需要勇气，而且是儿童和教育工作者共同的勇气。安全和步骤性的活动通常指向唯一的答案和结果，而不可能给真正的创新提供足够的空间。相比之下，创造性方法虽然带有不确定性和风险性因素，但是教育工作者可以起到仔细平衡和支持的作用，并且鼓励真正的创造力，形成深刻的理解。在这方面，成人的作用不是消极的，而是负责任地"提供支持、组织和重视活动"（Drummond，1996）。启动这个儿童主导的开放式项目会让人感到十分具有挑战性，但却是儿童和教育工作者的学习机会和展现真正创造力的机会。

实践者的勇气很重要，培养儿童去创造的信心也很重要。儿童可以去尝试各种想法，去冒险，而不会担心犯错后遭到批评。他们会预先估计，然而有些事情可能并不像他们所设想的那样发生，这样理解会继续发展，这些错误其实也构成创造性过程的基础部分。这个理念强调观点和假设，而非正确答案和固定的结果，同时建立一种对个人无限可能性的支持性氛围，而不是仅纠结于对和错。

很重要的是，儿童也许不能或不会选择用语言表达出他们的理解，所以教育工作者必须对他们在意义建构和表达过程中使用的其他种类的"语言"保持敏感和警觉。营造一种能够识别和重视学生多通道方式创造力的氛围，支持学生发展创造力的信心是教育工作者的责任。

> **跑吧？**
> 　　在一个幼儿园丛林项目中，儿童通过跑得又快又远来体验空间。这很具有挑战性。最初有人担心儿童会"跑丢"，也有人认为这"只是跑步"而不考虑这个活动，成人经常将注意力集中到更慢、更安静或更稳定的探索活动上。当然在活动中如果不打断他们的活动，而去倾听和陪伴他们的确会有操作上的困难。通过有意努力地参与儿童奔跑的探索，他们的身体经验就可以和其他的语言表达、书写或其他符号方式一样得到重视。在这个项目过程中可以使用视频作为观察工具来记录儿童奔跑的游戏，教育工作者可以再观察并分析这些视频内容，会发现"魔法表演"的游戏其实是在探索隐身、消失、再现、丢失、找到和掌控的想法。

环境

　　学校氛围和教育者的理念应该着眼于形成创造性实践的规则、结构和布置。为了吸引儿童的兴趣，所处环境应该有足够的时间来让他们玩、探索和发现，以提升他们的兴趣和惊奇感。学校空间有限时，仍然可以采用这种理念，可以引导他们对当地环境进行多种可能性的探索。物理空间只是环境的一个方面，还有就是教育工作者创造的情感氛围。这种情感环境需要支持儿童去自由探索和追随想法，让儿童知道成人认真对待他们的兴趣，并且能够支持和陪伴他们进行探寻。

　　当儿童被深深吸引时，创造力就出现了。无论是从早上到中午，还是一日复一日，或是几周或几个月，他们花充分的时间来持续研究是非常重要的。同时，给他们提供空间也是至关重要的，在这里他们能够稳定、持续地逐步创造，保证教育工作者不会催促着他们进入下一个主题、单元或项目。在早期环境中，虽然时间看起来像个奢侈品，但是把创造性理念作为实践中的核心，可以支持一种统一、整体的学习方法，而不是将许多无关的行动、方向和事件拼凑在一起。

　　教育工作者要让项目的基本规则能够吸引儿童，就需要认真观察和倾听儿童，告知儿童观察、反思和计划的周期。这需要一个规划系统，要考虑到灵活性、不确定性以及儿童在其中的贡献。一般在详细的长期计划下，老师们不太可能有效地识别和适应儿童的兴趣，而短期计划需要老师们专业地理解儿童在不同项目中感兴趣时的学习潜力，同时在项目进展过程中监督和记录儿童的收获。这需要进一步的空间因素，如在"实践者日"里创造出空间进行反思，更理想的情况就是能与同事、父母和儿童自己一起配合，来反思发生的事情，确认学习的内容，并且进行下一步项目的计划。

　　可以看到，瑞吉欧方法中创造力和想象力在学校组织中处于核心地位，就像是每个场景中都有一个工作室，或者画室，或者是每个教室里的迷你工作室。工作室的主人可能精通视觉艺术、舞蹈、音乐、摄影或其他表达性技术，这些空间包含了创造性探索和表达的专业化设备和资源。工作室理念所反映的 Malaguzzi 的设想，与"一百种语言"的概念紧密联系，就是去创造一个由许多"实验室"组成的学校，儿童可以尽情想象和发现，强调给儿童提供每日的创新可能性——他们称之为"丰富的常态"——而不是一次偶然的机会。在每个场景中，每个工作室都不能被复制，但是，"工作室的精神"却可以融入到理念当中，塑造环境的各个方面以及形成可获得的材料（见 Gandini，Hill，Cadwell，& Schwall，2005）。

> **把森林带入教室**
>
> 　　虽然幼儿园里的儿童只是每周一次去参观当地森林，然而在项目开展过程中这个项目却成为所有儿童的教和学的基础。父母和教育工作者在森林里的笔记、拍照和录像可以提供观察的素材，以此来帮助制订计划和评估儿童的学习，找到探索森林旅行的"下一步工作"。比如，喜欢在森林里挖掘的小朋友可以去收集地下"宝藏"，带回学校后自豪地展示一番，并且通过画出和讲解找东西的过程，可以让儿童进行反思。在将来的丛林探险中，儿童就会积极参与，如计划参观活动、自己决定带铲子和筛子等挖掘工具。持续的探索形成了教室展示的基础，一堂父母的晚间课程可以用来介绍丛林探险，并展示儿童发现的物品，重述他们的丛林故事，并将这些内容与早期课程联系起来。从这方面来看，丛林探险不是一次适应现有话题和任务的额外活动，而是这个项目实施期间所有教与学的基础，最终创造出更多的时间让儿童充分探索自己的兴趣所在。

材料

　　环境中所提供的材料，会决定儿童创造性研究、表征和交流想法的方式。儿童每天都可以获得某种材料，可以让他们有时间探索和了解材料的特点，并发展其能力和独立性。瑞吉欧课程特别注重使用天然的、再生的和开放性的材料。华德福幼儿园也主张这种理念，支持启发式游戏理念和使用儿童宝物篮（Goldschmied & Hughes，1992）。

　　比起我们通常给儿童的塑料玩具产品，这些材料具有多样性，可以激发感官兴趣，具有潜在的丰富性。Hughes 认为塑料是"无趣和令人失望的"（2006，p.21），在创造性活动中这些玩具会束手束脚："从成年人观点来看，塑料玩具常常看起来非常复杂和'具有教育意义'，从儿童观点来看，它们缺乏'探索的潜力'。"（Hughes，2006，p.4）

　　创造性地探索和表征的最佳材料是在使用过程中能激发儿童兴趣、具有灵活性和开放性的材料。这些材料被瑞吉欧的教育者称为"智能材料"，它们非常简朴，但具有多种功能。比如鹅卵石可以用来探索质量的基本概念，可以在角色扮演中当食物，可以用来探索翻滚和运动，或者安排在一条被跟踪的线索之中。那些功能有限的设计出来的产品只能用于某种任务或主题，相比之下，智能材料的潜力更为丰富，也更能促进多种想象力和创造性用途。

　　这些材料常常都是比较容易获得也比较便宜的。可以和当地企业合作，一些地区开办了"废料店"或创造性回收中心，为教育工作者们提供了大量物美价廉的材料。一些更昂贵的开放性材料，如简单的木块，乐器，投影仪或数码相机等，也是非常值得投资的，因为它们能为儿童提供多种创造性潜力，而且可以在不同项目中不断被使用。

> **可持续供应的"智能材料"**
> - 不同类别的纸张和标记材料（如，铅笔，钢笔，蜡笔，粉笔，颜料，横格纸，白纸，彩纸，报纸）
> - 天然材料（如，松果，七叶树果实，羽毛，鹅卵石，贝壳，干草，种子荚）
> - 回收物品（如，盖子，管子，织物，盒子，塑料瓶，线轴）
> - 人造材料（如，管道清洁器，瓶子，铰链，扣子，仓库标签，曲别针，吸铁石，放大镜，镜子）

瑞吉欧的项目（progettazioni）经常使用黏土和铁丝，因为它们可以变形和灵活的特性，所以显得格外重要。这些材料的延展性可以促进儿童精细动作的发展，也可以促进他们的创造力和想象力。这不是在某个时间或某个话题里引入这个材质——比如，每周"玩泥巴"活动或创造水彩肖像的一次性活动——而是在不同的情境和提示下给儿童提供机会，让他们经常接触这些材料，这非常重要。这会让儿童充分了解不同材料的特性，巩固和发展新技能，并且在创造性连结中利用这些材料。

瑞吉欧教育工作者非常关注材料的呈现和安排，这样，儿童可以在平静而有秩序的环境中获得他们所需要的材料。材料安排在他们容易获得和容易注意到的地方，可以帮助培养他们对美和秩序的鉴赏力，同样也可以使得材料变得更有价值和创造性潜力。

图 13.1　幼儿园教室里安排和呈现的"智能材料"

聚焦

有了丰富的资源、材料和经验，观察儿童在游戏中的表现就可以确认他们创造性探寻中的不同兴趣点和潜在方向。那么，教育工作者如何决定追随哪些项目呢？我们当然无法探索每种兴趣的每个方面，但是通过深入的创造性探究来体验有真实感的一些事物仍然是有价值的。

其中一个策略是回顾之前收集的观察结果和短暂现象，确定哪些是有意思的部分，哪些是突出的主题，或者哪些是组里大多数儿童都感兴趣的。教师可以根据表面价值确定要探索的兴趣点，或者根据出现的"大创意"来确定兴趣点。例如，恐龙、老虎和鲨鱼这些重复出现的兴趣点可以作为探索动物的表层兴趣，或者预示了关于力量、威力、恐惧和善恶界限的潜在兴趣。

《儿童的第一手经验》（*First Hand Experience*）（Rich et al., 2005）概述了"从真实世界学到的字母表"，本书特意选取"敌人""无"和"昨天"等这些"大"概念，并探讨这些概念可以如何变为延伸的线索。Rich 和他的同事们认为使用一个单词来描述项目会非常有帮助，这给项目计划的内部开场白阶段提供了焦点，同时，持续着开放式创造性的可能。他们的书给教育工作者提供了许多建议，比如，教师如何使用这些模式作为跳板来创设他们自己的项目，如何基于儿童环境中对其重要的经验来学习故事等等。

激发想象力

"粉色项目"的重点是教师对儿童的观察以及儿童对颜色的看法。值得注意的是，许多儿童不太确定颜色的名称，还有很多儿童将颜色与性别联系在一起，比如会认为"男孩不穿粉色"。"粉色项目"计划与儿童一起对粉色进行不同形式的探索——比如，光、蜡、食物、颜料和天然材料。创造性地探索和挑战粉色与性别之间的联系，引导儿童在骑士和城堡的经典热闹戏剧中采用粉色作为角色扮演的素材，以及通过观看粉色衣着、世界各地的装饰和艺术作品来探索文化色彩内涵。

确认一个项目的焦点的进一步策略是运用儿童的问题，把这些问题看作他们了解这个世界时严肃而有意义的工作。儿童的问题或假设——如"未来是什么时候？"（Rich et al., 2005，p.72）或"除了蚂蚁，任何东西都有一个影子"（瑞吉欧儿童，1999）——是呈现创造性的测试或探索想法和预测的机会。收集和保存儿童的问题，随时记录或做一个特定的展示空间会非常有帮助，这样可以让项目的进展一目了然。

项目也可以来自当时环境中发生的有趣事件。例如，"猫咪"项目就是聚焦于学前班操场上住着的母猫和她的小猫们（瑞吉欧儿童，1995）。最初启动项目的事件可能不在意料之中，或者有时可以由成人提供触发事件。比如，神秘的钥匙被藏起来等待着儿童去发现，或者组织一场音乐家的表演。同时，成人可以在这个过程中帮助儿童，而儿童自己的兴趣可以推进项目。例如，成人可以想象或希望，钥匙会促进孩子们关于房屋和家的讨论，但是儿童可能被寻找和收集宝藏而吸引。如果由触发事件来启动项目时，必须要格外注意儿童的反应，仍然要允许意料之外的情况出现，并允许儿童进行有创造性的引领。

无论使用哪种方法来寻找焦点，与同事、幼儿父母一起讨论正在形成的兴趣点会对儿童特别有帮助，其他人也可以提供一些另外的视角和见解。在瑞吉欧，儿童与教师们一起讨论潜在项目的想法，并决定一个共同的焦点。项目在开始前没人知道所持续的时间和最终产品，可能会有很多儿童参与或者只是一个小团体，有可能持续几天，几个星期，几个月甚至几年。Rich 等人描述了从一个项目到另一个项目的曲折路径，主要是对儿童的变化、深入探索和兴趣的回应（2005）。因此，项目可以是不同形式和大小的，也可以在项目里包含小项目，并在不同阶段吸引不同儿童的兴趣。

创造性地维持项目

创造力产生于困惑时，集中精力时，接受冲突和紧张局面时，创造力仿佛使你每日重生，有一种接触到自我的感觉。

（埃里希·弗洛姆）

创造性提问

一旦确定了一个重要的兴趣点，选择好项目的基础，教育工作者的职责就是提供和组织不断的询问，这样可以支持儿童建立新的连结，创造性地扩展他们的思维。当然，在项目的每个阶段都需要提问和讨论，但是教师一定要特别留意儿童已经掌握的意义和观点，这对教师计划和支持儿童的探究十分有用。

儿童是他们创造性研究中的主角，在他们被吸引的过程中，很重要的一点是教师要克制住自己试图给他们快速回答，或者讲一些与正在形成的兴趣点相关的知识。在成人头脑里已经存在一个"正确"的答案，他们提的问题经常可以用来检测儿童知道了哪些，或者不知道哪些。如果儿童因为回答错误而顾虑或尴尬，这会扼杀创造力。另一个更有帮助的出发点可以是通过设计提问去激发儿童已有的想法和观点。开放性问题在支持儿童创造性思维方面，特别是当教育工作者自己也不知道这些"大问题"的答案时，会特别实用。

提问也是示范创造性思维过程的有效方法，这可以帮助儿童在探究的计划和执行过程中不断反思和引领探究。比如：

- 如果……那会发生什么？
- 我想知道为什么……？
- 我们接下来可以试试什么？
- 你是怎么知道的？
- 我们需要什么来帮我们解决问题？
- 我们能尝试不一样的做法吗？
- 你感觉怎么样？
- 你是怎么想的？

通过这些问题来促进儿童审慎地评价自己的工作，评判自己的选择，反思他们还可以做哪些不同的事情，对儿童来说，这类问题可以支持所谓的"可能性思维"（Burnard，Grainger，& Craft，2006）。经常用这些问题来问儿童，可以支持他们对自己或互相之间进行建设性提问，发展独立、合作的学习技巧，同时，也可以提升他们对自己和同伴的创作的审美能力和情绪反应。然而，有些儿童不能够用言语表达自己的理解时，提供物质材料和成人的支持性关注都会非常有帮助，成人可以以各种形式参与到儿童的沟通和表征过程中。

神奇的问题

在丛林项目中，当看到儿童在进行"魔法表演"和讲神奇人物故事（比如女巫，仙女和龙）时，可以通过提问有关魔力的"大"问题来持续探索活动。这些问题没有预设的答案，邀请儿童分享他们自己的经验，并运用他们的想象力来解开谜题。这样有助于理解他们的观点和兴趣点，也可以使项目进展更加具体化。这些问题包括：

- 魔力是什么？
- 魔力来自哪里？
- 任何人都有魔力或会使用魔法吗？
- 你没有魔力时还能变魔术吗？
- 当你表演魔法时感觉如何？
- 魔法听起来像什么？

表征

提问也可以用来让儿童去接受表征性的挑战。观点和经验的表征，需要儿童进行象征性的思考。单词可以作为符号使用，就像图片、模型、姿势和声音作为创造性作品一样，可以代表现实世界里的一些事物，也可以发展抽象思维的能力。象征性模式之间的切换，比如从单词变成图片，或者从图片切换为模型，可以加强和加深创造性的连结。表征需要理解概念或经验本身，也需要理解已有模式的特性和功能。在瑞吉欧，教师经常鼓励儿童画出他们的想法和经历，也会给他们提供一些材料，让这些想法和经历从二维表征切换到三维表征，有时也会通过音乐和舞蹈的形式表达。支持儿童用他们的"一百种语言"来表征自己的观点，这样不但可以扩充儿童创造性表达的类型，也可以为他们提供加深理解的机会。

探究除了可以帮助儿童持续不断地学习以外，通过提供符合他们兴趣的额外表征材料，还可以让他们进一步拓展和深入。这些材料或者符合儿童当下的兴趣，或者提出一个特定的概念性的挑战。在魔法表演项目中，教师们提供一些蜡笔、蜡烛和深色颜料，这些材料主要是回应和实现儿童的出现、消失和隐身的兴趣点。这些材料对儿童来说并不陌生，但是可以以新的、不同组合的方式呈现，来挑战他们的预期或假设。例如，儿童已经探索过海绵吸收水分后水会消失的活动，然后，进行把海绵放到沙盘的活动，这可以挑战儿童的预期。

你想看看我的魔法表演吗？

图 13.2　Zack 画出了自己的魔法表演

在丛林项目中，Zack 在穿越茂密树林里的蜿蜒小路时问道："你想看看我的魔法表演吗？"他指了指一个休息区，然后绕着圈子跑起来，跑到一棵树后面消失了，一会儿又在他开始跑的地方出现了。魔法很快就传播开了，许多儿童也开始表演自己版本的戏法。

我们邀请 Zack 画出他的魔法表演，作为一个表征性的挑战。图 13.2 是他创作的图案，他的注解是："那是我，那也是我，这就是我的魔法表演。"

这个简单又复杂的图画出了他对丛林方位的理解，以及他表述动作和观点的能力。其他儿童也试着将自己的魔法描述成地图和示意图，这些加深了儿童关于标记可以让躯体探索变成更长久记录的观念。同时，这个活动也让儿童进一步探索到在魔法表演时，魔法奔跑者和观众之间不同的理解，可以分享各自的想象。

同时，这些项目主要强调让儿童创作出他们自己的表征，但成人仍然可以起到重要作用。成人认真的指导和示范，可以帮助儿童看到新的或复杂材料的潜力，比如木工工具和数码相机，可以鼓励他们不断去挑战，发展他们的技能和自信心。成人的指导也可以帮助儿童发展出良好的习惯，比如确保安全、小心和合适地使用材料。教育工作者必须在提供新的、有趣的、令人困惑的材料和经验与那些儿童已经充分清楚了解的材料和经验之间保持良好的平衡。对儿童来说，挑战越少，兴趣也就越少。但活动中的挑战太多，儿童也会出现焦虑。教育工作者的任务就是仔细观察和理解儿童的学习，关心他们，通过互惠性的给予来获得平衡，并加强他们的创造性连结。

空中的故事

在丛林项目中，有一个小组展示了夜间的阴影、黑暗和丛林主题。教师给儿童们提供幻灯机，可以播放儿童在丛林里拍摄的照片，有天空、树木和大地的照片，还有一些收集的小木棍、树皮和羽毛等小玩意。教师邀请儿童来操作幻灯机，展示这些图像和物品，让他们在教室墙壁上"创作"自己的幽暗丛林。

当他们用幻灯机的方式研究这些物体的时候，Ollie 想象并讲述了一个巨人和鸟的故事，他是这样开始的，"从前有一个人在空中行走"，这个开场白也成为本章的标题。

教师有目的地提供材料，补充了儿童当时关于光影的兴趣点，这些材料与丛林中的经验相呼应，同时，这些材料也促进儿童把观点延伸到新的想象空间中。

图 13.3 用天然材料的幻灯片来创作出光影图像

刺激激发

另一方面，刺激也可以用来生成最初的兴趣和探索，以此来启动一个项目。教育工作者的作用对维持和加深儿童发起的研究至关重要。问题和材料都可以成为刺激，刺激也可以是参观访问、参观者、物品、故事、表演、工艺品或者信息来源。项目期间的刺激就像教育工作者的"捐赠"一样，会不断加深和扩展儿童的探究。

当儿童连接现场学习经验与外部世界，以及研究他们的环境时，参观可以提供很丰富的机会。参观不一定要全班参与，参观地点也可以是成人通常认为的普通地方，甚至可以是校内参观，比如去厨房或门卫小屋。参观活动使儿童将兴趣点和探寻联系起来，可以为儿童提供丰富的可能的连结，并加深学习。与其组织儿童统一的参观，还不如分成小组参观，这样他们可以追随一个特定的兴趣点或问题，回来后可以在班级里报告分享他们的经历。

我们应该给儿童提供相同的教育经验，有时候这样的观点会让人感到不舒服。然而，创造性方法可以考虑我们如何为儿童个体和小组"定制"教育经验，这样可以看到他们每个人的创造性能力和兴趣点。瑞吉欧的教育工作者非常强调儿童在学习群体中的位置，许多项目都是在班级的小组中建立的。在项目的最开始，成人和儿童合作决定：围绕一个主题进行不同方面的分组行动。Duckett 和 Drummond 描述了一个围绕建筑的学校项目，儿童形成不同的小组，有"建筑工人""装修工""铺路工"等等，在大的群体里每个人都有自己的角色和认同感（2009）。小组由在更大合作项目中一起工作的儿童组成，也可以由孩子们共同兴趣和潜在"大想法"来组成。

在项目过程中，可以邀请参观者来分享他们的想法，这也可以推进项目进展。参观者可以是儿童的父母亲或者其他家庭成员，也可以是儿童不认识的陌生人。参观者分享他们的技能、经验、回忆或专业资源，来帮助儿童扩展他们的意义建构。《创造性合作关系》（*Creative Partnership*）详细记录了很多教师和创造性推动者之间合作的项目，这些创造性推动者包括艺术家、建筑师和科学家，这些工作就像"5×5×5=创造力"（Bancroft，Fawcett，& Hay，2008）和"视线计划"（Sightline Initiative, Duckett & Drummond，2009）。

手工艺品、音乐作品、故事、地图和发明都可以作为刺激物去激发和深化儿童创造性的探究。与儿童分享创造性艺术作品，可以培养对不同表现形式的审美欣赏，同时也可以发展出对自己和他人的文化的感知。可能性是无限制的，但是要小心翼翼地选择，以此加深儿童的兴趣和支持儿童进行自己的创造性连结，而不是简单地复制范例。

扩展学习和反思学习的一个简单有效的方法，就是回顾儿童自己的创造性作品和经历，比如重述他们对问题的假设，大声复述故事，重看亲身经历或参观的视频片段。这些回顾可以加深学习经验，并促进儿童考虑新的可能性，支持他们带头去扩展和切换探索方向。这些可以变成创造性实践的循环部分之一，并且成为项目记录中的重要部分。

创造性地记录项目

如果我们相信儿童拥有他们自己的想法，阐释和问题……那么教育实践过程中最重要的动词不再是说，不再是解释，不再是传递，而是倾听。

（Carlina Rinaldi）

作为研究者的实践者

瑞吉欧的教育工作者把自己和儿童作为"全职研究者"，有一个探索"5×5×5=创造力"概念的项目，"研究儿童对世界的探究"（Bancroft，Fawcett，& Hay，2008）。教育工作者作为儿童学习的研究者，他们的主要任务是去收集尽可能多的资源来促进儿童的思考、感受和观点。这包括瑞吉欧的教育工作者所说的"倾听教学法"，倾听不是被动而是主动的动词，表示重视和关注儿童创作与表达思想、观点所使用的多种形式。

详细记录是整个过程中核心的部分，可以让儿童的学习变得直观，其中包括教育工作者的倾听记录。详细记录可以包括笔记，儿童发言的转录文字，照片，视频，录音和儿童的作品。应该在项目的每个阶段都进行记录，写下观察、解释和计划的循环过程中每个阶段的水平。详细记录不只是项目进展的报告，也是探究活动本身的内在部分。

对于教育工作者来说，这是计划和记录学习的一种方法，同时也是实践反思的专业开发工具。对于儿童来说，详细记录可以使他们认识到和重视自己多种形式的创造力，并给儿童回顾和反思学习的机会。对于家长和养育者来说，详细记录可以让他们了解儿童日常学习的内容，也可以了解儿童是怎样学习的。对于更广泛的教育社区来说，详细记录可以促进教育工作者之间的对话，提供重要学习经验的最新证据，成为学校和幼儿园历史的一部分。

详细记录并不只是学习的短暂累积，其力量和意义体现在教育工作者们如何提取和认真解读儿童的学习过程。在项目执行的每个阶段，解读都要关注创造性过程和结果。这个解读既是形成性的解读，比如怎样创造性地聚焦和开发项目，同时也是总结性的解读，以此回溯发现儿童在项目过程中的学习。与课程建立明确的联系，有助于通过创造性的实践发展出教学的有力证据。

编写经验

详细记录丛林项目促进了教育工作者们交流观察的意义和记录方法。我们反思了早期评估的意义。评估常常注重"客观"描述儿童所做所说和所创造的东西。作为儿童亲身体验的编写者，我们也会质疑自己所记录的内容和描述的方式到底有多客观。这也引发我们讨论在观察过程中解读的作用是什么。同时我们一致认为教育工作者应该对观察的事情保持开放的态度，我们也讨论教育工作者对儿童和学习内容的深度理解，以及我们如何与家长、儿童成为这些经验的共同编写者。我们思考要发展自己对解读的信心和信任，这可以提供有价值的洞察，了解儿童的学习，而不是简单的描述。

展示场所

由于这些详细记录有着重要意义，认真思考记录方式和记录的组成形式就显得尤为重要。墙面展示是分享记录和儿童创作的重要场所，这个方式可以让项目记录成为学习环境中的一部分。同时，墙面展示不单单用来装饰墙壁，把这些作品以醒目的方式展示出来，更重要的是显示对儿童创作的珍视。在这个情境中的展示，承载了我们如何看待儿童创造力的重要信息。比如，如果在墙上展示了30幅几乎相同的拼贴画，每幅画都使用由成人挑选的、有限的相同材料做成，这意味着对创造性和创造性潜力的理解有限，对儿童在团队中角色的理解也同样有限。

使用墙壁空间还有另外一种方法，它可以作为"工作墙"，用于项目进展的计划和记录，可以包括主题不断发展和深入过程中的转录下来的演讲内容、照片、图画、图表和实践者的反思。这些展示可能包括对一个主题的各种形式的创造性解读，比如图画、拼贴图、编织物、光影探索、雕塑品，以及儿童探索一个中心主题（如"粉色"项目）的不同方面的语录。这种详细记录的展示，可以呈现思想的不断发展和深入，教师的评论突出标记了学习过程中的重要内容。大型展示板很难清晰地呈现发展和时间推进，给空间分块或分成时间轴来展示，可以描述出项目进展的历程。

当绘制学习记录文档，把项目看成是开始、深化的过程，也可能是总结或引导未来项目的过程时，"学习历程"或"学习故事"的理念对这个过程非常有帮助。项目书作为记录想法的形式非常有用，儿童可以掌握这种方法，并且与其他人分享自己的想法。在墙上展示的记录项目，之后可以转成书本，生成长期的探究记录，避免材料重复，同时可以腾出空间来做其他的展示。在瑞吉欧，一直在进行以往项目的墙壁展示，这种展示就是学习的记录，这也变成了学校的结构和身份的一部分。项目书的创作和收集也可以采用同样的方式，建立项目图书馆，使儿童能够身临其境地看到和讨论他们的学习和各种不同项目。

也有一些材料很难以墙面展示和项目书的形式呈现。观赏这些材料最好是以其原有的形式而不是二维的照片，比如彩泥或钢丝雕塑的三维作品。那些跑步、舞蹈、角色扮演和演唱等体验性的、表演或声音类别的形式，对于归档记录会是特别的挑战。当然这些也可以转录成不同的形式——比如可以通过一系列照片和书面语言介绍角色扮演活动——姿势、语调等方面的特点对于原创表现是非常重要的。对于多通道、信息丰富的材料来说，视频可以是一种创建长久记录的特别有价值的资源，可以进行一遍又一遍的观看。儿童在协助下可以变成摄影师、编辑和电影制作人，并且可以决定如何重现这些材料。交互式的白板和显示屏等数码技术产品可以用来展示视频、动画、幻灯等材料，这样可以保留原始过程的细节，教育工作者的评论会对其有所促进。

数码技术的另一个作用是使得材料可以与人分享。同时，博客等形式可以提供更广泛的与他人分享项目的方式，但儿童的安全和保护措施也要认真考虑。对父母或亲戚等没能来参观的人，或者那些对实践分享和反思感兴趣的在当地或全球的教育工作者来说，博客十分有用。这些博客可以经常更新内容，提供一些"日记式"的项目记录，也可以允许他人在博客上评论。

虽然我们要注意在头脑中不去提前预设终点，要像重视创造性作品一样地去重视创造性过程，但是项目在某些庆典、事件或创作中达到巅峰的状态，可能会是恰当的结束时机。这些项目可能规模宏大，比如"舞台帷幕"项目（瑞吉欧的儿童，2002）的合作艺术品，就是创作的巅峰呈现，也有可能是小规模的事件，比如邀请父母和家人来分享和思考某个项目。丛林项目接近结束时，邀请家庭来观看幻灯和视频的节选，其中展现了儿童的魔术表演，另外还组织了晚会来分享儿童在丛林里讲的故事。这些故事和评论、插图，与教师的评论一起都囊括在最后的小书里，每个家庭都会收到一册作为项目纪念品，也是儿童在学校时光的留念。被记录的内容和形式是非常丰富和令人兴奋的，这要求教育工作者利用自己的创造力来考虑如何记录和分享学习。

"粉色项目"书

"粉色项目"被编辑成照片册，里面包含按照时间顺序排列的儿童探索、研究、发现和介绍他们作品的照片。这种过程的记录不仅仅是作品，而且是实践者的资源，也是精细动作控制、标识制作等技能的视觉证据（见下图）。利用好这些图片，儿童可以独立地详细记录，可以看到随着时间推移项目的进展，可以促进反思、讨论和计划将来的项目。项目书也是宝贵资源，可以作为重要的创造性研究的记录方式，与儿童的家庭、同事和其他人分享，并且成为幼儿园历史的一部分。

图 13.4 "粉色项目"书的延展

结　论

当我们帮助儿童感到自己可以成为作家或发明家，当我们帮助儿童发现探索的乐趣，就引爆了他们的动机和兴趣点。

（Loris Malaguzzi）

以上呈现的瑞吉欧项目的方法和例子，说明所有学习和思考都可以是创造性的，创造力可以是体验性的，并贯穿整个项目的。正如 Rinaldi 所说，创造力就是产生新连结的过程，因此应该是所有学习过程的核心，"在学校里，应该在何时何地都有机会表达创造力。我们希望这是创造性的学习和创造性的教师，而不单单是一个'创造性的时刻'"（Rinaldi，2006，p.120）。

在儿童学习过程中，把他们当作探究性的、有想象力的和能自我调节的主角，教师需要创造性实践。如果以这种方式看待儿童，那么教师的责任就是通过专注倾听、解读和提供儿童所需来支持、保持和认可儿童的学习。这不但包括培养儿童创造性的勇气，也包括教师对超越规定项目的创造性的信心，教师最终会成为项目中的一位合作者，而项目则都由儿童自己的兴趣和着迷的内容所引导。

在童年早期乃至整个生命阶段，创造力和想象力对于发展都至关重要。我们不知道现在的儿童将来会居住在什么样的世界里，但是我们可以支持他们发展在未知的将来适应、创新、表达和创造意义所需的必备技能。

早期阶段培养创造力的建议

- 创造力可以并且应该是儿童早期教育的所有领域中教与学的一部分。
- 创造力可以被视作一种思维方式，我们可以将每个儿童和成人看作是具有创造力和潜力的。
- 仔细观察和倾听，确认儿童的兴趣所在，可以把这些作为儿童主导项目的出发点。
- 成人可以充当合作学习者的角色，认真对待儿童的兴趣，提供支持和鼓励，解读或挑战观点，并提供补充性的体验，以此来帮助儿童创造出新连结。
- 问儿童一些没有预设答案的开放性问题，发现他们拥有的"大想法"，模拟创造性思维过程。
- 使用计划系统来创造出具有灵活性、不确定性和开放性的，儿童有自己贡献的空间。
- 创造性环境是附加的一位"教师"，它可以促进儿童产生兴趣和疑惑，有足够时间去玩耍、探索和发现。
- 通过识别和重视儿童的多通道形式的创造力，比如运动、作标记、音乐、建筑和语言，可以支持儿童对创造力的信心。
- 学校配备一系列开放性的创造性材料，儿童每天都能够接触这些材料，既重视创造性过程，也重视创造性作品。
- 考虑创造性地记录体验的方式，比如通过展示、项目书和数码媒体，记录、深化、分享和反思创造性探索。

第14章

"蝾螈有多少条腿？"
——早期阶段的科学

彭尼 · 科尔特曼 （Penny Coltman）

科学课程具有很高的亲身探索的性质，可以说是儿童早期课程中最有活力的一个领域。本章的目的是探讨能够支持幼儿科学概念和加工技能发展的一些因素。本章将讨论基于已有知识来获取和建构科学概念的有利条件及其在实践中的应用。本章的目标是赋予真实情境和想象情境在促进学习上的价值，因为这两种情境鼓励儿童看到行动的目标并应用新发现的知识和能力。

走进幼儿园的教室来观察一堂科学课，我们很意外地发现二十个左右的儿童裹着几片编织物，围成一个大圈坐着。这个场景给我们的第一印象是我们可能搞错了，这堂课不是科学活动，而是为某种表演在排练。然而，走近之后就会发现，这堂课的主题是观察和描述各种材料的特征。儿童参加角色扮演活动，在活动中他们被魔毯带到一定的距离之外。在真实的"一千零一夜"活动中，儿童被带到了被诅咒的国王的宫殿。国王不能看到或感知到美好的事物，需要依靠儿童来告诉国王他们为他带来的有趣的事物。只有通过帮助国王将材料分类到不同的、被魔法化的圆圈中（每个圆圈都标有不同的描述性词汇），儿童才能破除这个可怕的诅咒。

这位天才的老师设计的这个课程在很多方面都是带有魔法的。虽然人们认为科学是我们对可感知的现实的理解不断深入的过程，但是教授儿童科学时，教师需要遵守那些公认的能提高儿童有效学习的原则，其中尤为重要的是要充分发挥儿童的想象力。这样的课程是非常棒的。

理解与运用儿童的想法

如果我们接受儿童早期学习的整体性模式，那么科学是一门独立的课程主题这种说法在某种意义上是站不住脚的。随着儿童以广泛的和多学科的方式来学习，他们不断探索世界中的现象和活动方式，并且越来越能够理解自己的发现。儿童所做的解释基于字面解释或者怪异的联想，可能是不恰当的，但是这样的想法显然不会随意改变，而且即使随后的经验提供了相反的证据，儿童也仍会坚持自己的想法（Driver 1983）。

儿童可能会带着各种各样的想法来到课堂上，意识到这一点后会促使教师以建构主义的方式教授科学。这种方式是一个不断评估和修正儿童想法的循环过程。Harlen（1999）描述了一个建构者的模型，这个模型认为学习是调整学生自己的想法，并使其与科学的观点相一致的过程。在这种取向下，科学教育的一个核心成分就是使用各种策略引发儿童做出反应，这些策略有助于促进他们现有的理解。

Amy Arnold 在第 4 章中讨论了评价儿童的一些方式，但是这里值得一提的是洞察儿童想法的一些其他策略。谈话毫无疑问是一个强有力的工具，尤其是当儿童与谈话者在一起感觉舒服时更是如此。让儿童作为评估者，这对他们会更有启发作用。当处于这种角色中时，儿童的反应会更自信。当处于这种角色中时，一切皆有可能。在想象的王国中是没有对错的，任何事情都有可能发生。本章开头所描述的坐在飞毯上的儿童就超越了界限，想象的世界至少成为了暂时的"事实"，所以具有迷人的魅力。这样的场景允许并鼓励儿童在一个安全的情境中产生冒险的想法。在安全的情境中，可能性的范围是很灵活的，因为在想象的世界中一切皆有可能。

类似地，也可以把儿童置于领导者的角色。现在这样的设置在数学课中是非常普遍的。在这样的课程中，儿童通过更正由一个讨喜但笨拙的玩偶算错的数字来展现他们是很精通的。不难看出，这个策略可以以同样的特征迁移到科学活动中去，例如，做膳食计划或者布置花园。在第 7 章，Lesley Hendy 描述了一个类似的非常有效的课程。在这个课程中，儿童对猪先生建造房子时用到的各种材料的选择提出建议。在这个情境中，熟练地进行展示会带来一种紧迫感，让人回忆起儿童剧中出现的"它就在你身后"的时刻，从而确保能激励年幼的学习者，并让他们拥有热情。

大家一起讲故事也可以运用到科学教育中。在近期的一堂课上，教师向 6 岁的儿童们讲述一个关于他们自己的故事。他们参加了一个学校旅行，迷路了，很绝望。最后他们在一个有点黑暗的神秘的洞穴中被找到。课堂上的每个成员都要编故事，通过对自己特征的描述来吸引观众。这样，讲故事就变得更有互动性，儿童非常自信地增加自己冒险的细节，在这点上活动目的的评估也变得清晰起来。随着故事情节在黑暗的隧道中不断推进，教师鼓励每个儿童轮流寻找提供光源的新方法：

教师：当孩子们到了转角处，他们很难看清路，但是幸运的是 Robert 发现了一个……？

Robert：一个手电筒！

教师：情况变得大不相同了，但是不幸的是，手电筒中的电池不够了，当手电筒不能用之后儿童也没有走出去太远。幸运的是 Elli 发现了一个……？

Elli：一根蜡烛！

语言与科学

在评估儿童理解能力时遇到的一个困难是概念发展和语言发展是不同步的。科学这门学科对精确定义的依赖性很强，儿童在科学上的发展的一个指标就是使用越来越复杂的、精炼的词汇。在早期阶段，儿童尝试去描述或解释一个现象时可能存在误解，这是因为他们无法找到合适的语言去表达。我们经常会碰到的一个例子是，当幼儿在晴天户外玩耍时，他们会用"反射"这个词来描述他们在地上看到的影子。这可能确实存在概念上的误解，儿童认为地面就好像镜子一样。或者是，当儿童寻找一个词来描述观察到的现象时，他们使用了一个曾经在描述"自我形象"时使用的词。换句话说，使用不合适的语言并不代表儿童存在真正的误解，而更有可能像是许多人用外语点杯饮料时会遇到的问题。我们会在有限的词汇库中使用我们知道的最好的词，但这个词可能并不像我们希望的那样准确！这样的困难并不是误解，而是概念还不够精准。在理解与"镜子"和"影子"这两个词相关的独特的现象以及无关的现象之前还需要进一步的经验支持。

在"科学过程与概念探索"（Science Processes and Concept Exploration，SPACE）项目发表的报告中可以找到更多的关于儿童想法的实例。SPACE 这个项目是伦敦国王学院的教育研究中心和利物浦大学的小学科学技术研究中心的联合项目（SPACE 1990-94）。这个项目中引用了许多来自儿童的实例，而且探讨了误解或困惑的来源。例如，幼儿经常表达的一种观点是，看见一个物体是因为眼睛里有这个东西。Osborne（1995）描述了儿童如何扩展这种观点，他们想象眼睛控制了一些指向物体的射线从而使得物体能被人看到。这项研究也引用了一些日常说话的例子来不露痕迹地强化这种观点。如我们"看"书，"注视"，"看向我们"，或者甚至是"看穿人"。我们可能也会猜测这是动画效果，比如动画片中超级英雄的眼睛会发射激光束，从而能看到黑暗中的东西或者攻击敌人。

图 14.1　当 May 在和面团的时候，她是在探索材料

另外一个经常会遇到的例子是，幼儿在描述各种物质时使用"柔软"和"光滑"这样的词语往往会出现误解。当我们尝试解释"光滑"一词的含义时，会发现困难是显而易见的。问题在于如何定义"光滑"。例如，对"光滑"一词的一种解释肯定会关注它的消极涵义。一个光滑的表面是没有凸起的，不是粗糙的，不是皱皱巴巴的或是有褶皱的。这是只有通过体验才能解决的困惑。当儿童握着坚硬的、光滑的鹅卵石，或是柔软的但有纹理的针织物时，这两种物体之间的区别就变得清晰了。提问能更好地洞察儿童的理解能力，所以在儿童早期科学领域中语言发展的重要性就变得尤为突出。

Rosemary Feasey（2000）列出了与儿童早期科学领域相关的、语言发展上的三个主要挑战：

- 用语言介绍与其直接相关的、即时的、具体的、日常的实践经验；
- 推动儿童，这样他们就能够在不受时空限制的更广泛的情境中使用相同的科学语言；
- 基于概念进一步地发展科学语言，也就是说，将难以理解的想法与概念联系起来，比如溶解和变化状态下粒子的运动。

如果儿童要从具体思维转化到抽象思维，或者从概括化的语言过渡到具体化的语言，那么他们必须要有机会去操控和体验与之相关的客体、材料和现象，并且有机会去讨论它们。用来命名和描述的最基本的词汇会变为将来要使用的工具。制作一个发亮的、卷曲的或是透明的材料组成的拼贴画，或是使用不同质地和厚度的颜料组成的拼贴画，这些日常生活场景为这种关键的语言的发展提供了丰富的素材。当成人讨论这些活动时，儿童通过解释或者提问从而在这种合适并且安全的情境中模仿使用新的语言。当这种新词语出现时，一种好的做法是吸引儿童去关注它，鼓励儿童重复并喜欢使用这些新词。在提问中使用新的语言有助于儿童巩固和确认这种理解。这样的问题包括："你能想起用一些发亮的东西来做机器人的按钮吗？""你认为哪种材料可以用来做这个仙女宝贝的床？"

发展技能

科学这门学科有两个互为补充的方面。探索遇到的知识——物质、自然科学或者物理过程——为诸如观察、提问、交流和测量这些技能的发展提供情境。反过来，这些技能的发展也会促进知识的获得。之后，在小学阶段，科学的技能将会整合到形式调查（form investigations）之中。但是在早期，儿童这两个方面的发展在很大程度上是独立的。打个比方来说，儿童学习踢足球这样的团体比赛，需要掌握的技能包括踢球和瞄准球，传球和接球，这些技能必须在团体比赛之前就进行练习。最终这些技能会被整合在一起，但是只有在大量的成人引导的基础上才能整合。儿童在能够自己组织起队伍踢球之前还需要经过一段时间。同样，最终会整合到一起的与科学探索相关的技能也需要单独进行训练。之后，当儿童进行第一次调查时，这些技能将会被整合到一起，但是技能的结构在很大程度上依赖于教师的指导。在教师认真的指导下，学生会逐渐产生更大的主动性，这将会使得调查过程逐步内化。大约到小学结束的时候，儿童才能独立并且自信地计划并实施一个差不多的科学测试。

例如，测量领域的第一个阶段是学习对尺寸进行分类的语言，如大的、小的、厚的、薄的。当儿童开始使用如比较小、比较高这样的比较性词汇时，就表示他们有了进步。在学前班末期，大多数儿童已经开始能够随意使用单位进行测量。他们可以用玩具汽车来测量一张桌子的长度，也可以通过数与之相等的七叶果来确定泰迪熊的重量。国王的新床的长度是用身形有很大差异的木匠们所迈的步数来衡量，这个故事能够帮助儿童了解到这种测量的弊端。因此，诸如塑料管、筹码或者是多米诺骨牌这样统一的单位很快就会取代七叶果和贝壳成为测量工具。在之后的小学阶段，儿童将会更加熟练地进行测量，他们会使用越来越高级的方法不断完善测量的准确性。

Daisy（见图 14.2）是个 4 岁的女孩。她能够准确地数出数量很小的物体并且了解一些有关测量的知识。图片中她手里放的是蝶蛹，这可能是她在一次户外玩耍偶然发现的。Daisy 轻轻地把这个动物放在她的手中，从各个角度仔细地观察它。当她发现它的小脚时非常兴奋，她说："我看到它的脚了，我要数数它们。"然后她注意到旁边的地上有一个卡片钟表，她仔细地把蝶蛹放在这个卡片钟表的中间。她果断地说："蝶蛹重 10 磅！"

图 14.2　Daisy 在研究一只蝶蛹

提问的作用

这一简短的互动描述说明了 Daisy 在观察时是非常自信的。她能够近距离地观察并且能够讲述她看到的东西。此外，她在量化所观察到的内容时也是非常自信的。她也能够把已经掌握的有关动物的知识应用到她对蝾螈的探索上，比如她会观察蝾螈的腿、脚趾、眼睛，但没有成功地观察到蝾螈的耳朵。当 Daisy 将观察蝾螈和之前的经验建立联系时，她就会逐渐掌握并完善她的理解，并且她也开始能够做出一些合理的假设。

早期教育课程的指导重点是强调鼓励儿童提出问题的重要性。这背后的考虑是培养儿童的好奇心，这种好奇心将会引导儿童认知和概念的发展，正如 Daisy 那样。但是，儿童并不需要鼓励才会有好奇心，他们很乐意花时间进行探索和尝试。然而，在幼儿园中，一般来说，让儿童提问题的机会比预期的要少。正如之前讨论的，部分原因在于儿童正面对和正发展的新概念很少是在他们所掌握的语言范围之内。此外，产生一个问题也需要在一定程度上熟悉从经验中获得的各种可能性，而这些经验是年幼的学习者所缺乏的。因此，在幼儿园课堂上提问者的角色主要是由教师而不是儿童来承担。

我们不得不承认，儿童单独进行的探索活动并不能获得可靠和准确的概念。我们可以把儿童带到水边，但是这并不能让他们学到东西。

玩水和玩沙的活动经常被推荐，也被认为能够促进儿童的科学学习，但是我们很容易高估幼儿从这些活动中所学到的东西。事实上，我们的预期常常是相互矛盾的。我们没有认识到儿童每天与外部世界互动所形成的观察技能的质量或是意义，但是，当我们让儿童接触到相关的资源时，我们又会预期他们能够发现这些现象。

（Siraj-Blatchford & MacLeod-Brudenell 1999，p.33）

对特定内容的学习需要在满足一定条件时才能发生。这个条件是指支持这个活动的成人清楚地了解活动背后的学习意图，并且能推进与儿童进行相关内容的谈话，在精细设计问题框架上有丰富的经验。这样的提问会在以下几个方面促进儿童的学习：

- 它体现了语言角色范例，告诉儿童如何形成合适的问题："我想知道如果……那么将会发生什么呢？""我们如何……？"
- 它体现了自主学习的示范，这是科学的特征。如果我们想有所发现，那么我们就应该去做。教育者应该向儿童展示如何成为一个积极主动的学习者："你觉得蜗牛的感觉是怎样的？"
- 它将儿童的注意力集中在这些活动上以及活动中有教学机会的地方："你认为水将会流向哪里？"
- 它能强化新词汇："你认为磁铁还能吸哪些物体？"
- 它能促进思维和问题解决能力："你怎样改变这个泡泡混合物呢？"
- 它能帮助儿童在新的和已有的经验中建立联系："你认为这个巧克力会发生什么事情呢？想一下我们昨天用过的冰棒。"

提问也是介绍观点的一种方式，这种方式会比较温和地给儿童已有的认知状态提出挑战，从而引导儿童进行新的理解。有时候，提问也是一种产生"不一致"的方法。当新的思考通过让学习者理解的方式，引发新的可能性和新的解释时，这种方法尤为有效（Harlen 1999）。

图 14.3　引发好奇心：为什么当我站在这儿时图片就消失了？

　　下面的例子可以来解释这个现象。Daniel 正在尝试将一个短的、平的木板放在三个圆锥体上。他仔细地将这三个圆锥体排成一列，并且将木板放在上面。当木板很快掉下来时，他检查三个圆锥体的线性排列是否是直的，并且他再一次进行尝试。

　　然后 Daniel 的老师用一个立方体代替了木板，并问 Daniel 他是否能用这个立方体和圆锥体搭成一个火箭模型。老师选择的这个情境以及已有材料的限制强烈地建议儿童应该把圆锥体聚集在一起放在正方体的下面而不是排成一列。当 Daniel 得出这个结论并且成功地将正方体放在圆锥体上时，他掌握了三脚架这个概念。他之前的理解是线性排列可能更容易成功，这种理解受到了挑战，并且在老师的提问下他发现了之前排列方式的不足之处。带着这个新发现，Daniel 重新转向了那块木板，将圆锥体组成紧凑的底部，并且成功地保持了平衡。当儿童认识到他的学习过程和潜在的意义时，元认知的一个新成分就出现了。之后他会非常高兴地将三脚架这个概念应用于自由游戏时搭建各种建筑物上，这个概念的灵感来源于圆锥体或是金字塔。这个任务的创造性不仅在于找到了新的实现平衡的方法，而且圆锥体和立方体有了新的用途，而在这之前它们仅仅是用来装饰塔尖的。

开展有目的的科学活动的重要性

　　在撰写如何帮助儿童更有信心地学习数学的文章时，Whitebread（2000）引用了之前研究者的观察。数学活动通常脱离实际的、有意义的或者能提供支撑的情境，这是造成幼儿数学学习困难的主要原因。孩子们抱怨数学晦涩难懂，不知所云。这样的批评在开展科学活动时同样存在。儿童们总是被传授知识，却很少有机会能够以任何有意义的方式去运用这些知识，因而他们无法体会到所学知识的价值和用武之地。没有哪种教与学的模式是由热销的电子产品所代言的："这就是科学的应用。"

孩子们缺乏机会运用所学的知识，他们对知识的理解只是浮于表面，无法深入体会。就像 Daniel 使用三脚架那样，当儿童能够表现出元认知，学以致用时，牢固的概念才能建立起来。6 岁的 Annie 很好地阐释了这一点。在一堂简易的电路构建课后，安妮说："我知道我能做什么——我可以把降落信号灯放在我做的那架飞机上。"（参见图 14.4）

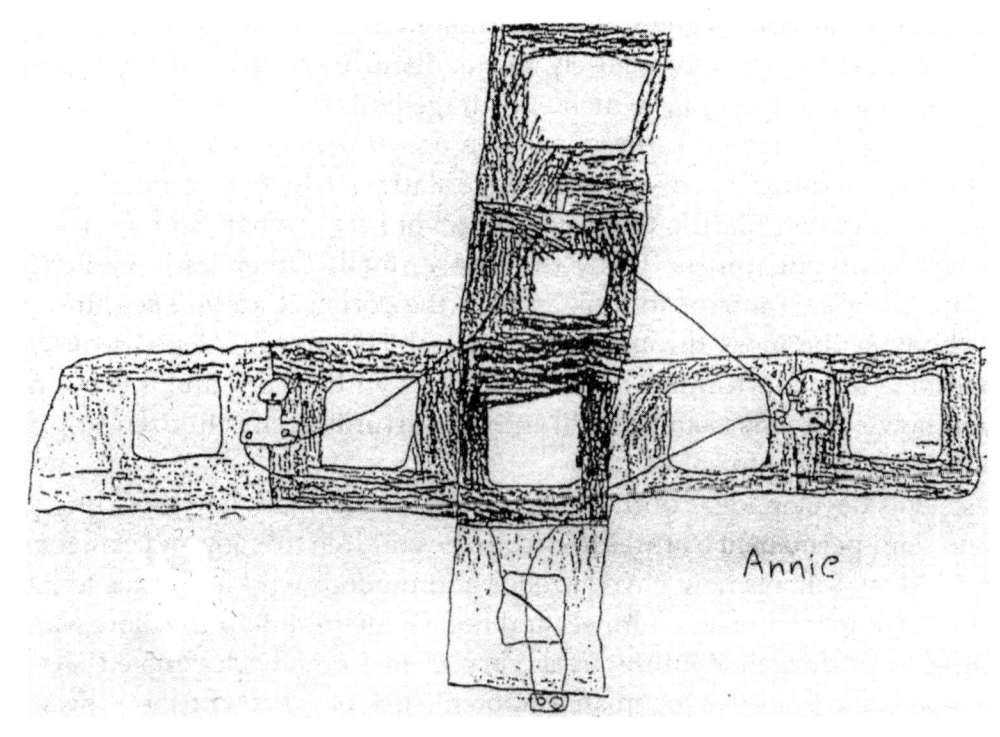

图 14.4　Annie 的画展示了她如何利用电路的知识为
一架组装的飞机增加信号灯

通过使儿童围绕一个中心展开对话，创造性的任务可以促进儿童学习。当儿童用面料样品进行编织时，他们会考虑到质地、颜色、厚度、弹性以及外观。在选择材料编织一幅海景图或一张秋日色彩的织锦时，儿童需要分辨这两者的异同，这个任务赋予了儿童进行辨别的真正目的。当儿童用生面团捏各种面孔时，他们会使用与面部特征和表情有关的词汇。在他们用手揉捏、拉扯、压平、挤压面团时，他们会描述面团的触感。完成手工作品的目标再次激发了儿童的动机和参与感，促进了之后有意义的学习。

手工制作的价值往往被人们所低估。在儿童动手操作的过程中，他们会通过对话和表征展示出自己的知识。例如，一个创造出虚构动物的儿童可能会很快乐地讲这只动物生存的区域，它的腿、头和翅膀的样子以及它能不能奔跑，能不能游泳或者能不能飞翔。还有一些不那么显而易见的想法：这只动物会不会说话或者唱歌？它会和什么样的动物生活在一起？你希望你的花园里有一只这样的动物吗？通过这样的方式，儿童在命名和描述特征时不仅能正确使用与主题相关的词汇，而且对物体的相互关系、结构和功能的理解会更广更深。

利用户外环境

儿童早期教育课程尤为鼓舞人心的一个地方在于它越来越强调对户外环境的利用。通过探索周边的自然环境，儿童能够接触大量不断变化的现象，而这些现象可以阐明各种各样的概念。科学深深根植于真实的、有意义的和生动的情境之中。我们虽然熟悉这些情境，但是情境总在不断变化，因而令人着迷。正是通过这样的探索，儿童形成了负责任的态度，懂得应该尊重居住和非居住环境，因为儿童学会了近距离观察环境以及爱护环境。

可以用一些简单的实验来鼓励儿童关注环境特征，用不同的感官和方法进行观察。感官尝试可以拓宽儿童的体验，比如"用你的脚来回拖曳树叶，你能听到什么？""在你的手指间摩挲一片叶子，感受它散发出的芬芳"。有些实验则需要使用仪器，"用镜子观察那个角落，你能看到蜘蛛网吗？""在放大镜下观察苔藓"，这种发现的乐趣是通过有机会与他人分享而体现出来的。这些方法无疑给儿童提供了机会去设计和进行令他们愉快的实验。

学校提出了户外课堂的教学理念，制定了许多长时的或短时的计划鼓励儿童享受和爱护学校环境。为了促进户外学习，许多学校现在都设有瞭望台、户外工作台、迷宫、隧道，用嫩柳枝搭成的小屋也大量涌现。野外环境更加富于变化，可以有正式的指定区域，比如栅栏、池塘、椅子，也可以是一片未修剪过的草坪上的原木椅子，一棵缠绕着毛线的树。教师可以问儿童："你可以为这棵编织的树添些什么呢？"

然而，这些设施虽然令人愉快，但是环境教育并不应依赖于这么结构化的东西。最简单的想法往往是最有效的。譬如，为老鼠建一个游乐场，或为小精灵建一间躲雨棚都是可以激发儿童想象力和创造力的典型活动，而且它们可以在孩子们的记忆中存储很长时间。当儿童在为完成任务选择自然材料时，他们会选择亮片、铝箔酒杯或光滑圆润的鹅卵石作为宝座。在这个过程中，他们全神贯注，开展丰富且和任务相关的对话，这才是真正意义上的选材为自己所用。儿童在这种情境中能进行自主的、自我引导式的学习，因为他们面对的是他们自己设立的挑战。

接下来的这段话节选自《儿童的一百种语言》这本书。书中呈现了一系列意大利瑞吉欧·埃米利亚市（Reggio Emilia）婴幼儿中心和幼儿园的儿童参与的活动。这本书集中体现了基于对自然世界进行探索和审美欣赏的教学法，以及倾听儿童的重要性。不确定性和惊奇正是任何学习，特别是科学学习必不可少的一部分。即使是日常生活中最微不足道的情境中也蕴含着大量的科学探究和推理的机会。下面这段内容描述的是一组儿童探索水坑的情景。

孩子们非常激动……当他们注意到水坑里波光粼粼的水面、清澈的水、他们的身影以及周围事物的倒影，他们像发现了新大陆似的，十分惊讶和激动。从那一刻起，这个游戏便展开了，扩展着，变换着难度，儿童在其中充分地运用他们的智慧。这种智力刺激着儿童的观察、思想和直觉，引导他们逐渐学习物理和感知的法则。更重要的是，儿童巧妙灵活地运用自己的智慧思索，即使包含万物的世界是颠倒的。

（Malaguzzi 1996）

早期阶段科学学习的建议

- 科学作为学习中具有创造性的一个领域，可以放在非常富有想象力的情境中学习。
- 教育工作者必须考虑到儿童早期经验的多样性以及由此产生的理解方面的差异。
- 语言发展是有效进行科学教育的关键因素之一。
- 和科学探索有关的每一种技能都有各自的发展轨迹，必须加以单独考虑。
- 教育工作者在通过提问来促进科学探究方面起着重要作用。
- 儿童应该有机会在实际的和有目的的情境中运用新习得的技能和知识。

第 15 章

"你有多少个有形状的物体？"

——早期阶段的数字和形状学习

苏·吉福德 （Sue Gifford）

彭尼·科尔特曼 （Penny Coltman）

数　字

早期数字游戏的重要意义

一个在上幼儿园的女孩问她的老师："怎么写三个半呢？"她的做法是画三个十字架：✚✚✚。或许她觉得十字架看起来像是半个，所以她画了三个。

两个学前班的男孩要画他们最喜欢的故事中的人物，但是后来他们没有画人物，而是画了两根柱子，在其中一根柱子上方写着"Esdmat"，另一根上方写着"TOT"。在写着"Esdmat"的柱子里，他们写下"1003""76776""303030"和"21268710"。在TOT下方写下 7 和 8。前一天他们填过一张表，这张表要求他们估计并数出铅笔和蜡笔的数量。显然，这些男孩非常喜欢这个游戏，所以他们才会乐此不疲地再来一次。但是这次他们的估计值有些离谱。他们用 100 和 3 放在一起组成 1003 来表达 103 的概念。

老师让一个 7 岁的男孩在三角形的中央写一个数字，然后在三个顶点的位置上写三个数字，这三个数字的总和等于中间的数字。这个男孩把 1 作为总数，两个顶点的数字分别为 '–1,000,000' 和 '1,000,001'，另一个顶点的数字为 0。

以上这些儿童都使用了创造性的逻辑来探索数字系统，使用推理来扩大概念。他们对分数、大数字以及用大数字来造小数字的矛盾着迷。还有一些儿童习惯在计算器上摆弄数字。对许多成人而言，特别是那些认为数学使他们焦虑甚至恐慌的人，他们很难像这些孩子一样把数字看成是玩具。

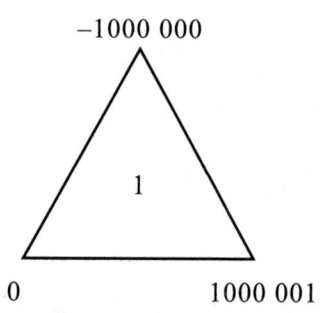

幼儿是具有创造性和探索性的数学家，但是他们是如何做到的呢？培养数字敏感性的关键是什么？儿童又是如何学会的呢？

在那些儿童入学年龄比英国晚的国家，儿童发展得更好。这说明非正式的早期学习和延迟笔算是十分重要的（Aubrey et al. 2000）。儿童在正式入学前已经掌握了许多关于数字的知识。比如，幼儿可以分辨物品的多少，他们通常已经知道一些数字词，而且无需数数就可以辨认出一些数量较少的物品。他们知道年龄越大数字也越大，也知道数字无处不在，门、车、球衣或是宴会上的客人都和数字有关。他们发现计数可以得到表扬，大数是令人兴奋的。然而，理解数字的意义和数字系统的结构却是一个复杂、渐变的过程。研究人员指出，儿童需要有大量的重复经验（Fuson 1988; Munn 1997）。

儿童在家里可以学到许多知识。然而，儿童的学习会随着家庭环境的不同而变化。一个孩子可能接触大量关于时间的谈话，所以他可以通过时钟和日历学会辨认数字符号。其他孩子可能是从门、汽车、电话号码中认识数字符号，或者也可能是通过自己的身高和体重学会了数字，或者是有哥哥姐姐坐在他们身边写加法作业，等等。对一些3岁的儿童来说，学会计数，无论是数台阶还是数汤匙，都是他们日常生活的一部分。比如，祖母会给他们唱数字儿歌，哥哥会教他们写数字。而有些儿童则是偶然学会数字的。新西兰的研究人员发现，儿童是数字专家还是新手取决于他们在家里获得多少有关数字知识的经验。研究也显示，父母的社会经济地位是预测儿童数学成绩的强有力的指标。这意味着，来自贫困家庭的儿童可能在学习数学方面处于劣势（Gersten，Jordan，& Plojo 2005），起步晚的儿童可能会落后。然而，有效的家庭学习环境并非总是由收入决定的。正如一项英国研究所显示（Sammons et al. 2000），在幼儿园关注数字的学习也能起到作用。

关于儿童如何学习数字，我们知道些什么？

最近，神经科学的研究揭示了不同类型的记忆对学习的重要性。学习计数时，儿童使用口头记忆记住数字序列，使用动作和空间记忆追踪所记的数字，使用工作记忆确保每个数字只数过一遍，并记住最后一个数字。儿童的工作记忆容量在6岁以后才迅速增加，因而学习计数对于儿童特别是幼儿来说是一种挑战。因为幼儿的协调能力尚在发展之中。幼儿的空间记忆比言语记忆更好，这也可以解释为什么在回答"有多少"的问题时，他们的手指能表示出正确的数字，但是却说不对。

直接感知

无需计数，幼儿便能认出5个及5个以下的骰子。使用这种视觉方式的感知被称为直接感知。当骰子超过5个之后，对称的成双数字更容易记忆，或许是因为我们天生对对称的物体有偏好吧。

在许多文化中，儿童是通过数指头学会计数的。而且因为10是人类的数字系统的基础，所以这一方法十分有效。

整体 – 部分的关系

"当我看见 6 的时候，我会把它看作是两个 3。"做出这样判断的儿童能够把数字看成是由其他数字构成的，说明他们具有对部分和整体关系的认识。一些儿童知道 7 是由一只手的五根手指和另一只手的两根手指构成（或者一只手的四根，另一只手的三根）。这些视觉和动觉的手指形象可以利用空间记忆，同时不会给言语记忆造成负担，可以帮助儿童学习加法。

形象和符号的联结

儿童需要知道数字和数字符号可以指代大量的数字形象、物体、声音和动作。Munn（1997）指出，在儿童了解计数之前，让他们学习数字符号，比如数出一盒子物品的数量，可以帮助儿童理解数的概念。

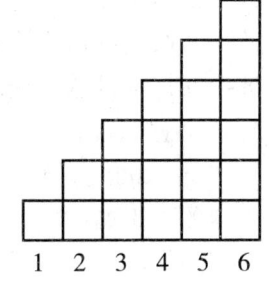

"一个大于一个"的关系

如果问 4 岁的儿童，他们是想要 4 块糖还是 5 块，他们通常不会选大的数字。这似乎表明，即便儿童已经学会了计数，他们也很难把相近的数字区分开。研究者发现，在美国，96% 的中产阶级家庭的儿童在上幼儿园时就能把相近的数字区分开，然而来自贫困家庭的儿童只有 18% 能做到这一点（Gersten，Jordan，& Plojo 2005）。这一结果强调了家庭教育和与父母互动的重要性。

当幼儿学习计数时，他们不知道计数是由"下一个数字比上一个数字大一个"的关系来连接的。这幅数字系统的阶梯图表明：儿童喜欢用标有数字的立方体搭建楼梯。把立方体推倒然后重新排列可以帮助儿童认识到 5 比 4 多 1。

Gersten，Jordan 和 Plojo（2005）指出，无法把计数和数字的相对大小联系起来会抑制儿童数字敏感性的发展，"在发展早期建立这种连结对于儿童今后在数学上的良好表现十分关键"。

把计数作为思维工具

新西兰研究者（Young-Loveridge 1991）的研究表明，5 岁的儿童能否从一罐铅笔中数出 5 根可以预测其在 9 岁时的数学成绩。为了理解计数的目的，儿童必须认识到数出的最后一个数字是所有数字的总和。

根据 Nunes 和 Bryant（1996）的观点，幼儿需要把计数作为解决问题的思维工具。儿童能够数出桌子上盘子的数量，或者检查自己在收集游戏中所得筹码的正确个数，说明他们能够理解计数的目的。最困难的任务是要求儿童比较数字，比如要他们判断糖果是否分得一样多。这要求儿童对他们计数的结果进行推理。

开始心算

计数和数字大小的结合可以使儿童学会加法和减法。它能帮助儿童认识到相邻的数字之间相差一。"五只小鸭子"这样的数字儿歌使儿童获得了减法的经验，鼓励儿童做出预测。情景记忆对个人经历的重要性也说明，戏剧和故事有助于儿童的数学学习。

有些年长些的儿童甚至成人会借助手指来计数。他们可能用自己的手指从 8 开始，数到"9""10"来完成 8 加 2 的运算。知道 8 与 2 的和为 10 的儿童可能会推理出 8 与 3 的和比 10 多 1。如果儿童能把数字看作是其他数字之和，而且习惯于探索数字间的关系，他们就更可能做出上面的推理。从已知的事实推理未知的事实是高级学习者的典型表现。

Daniel 就是用这种策略正确数出了被藏起来的小熊。他的老师起初有 10 只小熊，其中 5 只被藏起来，只能看见剩余的 5 只。老师请 Daniel 回答被藏起来的小熊的个数。Daniel 回答说有 5 只被藏起来了。当老师共有 11 只小熊，5 只能够看得见时，Daniel 回答有 6 只被藏起来了。之后老师有 12 只、13 只，以此类推。当有 14 只时，Daniel 回答说："上次是 8 只，那么这次就是 9 只。"这个游戏帮助 Daniel 掌握了这个模式。

10–5=5
11–5=6
12–5=7
13–5=8
14–5=9

这个模式中暗含着一个规律：如果在初始数字的基础上增加一，被减去的数字不变，则所得结果也会增加一。一些儿童能够意识到这个规律，特别是用类似下面列举的等式来引导他们的时候。教师可以通过将儿童的注意力集中到暗含规律的等式上，问他们注意到了什么，以此帮助儿童学习规律。儿童可以从 10–5=5 中找出其他模式：

10–5=5	5+5=10	10–5=5
10–6=4	6+4=10	11–6=5
10–7=3	7+3=10	12–7=5
10–8=2	8+2=10	13–8=5
10–9=1	9+1=10	20–15=5

提问"如果你知道这个规律，你还知道什么？"可以引导儿童找出此类模式，而且能够帮助儿童灵活地掌握数字。

组成单位

对数字的敏感包括把物体的数量看作是一个单元的能力。一些幼儿以"双"为单位来数袜子的数量，而有些儿童则坚持以"只"作为单位来数袜子。当回答"6 中有几个

2？"的问题时，能够回答"3个"的儿童理解了乘法和除法的意思。亚洲儿童在 3 岁时就可以使用手指的组合学会计数，这为他们学习乘法和除法奠定了良好的基础。把 10 作为整体的能力，正如手指（或脚趾）的总数，对于理解数字位值的作用十分重要。

位置的值

在本章开头提到的男孩并没有意识到数字位置的值。为了能理解数字位置所代表的值，儿童必须理解数位的值是由该数字位置相对于其他数字的位置决定的。因此在 13 中，1 表示 10。然而在 31 中，1 仅代表 1。在写 1003 时，男孩们没有意识到他们在 1 的右边写三个数字是在无形中把 1 放到了 1000 的位置上。儿童开始理解十进制时，需要见过以 10 为整体的物体，比如手指或脚趾，或是立方体搭起来的柱形。把 10 件物体放在一起，比如装有 10 只笔的盒子，可以帮助儿童以 10 为单位来思考数字。Fosnot 和 Dolk（2001）讲述了一个教师设计的故事。这个故事是关于一个种子商人要给客户寄送他们订购的种子，要求每个信封里装 10 粒种子。教师给儿童呈现不同数量的订单，要求儿童帮忙。儿童以自己的方式参与，他们起初画种子和信封，逐渐过渡到用书面数字表示，再到后来他们把成百上千的种子以 10 个为一组放在信封里包装起来。这种故事情景可以帮助儿童理解数字位置的值，因为其中包含了重复性的活动，也给儿童提供了记录数字的机会，这对他们来说十分有益。当儿童用他们自己的方式记录活动时，抽象理解的发展是极其缓慢的，因为他们只会使用自己能理解的符号。有些情境如同上面的故事一样简单，结构清晰，还有一些情境（比如涉及多组儿童的故事）则会产生极其细致的图画。

之后，儿童就能够用两位数字指出并描述模式，比如他们发现一个数字与 10 相加，十位数会发生改变，但是个位数却保持不变。例如：

$$5+10=15$$
$$15+10=25$$
$$25+10=35$$
$$35+10=45$$

儿童很喜欢生成他们自己的数位值的模式：

$50+50=100$	$500+500=1000$
$60+40=100$	$600+400=1000$
$70+30=100$	$700+300=1000$
$80+20=100$	$800+200=1000$
$90+10=100$	$900+100=1000$

儿童能够用计算器探索大的数字。比如，如果要求儿童用不同的方式得出数字 5，他们会生成如下的模式：

10-5=5
110-105=5
210-205=5
310-305=5
1010-1005=5

结　论

幼儿在日常生活中就可以识别数字模式，理解数字的意义。一些儿童需要数学专家的帮助。不过，所有的儿童都需要时间和鼓励来建立与数字的联系，这种联系会帮助他们发展数字的敏感性。如果成人也认为数字有趣的话，就可以提高儿童的积极性，这对他们学好数学十分重要。

早期阶段促进数概念发展的建议

- 幼儿在日常生活中通过各种各样的方式学习数概念（包括户外游戏）。
- 儿童需要把计数能力和数字的意义联系起来。
- 幼儿对大的数很着迷，也热衷于探索模式。
- 成人可以帮助儿童用数字来做游戏。

═══ 形　状 ═══

开始了解形状

近些年来，数字能力的培养成为人们关注的焦点，而与早期形状学习有关的提议和创新则被搁置一旁。比如，由于已经有了成熟的教学方法，教育实践者认为形状的学习相对容易。在这一部分我希望能从不同的角度来看待形状学习，为儿童对形状的理解提供新的视角和方法。

观看平面二维图形

在进一步讨论教学法之前，首先必须解决一个与儿童早期形状学习有关的问题。在给儿童呈现一个平面图形时，大多数的教育实践者并未意识到他们的做法是错误的。我们对平面图形的理解有误。一个二维的"平的"图形实际上只存在于一幅画或是图片的形象中，人们不可能把它拿在手中。凡是可以拿在手中的物体必须是立体的。但是在大多数情形下，探索平面图形使用最为广泛的材料之一就是一箱子的镶嵌图形。如果只是鼓励儿童在这些镶嵌图形中找出一个"方形"，那么这种方法还可以。但是更有可能出现的情况是成人和儿童会找出两个三角形拼在一起组成的方形。这样的做法司空见惯，甚至市面上的一些教材也推荐可以使用"感觉包"①之类的游戏鼓励儿童辨认三角形、正方形和圆形。同样，这种方法除了会造成儿童的困惑之外毫无用处。

平面图形的关键特征在于它的边界。比如在识别三角形时，三角形的属性是三条直线组成的边和三个角。我们可以预测儿童在描述一个三角形时会注意到这些特征。因此，在儿童发展早期，要确保儿童能获得足够多的经验来理解这些词汇才是唯一明智的做法。所谓"直的边（straight side）"是什么意思？它和该词的其他用法是否有关联？如"马上做（Do it straight away）""那幅图片挂得不正"（That picture is not straight），或者"我的头发是直的（My hair is straight）"。②

换句话说，描述平面图形的能力必须以描述线条的能力为前提。比如在描述线条时，有弯曲的线、波浪线、折线、一圈一圈缠绕的线、曲线、带角的线或者蜗牛线等多种说法，当然还有直线。探索图画、绳索、系在棍子上的丝带、放在沙子里的手指、湿润的黏土和泡沫都有助于促进儿童产生描述形状的语言。

使用交互式软件进行与平面图形有关的活动也很有帮助。在这种情境下，当儿童在屏幕上旋转、颠倒或是拖拽图形时，他们可以真正地对平面图形进行操纵。儿童会发现在对图形进行操纵时，不相同的形状是可以拼在一起的。他们也会用几个相同的图形探索镶嵌图形。这种方式就不会造成误解，因为这些图形仍是它们本身的样子，即非实体的平面图形。

涉及形状的学习，一个令人疑惑不解的地方在于教育者只关注常规的几何图形，对于平面图形和立体图形来说均是如此。尽管描述一个三角形的能力很重要，但是它难道真的比描述一只蝴蝶的影子或是一片树叶的轮廓更重要吗？通过丰富、实用、有趣的活动，使用真实的例子拓宽儿童对形状和线条的认识，有助于儿童今后描述各种各样的形状，儿童可以满怀信心从他们的词库中选择语言去描述他们观察到的东西。

了解立体（三维）图形的各个面

要了解立体图形，对它们的操纵是最基本的要求。如果儿童没有丰富具体的操纵、旋转以及观察立体图形的经验，那么当他们进行更抽象的活动时就难以建立起物体的心理表象。例如，当观察一个放在桌子上的几何体时，缺乏切身体验的儿童是无法确定那些视线观察不到的面的形状的（Clements & Battista 1992）。实践表明，当儿童在用木

---

① "feely bag"是一种游戏。准备两个袋子，在每个袋子里放入各种物品，给孩子演示相同物品的配对。通过这种方式，孩子会慢慢明白袋子里装的每种物品有两件。家长不断填充袋子，把其中一个装着某件物品的袋子给孩子保管。从一个袋子里取出某件物品，展示给孩子看。然后告诉孩子，去感受自己袋子里的物件，然后找到和家长手里的形状是一样的图形。——译者注
② 这里指英语中"straight"有多个意思。——译者注

块或是重复使用的箱子模型材料搭建建筑物时，给他们时间观察不同形状的特征十分重要。这些活动包括让儿童自己设立计划和目标，或是解决成人提出的问题。观察儿童在这些任务中的表现可以揭示他们探索和发现图形特征的过程，也可以了解他们描述活动进展和分享自己想法时使用的描述图形的语言（Coltman 2006）。本章的题目——"你有多少个有形状的物体？"就是引用了某个儿童说的话。在儿童使用木块一起合作为玩具狗 Paws 建一所大房子时（见图 15.1），研究者记录下他们的对话。一组儿童收集扁平的长方体用于编织"地毯"，其他组的儿童使用棱柱、圆柱体、拱状物和圆锥体装饰外观。在这些例子中，不同组的儿童都用自己的语言描述他们要收集的积木。扁平的长方体被称为"平的"物体，用于装饰的积木则被叫作"有形状的"物体。儿童用自己的语言形成的编码系统只有在组内所有儿童都理解其意义时才有效（Lampert & Blunk 1998）。在这个例子中，这些词的使用表明儿童意识到了他们所描述的积木的关键特征。扁平的长方体确实是"平的"，而"有形状的"则可以理解成"非直线的"。

图 15.1　小班儿童一起合作为玩具狗 Paws 建一所大房子

　　Julia Anghileri 和 Sarah Baron（1999）认为儿童牢固掌握立体图形的概念是一个复杂的过程。他们使用传统的积木来验证这一猜想。在教室里，他们布置了一些最常见的任务要求儿童完成。结果发现，儿童难以按照要求正确地摆放立体图形。而且，儿童在完成从"感觉包"里找出一个给定图形（比如圆柱体）的任务时同样存在困难。在这项研究的基础上，Coltman、Petyaeva 和 Anghileri（2000）在儿童完成任务时对每一个儿童都进行了研究，找出了他们遇到的困难。研究的结果可用于指导问题解决类任务的设计，这些任务对促进儿童早期形状的教与学大有裨益。

　　图 15.2 展示的是一个幼儿在用灯箱探索立体图形的特征。灯箱边上的堆积起来的物体显示出儿童对于立体图形多个方面的理解。这个儿童搭建的建筑物最下面的两层显示出了她具有等价的意识，因为她将两个较小的物体并列在一起组成一个更长的物体。请

注意，这个女孩在摆放这些物体时，物体的边缘排列得非常仔细。在上面，一个难以处理的、有斜面的物体经过多次放置，最后被平放下来，以便其他物体放在它的上面。图中这个儿童手的位置、高度集中的注意力以及成功后的喜悦充分说明表面弯曲的物体所带来的困难。最后，请注意，当儿童堆成的物体被放在灯箱里面时，物体中间空心的部分是如何凸显出物体的外围轮廓的。

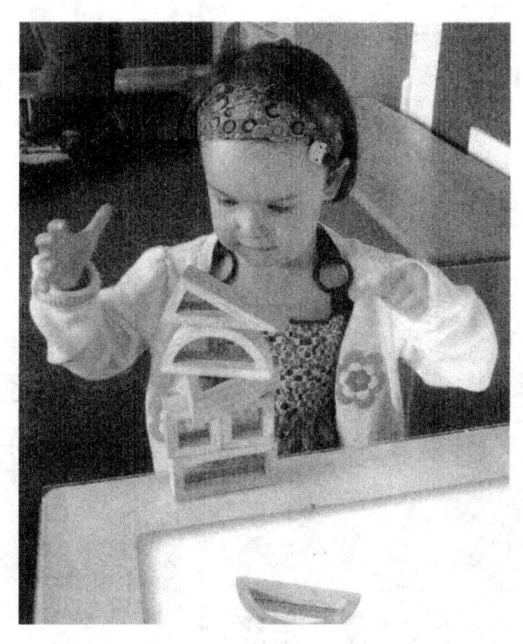

图 15.2　儿童通过堆叠来探索立体图形的特征

在一项研究中，Anghileri 和 Baron（1999）观察了儿童在面孔识别任务中的表现。他们给儿童一张卡片，上面列着简单的几何轮廓，要求儿童依次观察这些几何轮廓并在印有面孔的积木中找到恰好匹配的那一个。这个任务实际上是"形状分类"任务的翻版。形状分类任务要求儿童把积木放在与形状所对应的模子中。儿童错误的反应包括匹配了形状却忽视了大小，或者在把面孔与模子进行匹配时不能正确地操纵给定的积木。在有些情景中，研究者鼓励儿童拿起积木，转动积木观察并感觉积木的轮廓，这种鼓励很好地提示了儿童去观察需要匹配的物体。

为了提高儿童匹配表面和轮廓的能力，研究者们给儿童演示如何用积木在软面团上印上"足迹"，留下可辨认的印记。他们鼓励儿童沿着印记的轮廓移动手指，然后摸摸压出印记的积木的每一面的轮廓。这一围绕着匹配印记和积木的场景使实验任务具有了目的和意义。

最后，儿童邀请其他儿童帮助他们用选好的积木组成一个玩具卡车。这是形状分类的又一个版本。这个任务改进的关键在于，用来拼卡车的积木下面都包着泡沫。因为一旦积木被拼成卡车，每个积木原有的形状就看不到了。这或许是很多商业类的形状分类任务玩具没有意识到的问题，即当一个图形作为整体的一部分被拼好后，它原来的形状就消失了。这样，儿童就没有机会讨论所发生的事情，他们所选择的图形只是碰巧被放在了模子中，还是仔细观察和匹配的结果？通过用卡车模子，可以防止积木坍塌，能够在触觉和视觉上强化积木的方向和卡车模子所对应的形状之间的联系。

有趣的是，当这个任务在俄罗斯进行时，研究者发现俄罗斯的儿童更倾向于把积木拿起来，在手里旋转，找到与平面图形相匹配的那一面。一个可能的解释是，这与不同地区的儿童平常所参与的活动有关。在英国，常见的形状游戏是拼图。为了解决问题，儿童需要把拼图碎片转过来，观察轮廓的形状和上面的图形。他们几乎不需要把拼图拿起来观看拼图的其他面。然而，俄罗斯儿童则相反，他们经常解决的是积木问题。不同于平面的拼图，这个游戏采用的材料是立体的积木。为了拼成完整的图画，儿童必须把积木拿起来从不同方向来回反复观察它的每一面。

使用"感觉包"

"感觉包"游戏不仅广泛用于立体图形的学习，而且也可以用于语言和科学活动之中。这些活动的目的是培养儿童对描述性词汇的使用和理解。儿童在探索一个被藏起来的物体时，在把物体拿出来查看之前，先触摸它、描述它。成人要求儿童辨认藏在袋子里的物体或者描述一个从袋子里选择的物体的形状。这种活动令人愉快又富有挑战，而且操作形式多样。

但是，这个活动的难度使其在儿童中的受欢迎程度大打折扣。当感觉那些看不见的物体的形状时，儿童需要不断把触觉获得的信息与在记忆或想象中的视觉形象相互转换。对于那些由于缺乏切身体验而没有建立牢固概念的儿童来说，这种转换过程过于复杂，他们几乎不可能完成任务。

为了让儿童在早期的"感觉包"游戏中获益，要求儿童找到一个"像这个积木一样的物体"是很好的方法。比如，可以鼓励儿童操纵积木，而后再到感觉包里找到类似的物体。这样一来，儿童就能匹配相似的物体，拥有两次触觉体验。让儿童一只手拿一个积木，另一只手伸进"感觉包"里找到相匹配的物体，可以更深入地引导儿童去探索。

辨认立体图形的变体

在培养儿童对立体图形命名的能力时还会有另一个挑战，那就是每一个图形都是其所属类别中的一个。如果要求一组人想象立方体，他们想象出来的所有立方体或多或少都一样。即使大小不同，立方体的比例和与形状相关的属性总是不变的。一旦儿童见过一个立方体，从某种角度来说，他们就已经见过了所有的立方体。一个球体和另一个球体相似也是同样的道理。但是，这并非适用于所有的形状。比如，一个圆柱体可能看起来像个轮子，罐头瓶，也可能像吸管。一个三棱柱可能看起来像屋顶，也可能像瑞士巧克力的一部分。我们如何帮助儿童辨认这些更为复杂的形状的变体呢？

一个有用的方法是辨别所有有着相同名字的图形的共同特征。圆柱体的典型特征是什么呢？Coltman，Petyaeva 和 Anghileri（2000）观察到，当儿童从各种形状的木块中选出圆柱体时，他们会根据自己对圆柱体的理解选择那些符合他们标准的圆柱体，比如，儿童会选择高的积木。

为了加深儿童的理解，与形状有关的重要知识都可以融合在便于记忆的故事情景中。研究者告诉儿童，一个圆柱体鸟妈妈通过两条关键信息就能找出它的孩子。运用之前讨论过的策略告诉儿童，圆柱体幼鸟喜欢在泥泞的地方跳来跳去（此处泥泞的地方为面团），而且无论它们怎么跳，它们留在泥上的印记是相同的。第二，幼鸟们喜欢并且善于沿着斜坡滚落，它们可以快速地直接滚落到坡底。同样，这里用倾斜的盘子代替斜坡。利用这两条关键线索和合适的测试材料，儿童可以非常有信心地从圆锥体、砖形的长方体、立方体和各种圆柱体的积木中找出不同大小的圆柱体。

结 论

在思考为什么本章描述的策略能够有效帮助儿童学习形状时，考虑研究中所发现的、可以提高儿童在任何情境中学习的因素将大有裨益。回到本书的第 1 章，读者们会想起尽可能使用有趣的、富有想象力的情境的重要性，因为这样儿童就会觉得任务是有目的而且是有意义的。同样，成人按照布鲁纳所描述的方式参与支架式教学，可以引导儿童自己找到解决问题的方法。这些原则也适用于数学课程中，无论情境是计数、数字问题或是学习关于形状的知识。

早期阶段图形学习的建议

- 作为数学的学习领域之一，形状的复杂性常常被低估。
- 描述线条的能力是描述平面图形的基础。
- 儿童需要操纵立体图形，用触感强化其视觉观察能力。
- 与任何其他领域一样，提高儿童数学能力的方法也应遵循提高幼儿学习的已有的原则。

第16章

"它到底能做什么？"

——信息与通信技术在早期阶段的应用：
一种新兴的方法

约翰·西拉杰–布拉奇福德（John Siraj-Blatchford）

信息与通信技术（Information and Communications Technology，ICT）在不断地改变我们相互交流的方式。它对我们的生活方式、学习方式、工作方式和休闲方式都产生了深远的影响。我们不可避免地接受了这些变化，而这些变化也在影响我们做出有价值的判断，以至于有时候我们所有人都觉得事物变化的速度让我们都无法追赶。据报道说，有一位儿童在收到一份毛绒泰迪熊的生日礼物后，一脸不解地对泰迪熊又捅又捏，那表情仿佛在说："它到底能做什么？"孩子可能觉得这个毛绒玩具坏了，或者是电池没电了。不管怎样，我相信许多读者的脑海里都浮现出了这样一幅画面：送给孩子玩具的祖母见证了这一时刻，并一脸惊愕。

早期教育中的社会建构主义观点（Sayeed & Guerin，2000）指出，视觉游戏在幼儿与文化环境相互作用的过程中对其信心和能力的发展十分重要。信息与通信技术是幼儿成长环境中的重要组成部分。如果我们想要在幼儿发展早期提供一个适宜、广泛和平衡的教育，首先我们必须考虑幼儿是如何游戏的，还必须考虑特定的游戏主题。我们必须认识到近年来信息通信技术的应用给我们的文化和社会带来了根本性的变化，它在幼儿课程中存在的合理性毋庸置疑。

20世纪80年代，计算机首次引入英国小学，现在已经开发出越来越多供幼儿使用的信息与通信技术产品。其中一些产品已用于幼儿园，也有一些专门针对这一年龄段幼儿开发的新产品（Siraj-Blatchford，2006）。但由于信息与通信技术及其软件成本相对较高，而且在培训中经常需要更大的投资才能有效地使用它们，因此，我们在使用之前要慎重地选择。其中一个至关重要的方面是未来我们可以赋予幼儿自己选择的权利。

在幼儿早期应用信息通信技术有六种普遍的优势，它们是：

- 计算机提供了一种提高教授基础技能（识字和算术）效率的方法。
- 计算机已经广泛应用于学校、商业和工业领域，因此让幼儿开始学习使用计算机键盘和鼠标是非常重要的，这将决定未来他们在新技术环境中的成功。

- 使用计算机的幼儿能够从与同龄人合作学习的经验中获益。
- 能够编程的玩具和屏幕图像可以激发幼儿"思考"真实和虚拟的对象（Papert，1982）。
- 幼儿早期体验与 ICT 相关的游戏将提高幼儿技术素质的发展，并激发幼儿对 ICT 的兴趣。
- 技术为有特殊教育需求的幼儿提供了一系列强有力的补偿工具。

学习"基础"技能

目前大量的软件产品已经广泛应用于早期教育的各个领域，其中包括帮助幼儿练习数字、字母识别和基本语音技能的程序。一个很好的例子是"米莉的数学屋"（Riverdeep），这是一款已经在幼儿园里使用多年的早期教育程序。它包含"制造一个故障""数字机器"和"Bing/Bong"（游戏名称）等游戏，是一款鼓励幼儿完成多种模式的教育软件。这款软件的作者声称，这款游戏将会"帮助幼儿识别多种领域中的不同模式，例如音乐、数学、艺术和科学等领域，从而促使幼儿更好地理解世界"。同时这个程序中有一个"自由游戏模式"选项，它提供了一种非常明确的教授使用的指导方法（基于行为调整的学习方法），这是许多程序中都会有的教学方法。如果幼儿选择了正确的选项，他们将会获得有趣的动作和 / 或音效的反馈奖励。如果他们选择了错误的选项，那么可供幼儿选择的选项将会逐渐减少，直到他们最后选择出正确的选项。由于这种方法违背了早期幼儿教育提倡的"游戏和发现"的原理，因此在英国早期幼儿教育领域是不被认可的。

最近在苹果平板电脑（iPad）上出现了一款非常不同的且富于趣味性的学习软件，它是由 SRRN Games 公司最新开发出的"CHIMES"游戏软件，它可以帮助幼儿发展分类和排序的能力。这是一款需要运用毅力、专注力和解决问题等能力的音乐游戏。游戏的第一个阶段非常简单：敲击五种颜色的球，清除在屏幕上穿梭的相同颜色的障碍物。Siraj-Blatchford 和 Parmar（2011）的一项研究报告也表明，为支持英国 CBeebies 电视频道而开发的系列活动"字母积木"（AlphaBlocks），可以有效地支持幼儿早期读写能力的发展。

当幼儿与高质量的电脑和掌上 APP 互动时，这一互动通常是长时间且投入的。但是我们应该仔细评估这些应用软件，以确保其适用于幼儿。即使是一些非常受欢迎的软件也会有缺陷。最重要的是，尽管我们知道通过鼓励幼儿与同伴或成人的合作和语言交流，能够更有效地促进早期幼儿的发展，但是很多软件还是设计成了适合单人游戏的模式（Sylva et al.，2010，Sabol et al.，2013）。一款名为"我的土地"（Land of Me）的软件就明确设计为需要幼儿与更有能力的同伴或成人一起合作的模式。这款软件提供了一系列的冒险动画故事，其中有三个主人公：Eric、Willow 和 Buddy，它们分别是一只浣熊、一只鸟和一只大熊。成人通过游戏的提示指导自己与幼儿的对话，引导幼儿在多种游戏剧情分支上做出选择，在桌面版的软件中，成人可以使用鼠标进行各种操作，而幼儿可以使用空格键和回车键来操作。

图 16.1 "我的土地"

美国幼儿教育协会（National Association for the Education of Young Children，NAEYC）在其《技术立场声明》中指出："教育工作者应该在评估和使用技术与媒体时使用专业判断，就像其他任何学习工具或经验一样，必须强调积极参与而不是被动和非互动的用途。"（NAEYC，2012，p.12）

不适当的教学方法会对幼儿的学习倾向产生毁灭性的影响。例如，有证据表明，在阅读教学中过度的早期训练和练习会破坏幼儿的阅读兴趣（Katz，1992）。Yelland（2007）在这方面有效地引用了 Negroponte（1995）的观点：

在 20 世纪 60 年代，大多数计算机教育的先驱都提倡一种不适宜的训练－练习方法。他们认为，在计算机上使用一对一的、自定进度的方式来教授一些枯燥无味的事实会更有效。现在，随着多媒体的流行，一些空谈的训练和练习的信徒们认为借鉴世嘉公司（Sega game）的游戏的魅力，可以以所谓的创造性的方式，将信息塞到儿童的脑子里。

使用计算机键盘和鼠标的技能

许多幼儿教师都优先得到了鼠标和键盘的基础技巧的培训，他们经常使用一款来自闪耀计算公司推出的名为"原件转换：图片大厦"（Switch on Original: Picture Building，Brilliant Computing）的软件来学习这些技能。学校的供应商和玩具店提供了一系列可满足教师相同需求的设备。如果我们回顾早期的计算机（或工业）教育，最明显的变化之一就是在这些技能领域。第一台被许多学校引入的计算机是辛克莱 ZX81（见图 16.2）。

它的程序存储在磁带上，需要加载很长时间。早期的计算机没有鼠标，使用一种名为BASIC的编程语言在屏幕上输入命令行。因为当时施乐公司（Xerox）和苹果公司研发的"拖放"功能还尚未推出。从那时到现在，我们已经走过了一段很长的路……但实际上这些变化并不是发生在很久以前的事，而这些变化值得我们深入思考。未来的发展难以预测，但是，回顾迄今为止的发展方式，很明显，未来的计算应用将会更快、更容易使用。

图 16.2　辛克莱 ZX81

触摸屏已经在各种手持设备（包括平板电脑和智能手机）中取代了其他控制手段，现如今的新生儿在未来的工作中操作"鼠标"的可能性微乎其微。新技术不断发展，语音识别系统变得越来越精密。柯蒂（QWERTY）键盘的未来似乎也变得愈加黯淡。柯蒂键盘最初的设计是为了减缓打字员的速度，以避免打字机的"锤子"在色带和纸张上打印时碰撞并锁在一起。很显然，柯蒂键盘在技术上已经过时了……

幼儿确实需要使用目前可用的技术，我在这里想说，我们不是不应该支持他们在最初获得这一途径，我们最应该做的就是为他们提供当前最有可能使用的技术工具，但是我们不应该把它作为早期信息与通信技术教育的核心目标。

大多数新的台式计算机都有一本指导书，警示用户注意一些人体工程学方面的问题，这些问题与长期坐在电脑屏幕前操作键盘与鼠标有关。目前已经有重复性应变损伤（RSIs）和腕管综合征的危险记录。因此，在使用台式计算机时应该尽可能地保持正确的姿势。然而，在学校的教室里实现这一目标往往都是极其困难的，更何况在幼儿园里，更是难上加难。幼儿的身高差异很大，为他们提供合适的家具往往超出了幼儿园或是托儿所的能力范围。在这种情况下，对替代技术的鉴别，例如笔记本电脑、平板电脑和智能手机等，以及它们的使用方式和访问方式，就变得至关重要了。

使用触摸屏设备的一个主要优点是，孩子与电脑的交互距离相对较近，并且可将设备设置成可以让孩子站立着使用。这解决了上文提到的许多人体工程学方面的问题。在iPad 应用程序中，一个很好的例子是一款在 Noodleworks 上叫作"面条单词（Noodle Words）"的软件，这款应用程序为早期阅读者提供了一种有趣的学习识别和理解词汇的方式，而且它确实有效。

图 16.3　面条单词

合　作

尽管我们不建议在幼儿时期长时间地使用台式计算机键盘（例如，每次超过 40 分钟或一小时），但仍有很多软件程序可用于促进幼儿之间的互动合作（见图 16.4）。

正如 Light 和 Butterworth（1992）所指出的，"共同关注""幼儿学会分享"和 / 或"共同参与"是对幼儿认知的挑战。在协作中，幼儿会表达他们的想法，分享他们的理解，但同时也带来了许多新的观点，也许这些观点还只是幼儿的直观理解（Hoyles，1985）。在努力达成共识时，合作也被认为是提供认知冲突的机会的重要因素（Doise & Mugny，1984）。并且，在问题解决的创造性过程中，合作对大家形成可能的问题解决方案起到了重要的促进作用（Forman，1989）。实际上，最好的方式就是提供远离屏幕的活动场景。在"我的土地（The Land of Me）"这款游戏软件中，通过设计扩展性的活动，让幼儿可以远离屏幕去玩社会性角色扮演游戏和微观世界的游戏。一些基于屏幕设计的绘画程序，例如"企鹅小画家（TuxPaint）"，或者由索普玩具（SoupToys）设计的建筑设计类程序（见图 16.5），可以让幼儿用橡皮泥、建筑工具或其他材料在线下自己搭建游戏提供的建筑模型，无需对着电脑屏幕。这不仅为幼儿的合作活动提供了额外的动力，也为幼儿介绍了另外一种非常重要和有影响力的信息与通信技术应用——计算机辅助设计（Computer Assisted Design，CAD）。南威尔士（Morgan & Siraj-Blatchford，2014）的研究证实了幼儿园使用信息与通信技术支持幼儿家庭学习环境发展的有效性。在许多家庭和幼儿园，父母和专业教育工作者已经利用计算机建立起了或者正在研发新的"共享阅读"和趣味的学习方式。可免费下载的程序，如"企鹅小画家"和"索普玩具"，以及许多免费的应用程序都有很大的潜力，因为父母可以很方便地下载它们，且这些软件还可以提供类似亲子合作的活动（Morgan & Siraj-Blatchford，2014）。

图 16.4　良好的早期教育软件鼓励幼儿协作和共同关注

图 16.5　索普玩具

　　像"莉莉"这类冒险游戏（运用 iOS 开发系统），以及像索普玩具这类模拟游戏（运用 Windows 开发系统），在支持幼儿与成人或大孩子的对话和合作方面都有巨大的潜力。也有些优秀的软件产品可以让一位幼儿和一位成年人坐在一起，共同创造一个生动的动画故事，例如，由 2Simple 这家游戏公司制作的"创造一个故事（2Create a Story）"

（Windows）和函授大学里免费的优秀软件"我们的故事（Our Story）"（iOS）。应用市场里还有许多用于合作构建图形的程序软件，也包括"企鹅小画家"（Windows / Mac OSX）。

操作性

曾经有一段时间，人们认为许多与计算机相关的活动并不会促进幼儿的创造力，毕竟只需要幼儿点击按键即可。这种在屏幕上对虚拟对象的操作也被看作对实际的三维物体和玩具操作的一种较弱的替代。但 Yelland（2007）认为，电脑让幼儿体验到的可能性和各种玩的想法一直在持续增加，同时，像 2Simple 游戏公司制作的"我的土地"，"企鹅小画家"和"嘈杂的东西（Noisy Things）"（Windows / Mac OSX）这些产品，多年来为幼儿提供了可以创造和操纵的各种对象，同时也提供了多种游戏的方式。在这样的环境中，幼儿经常会自发地发现与数学相关的观念，并与其他同伴进行互动，而如果没有这些技术，这些想法是不可能出现的。

大多数幼儿教育工作者认为，幼儿通过运用他们的感官来进行探索是最好的学习方式，而让幼儿使用计算机来学习知识，他们可能还没有准备好。Silvern 和 McCary（1986）在讨论围绕幼儿教育中使用计算机的发展问题时，提出要满足两个条件，以保证幼儿的活动是"具体的"。首先，活动中使用的材料应该易于操作；其次，"操作的结果必须由操作者直接验证"。使用这些标准，幼儿便可识别并有效地应用计算机的具体用途。但是，正如 Clements 和 McMillen（1996）所提出的那样，在任何情况下，"对孩子来说，什么是具体的东西，可能更多的是与有意义的和可操纵的东西有关，而不是它的物理性质"（p.273）。

Clements（1994）还强调了计算机操作的独特性，它们应该具有：

- 灵活性；
- 改变安排或表现形式的能力；
- 配置的存储和可用性；
- 记录和回放儿童的行为；
- 将具体的东西和符号联系起来并提供反馈；
- 多重表征的动态链接；
- 关注幼儿的注意力和不断增强的动机。

尽管我们都非常清楚信息与通信技术对沟通方式产生了革命性的影响，但它在控制技术方面的平行影响却常常被人遗忘。这是非常令人遗憾的，因为绝大多数与我们日常生活息息相关的计算机都是专门用于这些用途的。现在各种设备和越来越多的儿童玩具都配备了微处理器。在英国，现在幼儿常常使用可以编程的玩具来培养"象征性思维的能力"（Papert，1982）。一款由 TTS 机器人公司制造的长相类似海龟的可编程的地板机器人"Bee-Bot"，可由幼儿控制并发出程序指令：前、后、左、右。这些指令可以让海龟动起来，在这个过程中，幼儿利用他们的思维能力去探索、冒险，并将他们的先验知识运用到新的且有创意的方式中。许多专家相信这能增强幼儿的认知能力。"Bee-Bot"非常容易控制，成为与儿童"一起思考的象征性物体"。TTS还提供了可在屏幕上为"Bee-Bot"编程的软件，这是从其他流行的此类应用程序中发展而来的，例如"特鲁迪的时空小屋"（EDMARK）中的"果冻豆猎手"（见图16.6），还有2Simple游戏公司开发的婴儿视频工具包中的2Go应用软件。所有这些程序都支持幼儿协调能力和空间意识的发展，以及帮助他们学习认识地图和方向。

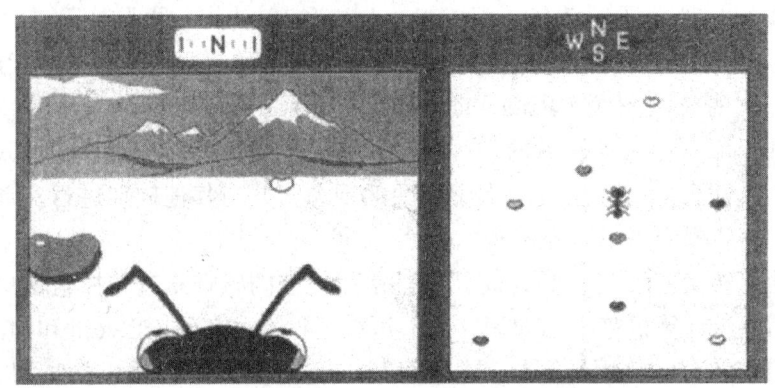

图 16.6　特鲁迪时空小屋的"果冻豆猎手"

象征性游戏，特别是社会性角色扮演游戏，被视为具有这个年龄段的幼儿特征的活动模式，由此推断，也是这个年龄段最为适宜的学习工具（Vygotsky，1978；Wood 和 Attfield，1996；Anning 和 Edwards，1999）。早期幼儿信息技术研究表明，对电脑屏幕上的符号和图像的操作实际上可能代表一种新的象征性游戏，幼儿似乎把每一点都当作"具体物体"来对待，就像处理他们真实世界中的积木和玩具一样：

"抓"、责骂、用手指或手掌拍屏幕图像上的物体，是幼儿小组在互动中比较具有戏剧性效果的一幕。在某些情况下，幼儿在现实生活中还在继续着计算机中的游戏。"食物"项目是最受欢迎的象征性游戏之一。三个女孩和其他的女孩，屡次从屏幕上"抓"起苹果和梨，互相请求吃掉它们，然后在假装吃完后还舔了舔嘴唇。

（Brooker 和 Siraj-Blatchford，2002，p.267）

发展技术素养和积极的 ICT 意向

一位工程师曾向我抱怨："我是一位火箭科学家，我设计的是导弹系统，但是我不知道如何制作我的短片。"

（Norman，1995）

正如 Norman 所言，随着技术的发展，不可避免地，我们对我们所控制的系统内部工作的认识越来越少。这种技术经验对于成人和幼儿都是一样的。面对这些变化，我们需要仔细考虑我们现在的教育重点到底应该是什么。我们还需要认识到"理解"一种技术产品到底意味着什么。当技术处于机械时代时，我们可以看到机器内部的运作方式，也可以看到我们的行为对机器的影响。但是，当这些操作渐渐变得不可见和抽象时，如果我们不能完全脱离我们身边的技术，我们就需要重新定义什么是技术素养了。正是这种争论为开发一套基于计算机科学的新的信息与通信技术学校课程提供了理论依据，并在基础阶段课程更加强调"技术应用"。

许多早期幼儿应用程序也可以提供给成人使用。除此之外，各种各样推荐给幼儿的计算机软件和应用程序也越来越多，而且这些应用程序很快就会出现在学校应用软件百科全书、一套文字处理程序、电子表格和数据库中。现在有专门为幼儿开发的硬件和软件应用程序，旨在鼓励幼儿在成人的信息与通信技术环境中去体验。例如，"儿乐宝商店"（孩之宝公司出品）将收银台集成到键盘中，为幼儿提供了一个销售点的购物模拟器，其中包含一个仿真的"收款台""条形码阅读器"等等（见图16.7）。当我们以这种方式让幼儿应用技术时，我们可以将我们的观点描述为"新兴技术课程"（Siraj-Blatchford 和 Siraj-Blatchford，2006）。

"新兴技术课程"在很多方面就像读写萌发课程。教授读写萌发技能的教师会鼓励幼儿将"做标记"看作写作的自然前提。在新兴的技术中，我们应该鼓励幼儿"应用"技术，并支持他们持续地"应用"技术。教授读写萌发课程的教师会给幼儿阅读各种各样的文本。在新兴技术中，我们应该为幼儿推荐更多"新应用"。我们应该向幼儿提供必要的早期经验，以便他们在未来的人生中能够继续理解和学习技术。这些早期经验包括体验各种不同的技术产品和软件产品（真实和假装的电话、照相机、电脑等）。这些技术还会吸引幼儿更加关注对周围世界的技术应用。我们还可以鼓励在托儿所里进行"科技游戏"，在幼儿的游戏中融入办公室游戏、超市收银台和银行自动柜员机环境。教授读写萌发的教师可以通过向幼儿展示自己使用文字的重要价值来为幼儿树立积极的榜样。在新兴技术的教育中，我们可以通过谈论技术并让幼儿参与到我们自己合作开发的技术应用程序中来进行同样的工作。我们可以建立一个用于检索我们所用的书籍和其他资源的数据库。我们可以利用计算机来实现自己的目的，并与幼儿分享我们使用中的经验。这样，我们将鼓励幼儿对这些资源的性质和价值产生一种新的认识，同时也鼓励他们积极地对待他们将来会经历的技术应用。

图 16.7 儿乐宝商店收银台

许多提倡读写萌发理论的人都认为，教师和父母的"榜样示范"——即教师和父母提供良好的榜样作用——是发展儿童能力的重要因素。因此，他们鼓励父母给幼儿读书，并确保幼儿明白是为了自己的目的而阅读。许多大型研究项目都支持这一计划，这些研究表明，决定幼儿未来学业成绩的最具影响力的因素是，在幼儿早期父母能够为幼儿读书并定期带他们去图书馆（Sylvaet al.，2010）。然而，这又与社会阶层和其他因素有关，但主要的决定因素还是父母的行为（Morgan & Siraj-Blatchford，2014）：运用技术来改变这一点，也许将会弥补学术成就上的社会阶级差异！所以真正的挑战是为幼儿提供强大的技术模型，使他们对这个主题的重要性产生积极的态度和信念。更重要的是，这将会影响他们未来从事这类工作的动机。

游戏是一项"主导活动"（Leontiev，1981；Oerter，1993），如 van Oers（1999）所建议的，当幼儿有意识地思考他们的"假装"活动和"真实"意义之间的关系时，他们会参与到符号性的活动中，这将为新的学习活动提供一个有价值的先验经验。

学习活动必须作为一种新的特殊的游戏活动来培养。作为一种新兴的游戏活动形式，它可以被看作一种语言游戏。在游戏中，学习群体对意义的协商是获取知识和能力的基本策略。

（van Oers，1999，p.273）

从这个理论的角度来看，我认为我们应该提供机会让幼儿体验技术并扮演技术人员。幼儿通常会玩扮演妈妈和爸爸的游戏，以及扮演士兵、医生、护士和消防员等传统角色。在英国，幼儿园供应商和玩具店会提供扮演的服装来鼓励幼儿进行角色扮演游戏。我们所要做的就是提供道具和鼓励，包括技术在内的支持。对一些教师来说，这似乎是设定好的，但是，维果斯基认为："从某种意义上说，幼儿在玩耍中可以自由决定自己的行为。但从另一种意义上说，这是一种虚幻的自由，因为他的行为实际上要服从于事物的意义，而他只是采取了相应的行动。"（Vygotsky，1978，p.103）

特殊的教育需求

英国和国外的经验表明，在教育中应用通信与信息技术实际上可能是在维持甚至扩大了教育的不均衡现象。有些幼儿在家里能够经常使用计算机并从中获益，并且相对于女孩，我们会更鼓励男孩使用计算机。女孩和男孩的软件偏好不同，而且对于那些对操作计算机具有丰富经验和能力的幼儿来说，这一切都太容易了。技术不是解决教育不均衡问题的灵丹妙药，一切都取决于为每个孩子提供适宜技术的选择：

对于有特殊需求的幼儿来说，技术有许多潜在的好处。技术可以是一种强大的补偿工具——它可以增强感官输入或减少干扰；它可以促进认知加工，或者提高记忆和回忆能力。它可以是一个个人"按需定制"的家教，或者独立运行的功能设备。各种各样的辅助技术产品，从低技术含量的简单转换开关的玩具，到能够管理复杂环境的高科技系统，这些技术赋予了幼儿更多的自主权，增强了他们的独立性，并支持他们在课上与同伴的融入……然而，随着所有这些能力的增强，技术需要深思如何融入到幼儿的早期课程中，否则可能会远远达不到预期的效果。教育工作者必须将技术与每个孩子独特的教育需求、学习方式和个人喜好相匹配。

（NAEYC，1996）

研究表明，通信与信息技术可以通过视觉刺激和动画提供易于理解的语言形式：

计算机经常为那些使用不同语言的幼儿提供共同的关注和经验，这无疑有助于发展我们所说的积极的、协作的和语言丰富的多元文化学习环境。

（Brooker & Siraj-Blatchford，2002）

结 论

我们在本章开始提出了五个将计算机引入幼儿教育的原因：能够更有效地教授基本技能；为幼儿未来的学校学习和就业做好准备；鼓励对通信与信息技术的积极合作意向；为幼儿提供"思考"的对象；以及能够提供特殊的教育需求。

有证据表明，当给予幼儿适宜的软件让他们自由游戏时，幼儿会在计算机上积极地构建自己的学习过程，并且与其他幼儿彼此构建学习过程。正如我在前文所论述的，没有什么比在这一时期开展幼儿的社会性角色扮演游戏更为适宜了。

我们都为幼儿提供更好的通信与信息技术教育做出了贡献，并在这样做的同时，我们也应当敏锐地意识到外部环境对幼儿学习的影响，特别是榜样对幼儿的作用。所以，在我们同幼儿互动的过程中，我们应当表现出对技术的自信和才能。正如 Pluckrose（1999）所说，幼儿从他们的榜样身上学会了很多知识：

看着托儿所的幼儿穿上一双高跟鞋，戴上一顶斯隆骑警（Sloane Ranger）的帽子，肩上挎着一个大号的手提包，倾听他们的言语，欣赏他们的步伐，然后，花点时间思考她对所看到的这个世界的解释，你会惊叹于这么小的孩子竟然能够如此一丝不苟地去"解读"她世界里的成人……

如果我们能够重视新技术并有信心能够驾驭它，那么也会鼓励幼儿对新技术采取同样的态度。但是，如果我们在技术面前表现出无能为力和无助之感，我们就要承担幼儿可能也会有同样态度的风险。

早期阶段应用信息与通信技术的建议

- 注意不要让幼儿过度使用软件。
- 幼儿使用软件（QWERTY 键盘；鼠标）的方式将会改变，这不应该成为课程的中心目标。
- 人体工程学很重要；考虑让幼儿使用触摸屏、笔记本电脑和平板电脑。
- 使用鼓励和促进协作以及语言交互的软件。
- 要在有意义的环境中操作屏幕上的物体，为象征性的游戏提供有价值的机会。
- 使用计算机应该是更广泛的"新兴技术课程"的一部分。
- 幼儿应该有机会在参与社会性角色扮演游戏时融入各种各样的技术。
- 教师应该成为幼儿积极使用技术的榜样。
- 经过深思熟虑，技术可以给予幼儿特殊的教育需求并支持幼儿不断深入。

相关网址

http://www.bbc.co.uk/cbeebies/alphablocks/watch/alphablocks-watch/ http://busythings.co.uk/cd-rom-noisy-things.php

http://www.2simple.com

http://www.hasbrotoyshop.com

http://www.souptoys.com

http://www.tts-group.co.uk

http://tuxpaint.org

本章中提到的所有 iPhone / iPad 应用程序都可以在 iTunes 商店中寻找。

第 17 章

"很久是多久，很远又是多远？"

——时间与空间概念

杰恩·格林伍德 （Jayne Greenwood）

霍莉·林克莱特 （Holly Linklater）

在本章，我们将概述幼儿所要学习的历史和地理知识、他们对世界的理解，以及教师如何支持和扩展他们在此领域的学习。我们认为，认识到幼儿在自己学习过程中的互动性是很重要的。这一点与建立"历史"或"地理"概念以及为什么历史和地理是课程的重要组成部分等密切相关。在思考如何最有效地支持和提升幼儿的学习时，我们支持教育的重要性，即通过特定的计划，让幼儿理解他们的生活，并让直接经验成为这种教育的核心。

在本章的第一部分，我们回顾了教育理论，这有助于我们理解什么是历史和地理知识，以及教师应该知道的能够帮助幼儿学习的核心思想。在第二部分，我们重点举例介绍教师能做什么，并以一系列案例研究进行展示。这些实例反映出在考虑细致和想象力丰富的教师的支持下，幼儿早期有能力做什么。这些实例旨在帮助我们了解教师在整个计划和教学过程中的想法，以及幼儿如何以不同的方式做出反应，但所有的实例都要发展幼儿的历史和地理的技能、知识和理解。对于每个实例，我们就如何轻松调整活动提出了切实可行的建议，还提出了可用作教学材料的资源。所有实例都希望启发教学与学习，而不是关于"如何做"的确定性的说明。我们希望这些观点能够激发出很多的新方法来发掘丰富的机会去学习历史与地理知识。

什么是历史和地理知识？

世界知名的教育哲学家约翰·杜威认为，课程应引导幼儿以有目的、循序渐进的方式从直接经验中理解时间和空间。关于幼儿如何学习的这一观点对我们理解幼儿在早期教育中如何学习历史和地理技能、知识和理解有着特别强烈的影响。例如，通常幼儿在学校环境中已经敏锐地认识到，他们以前三岁，但现在是四岁（将来五岁），这个时间认知可能与他们的经历有关，这些经历包括当他们太小时够不到浴室灯的开关，或者他们现在对于过去的"旧"汽车座椅来说太大了。同样，他们也许了解他们所居住的地方，但也知道其他不同的地方，这可能是从拜访爷爷奶奶或度假的经历中学到的。通过应用这一观点，即有效的教学和学习必须从幼儿时期开始（而且也没有别的更合适的最初阶段），我们可将教师的责任视为"扩展视野"。幼儿也可能经常表现出对恐龙、北极、罗宾汉的故事或鲨鱼喜欢吃什么的无所畏惧的兴趣。幼儿很乐意向我们表明，他们的直接经验不是唯一的学习出发点——想象也很重要。关于我们如何理解自身和我们的世界，历史和地理知识可能是其中两个最丰富的来源之一。

重要的一点是我们应该认识到，知道恐龙所有知识的幼儿不一定会发展出所谓的"历史鉴赏力"。同样，我们不应该假设幼儿以一种概念上有意义的方式来理解周围的环境和对环境的体验。教育课程的挑战之一是构建一种学习方式，使得人们将概念和内容融合在一起。俗话说，鱼不会发现水。在本章中，我们不再重新回顾特定课程的细节，而是着重于确定可定义"历史"和"地理"意识的概念和内容。

历史方面的技能、知识和理解

历史技能、知识和理解有一些独特的词汇，例如：年龄、时代、周期、时间、世纪、十年、古代、现代。通常这些术语反映了人们对时间及其衡量方式等经验的理解，以及一种时间变化的感觉。我们也可以通过传达和形成我们在社会中的身份和地位等方式来认识历史。起初，这可能关乎我们的家庭和位置，以及随着时间的推移，变化如何影响着我们。

地理技能、知识和理解

地理可以被认为是地球与人类之间的关系。这涉及对位置（物理和人类特征）以及人与环境的相互作用的理解。地理学研究的重要性在于它鼓励和维持对世界的好奇心，对环境质量提出了有根据的关注，并鼓励形成关怀地球及人类的责任感。各种地理技能包括阅读，使用和制作地图、地球仪和地图集等。

历史和地理调查的共同方法

历史调查或地域实地调查的过程涉及观察、提出问题、假设、描述、调查、沟通、排序、记录和解释等的相互组合。根据历史调查的目的、可供使用的资源和调查的执行人，所有这些都是需要的技能并可能在不同程度上使用。历史和地理的研究和学习过程涉及勘探、调查或问题解决。因此，历史和地理都被认为能够培养出跨课程的相关技能。

历史和地理学研究也许最容易按提出的一连串问题的类型进行识别。这些问题通常关乎在时间尺度上人与人之间的关系或者与特定地点的关系。例如：

- 人们生活的时间／方式如何？

- 人们住在哪里？
- 他们为什么住在那里？
- 我们如何知道？
- 为什么 / 怎么发生了改变？
- 相似 / 不同的地方是什么？

在回答关于我们自己或其他人的各种问题的过程中，我们将了解我们如何与我们的世界关联在一起，以及这个过程的可变性和多样性。因此，历史和地理被认为代表了我们建立当今周围环境的方式（Hoodless，2008）。Hoodless 还认为，幼儿应当"创造"和了解历史。这个论点与本章引言中概述的想法有所关联，即直接经验和想象力对于幼儿的学习来说非常重要。高效的教师会认真思考他们所教授的幼儿是如何组织知识的。通常，我们将历史和地理相关的主题与人、图片、物件和书籍等相关资源关联在一起，这为跨课程学习提供了丰富而又有凝聚力的环境和内容。

实际案例研究

在本节中，我们提供一系列简短的案例研究，举例来说明上述论点。为了使教师的思维和幼儿的学习足够清晰，每一小节都经过精心组织，且基于幼儿有效学习的如下特点：

- 探索和玩耍——幼儿利用他们所有的感官和想象力来独立和协作地调查和体验事物。
- 积极参与——幼儿积极接触直接经验、人物、地点、物件、材料等。他们集中精力，坚持应对挑战，享受成就。
- 批判性思维和创造力——幼儿有机会定期将经验转化为文字。他们发展自己的想法，建立想法之间的联系，制定做事的策略。

以下案例研究说明了如何在幼儿园的教室中鼓励和发展以上提到的内容。

一个关于时间概念的案例研究：宝贝哈维的故事

我们都有自己口述和理解过去的方式，而向幼儿展现这一点的最有效的方法是探索自己的个人历史，本章结尾可以找到关于婴儿或成长等主题的资源列表。

背景

对宝贝哈维的访谈是名为"盛装打扮"的半学期关于服装专题的一部分。在小班儿童的教室内，创建了一个角色扮演区域，名为"魔幻更衣室"［源自一部老电视连续剧《伯恩先生大冒险》（The Extraordinary Adventures of Mr Benn）］。大部分的讲故事、演戏和识字活动也都基于这一游戏。宝贝哈维的访谈介绍了对过去的想法以及随着时间推移发生的变化。哈维的妈妈艾米介绍了她的宝贝：他有多大、喜欢吃什么、现在可以做哪些刚出生时不能做的事情。她还带了一套照片，记录了哈维的发育和成长，他最喜欢的玩具，以及那些他刚出生时穿着的，现在因为长大而穿不了的衣服。

探索和游戏

- 孩子们和哈维一起玩他的玩具，并讨论了这些玩具与之前玩过的玩具的不同之处，以及造成这些不同的可能原因。
- 孩子们将哈维不同年龄的照片与他们带来的自己的照片进行比较。

积极参与

- 孩子们查看了照片和衣服，并为它们制作了一个时间轴。
- 他们评论各自的时间轴，解释为什么他们选择将一件物品放在特定位置。
- 他们使用了与时间推移相关的语言，"当哈维刚出生的时候，他穿着婴儿的连身服。后来他穿着……之后……"等等。
- 处理实际物品的机会，比如本案例中的服装，让幼儿积极参与学习，并激发他们的兴趣和好奇心。

批判性思维和创造力

- 在服装时间轴内加入一件旧的婴儿长袍，这是哈维在婴儿洗礼时穿着的衣物。它属于整个家族，并一代代传下去。
- 幼儿会努力地思考为什么这个旧物品会在时间轴中。"这是新的吗？""谁以前可能穿过？""你为什么认为宝贝哈维曾经穿过它呢？""你觉得现在还会合身吗？"

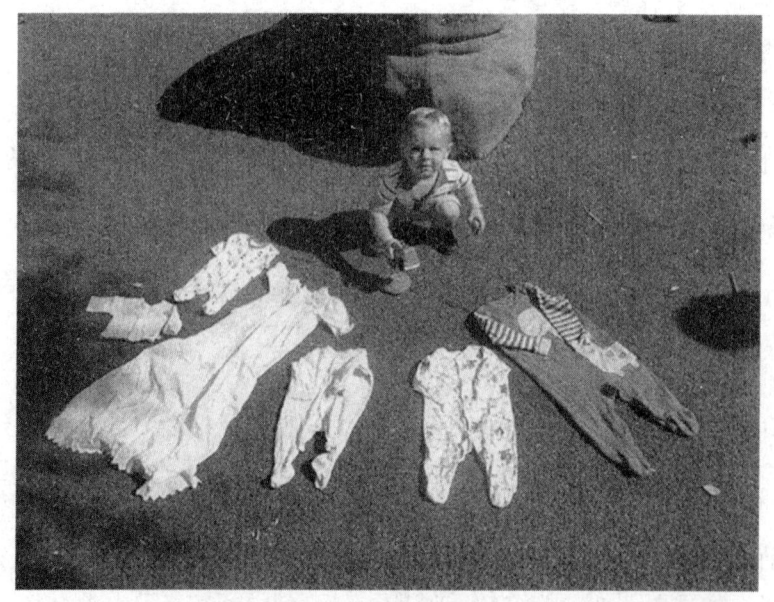

图 17.1　宝贝哈维与他的服装时间轴，其中有一件传家宝

然后，幼儿有机会回想过去更早的时候，讨论维多利亚风格的婴儿睡袍。请儿童挂起这件衣服，并与哈维自己的衣服进行比较。这里要考虑到的要点是：

- 不同的材料：维多利亚风格的婴儿睡袍是白色棉布，虽然穿着舒适，但不如哈维的衣服柔软。
- 结构和装饰：哈维的衣服是彩色的，可用不同的方式来系紧固定。维多利亚风格的婴儿睡袍是白色的，有相同颜色的花边装饰。
- 时间的影响：一些旧物品出现磨损、破洞或撕裂等。
- 过去人们如何看待这个世界：幼儿对男婴和女婴都穿同样的婴儿睡袍这件事很感兴趣。还有关于睡袍长度的猜测。以前的幼儿是不是更高呢，不然为什么以前的睡袍那么长？

探索和游戏

- 在小组中，幼儿传看这件婴儿睡袍，要求根据他们的感觉评价这件衣服。有诸如此类的评论："哈维的衣服闻起来感觉不太好。"

积极参与

- 为了鼓励幼儿仔细观察这件旧睡袍，我们给衣服拍了张照片，裁成两半，贴在一张绘图纸的中央。然后复印，鼓励幼儿仔细查看婴儿睡袍，画出失踪的一半，构成一张完整的图片。
- 比较旧婴儿睡袍和一件较新的婴儿连身服，发现差异，巩固先前学习的内容，加强词汇的运用。

批判性思维和创造力

- 让哈维的妈妈艾米坐在问答席上，做一个问答小游戏（孩子们有机会询问哪里、什么时候、是什么、为什么或如何等问题）。这可以激发一些问题，比如"这件婴儿睡袍最早是谁的？""这件衣服有多久的历史？""有多少个婴儿穿过它了？"

一个关于时间概念的案例研究：丢失的书包的故事

背景

这是一个丰富的跨学科活动，提供了大量机会进行观察、物品处理、听说、预测和想象。它可以成功用于支持关于地点、过去的学习或作为宗教教育的一部分（例如，要介绍印度教，包里可以装有一个排灯，介绍 Rama 和 Sita 的故事，以及 rangoli 图案的照片等）。这一案例也可以用于任何年龄组。为了支持特定地点的学习，物品可以是来自不同国家的纪念品、指南手册、地图或国旗以及硬币等。

准备

将可以提供主人身份线索的物品装入包内。在这个研究案例中，重点是过去，所以在我们的案例研究中选择的物件应该支持这一点，并来自教师自己上学时的物品。

图 17.2　装有珍宝的书包

如果可能，包中的物品数量应该与将要拆包的小组中的幼儿数量相匹配，所以每个人都有机会发表意见。理想情况下，最后拆包的物品应揭示物品主人的身份，并回答一些幼儿的问题；可以使用带人名的物件或此人的照片。设定的故事场景是，发现了一个丢失的包，而且因为没有行李标签，找不到包的主人。然后，邀请孩子们担任侦探，尝试找出这个包的主人的可能特征。教师解释说，她不确定这个包是最近丢失的还是很久以前丢失的。

探索和游戏

- 这个活动开始于教师示范如何描述包的样子，然后再轮到幼儿描述。这就鼓励幼儿仔细观察，以便在轮到他们描述时能给出有用的信息类型。例如："这个包很小；它是棕色的；它由帆布和塑料这两种类型的材料制成；它有一个很长的提手，可以挎在肩上；包用金属搭扣扣紧。"
- 幼儿轮流从包里取出一个物品。教师鼓励他们谈论他们所选择的物品，并向小组其他成员描述物品的颜色、大小、触感或可能的气味以及制造材料——如果知道的话，确定材料是什么。

积极参与

随着将物品拆开，一个关于某个人及其生活的故事也展现在我们面前。可以通过询问和回答问题来鼓励小侦探们的工作：

- 你认为主人可能有多大年纪？
- 他们用这个包做什么？
- 主人是男孩还是女孩？你是怎么知道的？
- 这个包是年轻人的还是老年人的？你是怎么知道的？
- 包内物品是新的还是旧的？你是怎么知道的？
- 你能猜到这个包是谁的吗？

批判性思维和创造力

- 一旦确定了遗失的包的主人，幼儿们将会面临的挑战就是，确认我们现在可以用于相同目的的物品。
- 在这些旧的和新的物品之间进行比较，例如旧练习册和我们现在的练习册。
- 该活动的后续活动是给包的主人写一张明信片或信件，说明他们发现了丢失的包。

活动还可以通过包的各种主题进行扩展，包括：包的主人和使用者（医生、邮递员、徒步旅行者）；包的不同功能（睡袋、茶包、手提包、书包）；或可食用的包（意式馄饨、萨莫萨三角饺、馅饼）。在本章末尾可以找到各种包的主题资源。

一个关于空间概念的案例研究：麦片粥和明信片

在世界上建立对我们所在位置的认识有助于我们理解它，其核心在于通过积极探索所处环境，重点关注人物和地点。儿童对"自身具体位置"日益增长的感觉以及对"其他位置"的自然而然的好奇心会受到电影、电视、故事、音乐和电脑游戏以及访谈时的直接接触等一系列经验的影响。

背景

这个案例研究说明了一个具体的教师导向或教师想象的活动。这个活动是以课堂内的对话形式开展的。它还说明了一个任务是如何与课程的各个方面，以及学校内外的共同经验相互关联的。

将"从前"选为这个学前班开始新的春季课程的地方。它提供了许多可能性，特别是幼儿对故事和表演的热情，以及令人放心的"熟悉感"——所有幼儿都能够贡献一定程度的经验专长。

探索和游戏

- 我们从阅读和比较不同版本的《金发姑娘和三只熊》的故事开始。
- 我们看过关于真正的熊的书籍和网站，由幼儿"分组"创作真实或虚构的文本。真正的熊在哪里生活？我们可以在世界地图上找到这些国家吗？
- 我们通过重述故事并描述金发姑娘如何进入三只熊的房间来学习有关方向的语言。

积极参与

- 幼儿开始在纸板托盘上为三只熊建造房子。他们画出了故事说明的图片，在课堂上展示故事的顺序。
- 幼儿开始用这个房子作为讲述自己故事的背景（关于爸爸、妈妈、虎宝宝和狮子）的故事，向我们一直在玩的传统故事致敬。
- 我们做了麦片粥，吃掉麦片粥，并收集不同的配料。收集最受欢迎的麦片粥配料的数据。

批判性思维和创造力

- 使用三只熊的角色扮演屋，让幼儿使用位置语言描述房子里面有什么。
- 作地图，显示房子在三只熊所住的森林中的位置。
- 通过一系列镂空的黑色脚印，在地图上显示金发姑娘穿过树林的路线。如果需要，可以让讲故事者改变路线。
- 在金发姑娘前往三只熊的房子途中会看到或遇到什么呢？当她最后逃跑时，她是否选择了相同的路线离开树林？

为了保持幼儿探索的兴趣，可围绕不同的主题设计活动，如《小红帽》。关于这个故事的谈话引导我们对祖母以及我们可以为她们做些什么的思考。长途汽车旅行甚至乘坐飞机的故事证实了许多祖父母生活在很远的地方。我们应该建议孩子们给祖父母寄一张明信片。以前有几个孩子寄出或收到过。所有人似乎都热衷于自己制作明信片的想法：在正面画画，背面写上一条简短信息和"地址"，并去邮局购买邮票，然后寄出。

探索和游戏

- 调查来自不同地方的明信片，并用放大镜仔细观察。幼儿讨论各种类型的字迹、邮票和图片，以及显示明信片寄出的地方。
- 提供空白明信片供幼儿练习，准备制作自己的特别明信片。

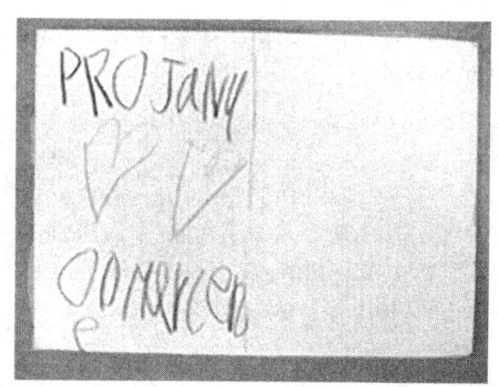

图 17.3　Marlene 的明信片是用捷克语写的，"因为奶奶不懂英文"

积极参与

- 这项活动的目的使它非常引人入胜。一个小男孩，威尔，坚持不懈地扮演消防员的角色。他坐了好久，想着要写什么。当被问及想象一下奶奶想知道些什么时，他写的是"我学会了写字"！！有些幼儿用自己的语言写信，知道这是与祖父母沟通的最好方式。
- 我们决定不仅要写一些"消息"，还要问祖母一个问题——那样她就有理由回信。
- 明信片的图片选择引发大量讨论。是选择我们的学校，我们的住处，还是选择祖母的住处？
- 当沿着街道走到邮局时，我们观察门牌号，将数字与轮式垃圾桶上的数字相匹配。
- 我们每个人都买了自己的邮票，并学会贴在明信片的哪个位置上。我们花一些时间阅读邮箱上的标志，上面会说明信件收集的时间。现在几点了？多久之后信件将被收集起来？你认为明信片什么时候会到达那里？

批判性思维和创造力

- 我们查看前往邮局路线的街道地图。
- 幼儿从一个新的视角，即以鸟瞰的视角绘制自己的地图，在上面标记自己到过的地方以及看到的东西，其中包括没有看到但幼儿认为那里存在的东西（路面下方的很多管道和电线）。
- 幼儿研究地图，看看他们的明信片将要寄往哪里。它们可能经由哪条路线到达那里？其中一些是否会乘船、火车甚至飞机？
- 在接下来的几个星期，几位幼儿带来了从激动万分的祖母那里寄来的明信片。幼儿与祖父母能如此轻松地对关于他们学习以及在标准的家庭—校园生活路线之外的活动进行这么多的对话，是非常可喜的。

一个关于方位感的案例研究：成长的环境

背景

该项目的目的是制定一套合理的设计和概念，重新诠释操场的传统观念——成为一个互动场所，以刺激幼儿的想象力和学习潜力。即使没有对游戏区域进行翻新的近期计划，通过鼓励学生发表意见，为室外区域增加一些补充功能，让幼儿拥有自己的空间，这也是一个有价值的项目。

探索和游戏

- 该项目从观察现有的在户外空间游戏的幼儿开始。拍摄的照片显示了几个惊喜之处——灌木丛实际上是一个蝙蝠洞，深草丛是一个特别的"工作"场地。
- 在这个由幼儿根据自己具体的兴趣所设计的空间里，我们可以看到哪些潜在的学习经验？

- 安排一支探险考察队，让幼儿穿过剑桥市，沿途收集信息。提供相机以便于记录想法。
- 在旅途中讨论喜欢或讨厌哪些地标。有的旅行可以徒步进行，另一些可以搭乘公共汽车进行，这为幼儿带来了另一个观察的视角——即从顶层向下看。

积极参与

当幼儿回到学校时，他们会以各种方式使用他们的照片：

- 在地图上识别照片的位置。
- 照片使用快乐和悲伤的面部符号分类，标记孩子们喜欢或讨厌的地标。然后，让孩子们继续解释为什么他们会喜欢或讨厌。
- 这些照片按照幼儿旅途的路线以及白天所讲述的"故事"来组织。
- 幼儿将红色立方体或骰子放置在他们认为是危险或不安全的地方的照片上，并将绿色立方体/骰子放置在安全的地方。
- 复印破落建筑物或地标的照片，并鼓励孩子们通过绘制他们想要看到的功能（用艺术作品、花盆等涂鸦画）来"改善他们"。

批判性思维和创造力

利用幼儿的想法，制订一个理想外部游戏区域的协作计划。这些想法加入了城市街道中看到的许多地标——例如使用在城市周围发现的石板、砖块和鹅卵石创建连接不同空间的各种路径。还有隧道和园林绿化的想法——但最重要的是"画廊墙"的想法：

- 这将是一个可以展示艺术品的地方。
- 将创建一系列混凝土地砖或石板。将一些反映幼儿兴趣爱好的东西嵌入其中，或者简单地说，嵌入对幼儿非常重要的物品。最终完成的成果应该类似于一种"时间胶囊"。
- 要求幼儿仔细思考他们想要放入地砖中的东西。需要讨论的一个事实是，一旦嵌入，就没有机会再将物品取下来。材料及其抗风化能力也很重要。
- 制作出模板，然后让儿童添加他们的物品，包括玩具车、听力不足的儿童的旧耳蜗植入物、旧牙刷、大理石、海贝壳、哈马珠、秋叶和塑料花。
- 这些地砖为空间增添了个性化，并提供了很好的谈话点。孩子们将乐于故地重游，回顾他们过去的工作，看看每一个新的班级都做了些什么。

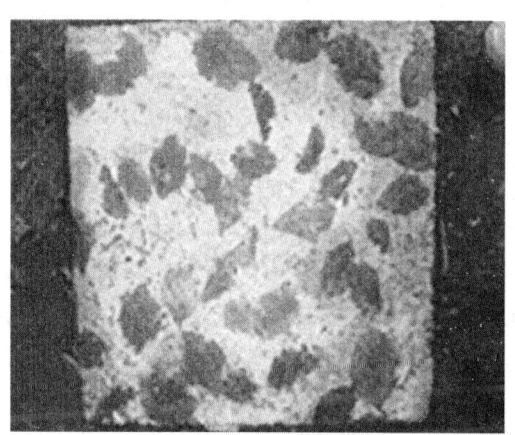

图 17.4　由儿童选择的嵌入混凝土板 / 地砖的物品

早期阶段教授时间和空间概念的建议

对于幼儿园教室的活动规划，以下要点值得认识和牢记：

- 要注意历史和地理知识对个人成长和社会认同的贡献。
- 探索为什么空间与人物对我们个人以及学习不同的或新的地点和事件很重要，这一点尤为关键。
- 确保活动和讨论能促进儿童的调查与探究。
- 通过游戏、故事、地图、照片等为幼儿提供探索未知世界和时代的机会。
- 直接经验是核心——特别是实地考察经验（虽然这不是唯一的直接经验）。

第18章

"老师，她怎么是黄皮肤？"
"你为什么有两个妈妈？"
"你不能用粉色——你是个男孩！"
——早期阶段如何接纳多样性与差异性

纳塔莉·希思 （Natalie Heath）

作为教育工作者，当我们面临多样化需求时，反思早期教育工作中的差异性和多样性就很重要。这是为什么呢？这涉及行为管理、评估、课程、计划、以儿童为中心的教学、特殊教育需求、户外学习环境等问题，而在教育培训过程中还会有更多相关的问题。为了让我们成为真正包容的教师，本章旨在阐述思考孩子的家庭文化、性别、种族以及一系列其他因素及其对孩子进入学校后的影响的重要性。正如你所看到的，教育可能加剧了许多孩子受排斥和处境不利。因此，幼儿教师急需严肃考虑多样性和差异性的问题，并采用一些方法尽可能去为孩子创设一个开放的、可获得的、公平的和包容的早期教育环境。

一直以来，很多研究都告诉我们，在教育体制中，某些社会、文化、种族群体从发展早期开始，在许多方面就一直处于学业不良和弱势状态。教育中，人们长期关注女孩的体验，现在逐渐增加了对男孩学业不良的普遍关注。这些对我们教育工作者来说意味着什么？本章引用的研究证据（如Gillborn，2008）清楚地表明，学校在很多方面都和某些群体学生受到的持续不公平待遇和不利处境脱不开干系。因此，我们这些幼儿教师急需积极探讨这些问题。我们需要探索和关注我们自己在这种持续不公平状态中所扮演的角色，并找到挑战这些不公平的办法。

在接下来的内容中，我们会探索真正以孩子为中心的方法，同时结合教育工作者的深度参与、反思实践。所有这些形式会让我们以积极的方式接受儿童的差异性和多样性，这至少可以提升所有在幼儿园的孩子们的体验。

种族、教育经验和成就：故事讲了些什么？

在英国教育体制中，从幼儿园、SAT、GCSE和A-LEVEL的成绩中，我们可以看到并比较男孩和女孩、接受免费午餐的孩子以及不同种族孩子的表现。关于种族，数据表明，一些种族群体在他们上学期间始终表现出学习不良。非洲加勒比的学生，特别是男孩，还有罗马吉普赛/游学的学生，都存在成绩大幅低于全国平均线的风险。比如，在2011/12 年度的 GCSE 考试得分中，黑人学生获得 A* 到 C 或同等水平的科目（包括英语和数学）达到五科或以上的总人数比例，比全国平均水平低 4.2 个百分点。差距更大的是，加勒比黑人学生的 GCSE 成绩比全国平均成绩水平低接近 10 个百分点，罗马吉普赛/游学学生的 GCSE 成绩则低了接近 40%（DFE2013，p.2）。

出现不平等的可能原因是非常复杂的，主要是因为我们很难从性别和社会阶层里分化出种族因素。然而，Gillborn 和 Mirza（2000）明确提出，即便控制了性别和社会阶层，仍然会存在显著的种族不平等。研究提示，教师的期待和刻板印象可能与这种不平等相关。Gillborn 的研究（2008）表明，低成绩的种族群体在幼儿园阶段（Foundation Stage）的表现就要低于他们入学前的基线评估水平。这是个非常有意思的现象，因为基线评估更少依赖教师们的观察和个人评价，所以更能说明情况。这也意味着，教师的期待和刻板印象可以在养育过程中塑造儿童的行为。或者说，教师对于不同背景儿童的能力和教育进度的感知方式本来就有所不同。另外，DFES 研究（2006）也同样支持这个观点。这个研究表明，教师对英语为非母语儿童的教学内容要低于全国课程的水平，这与他们在外部测试中的得分水平相比更低。Youdell（2003）的研究发现一些教师可能会以何种方式看待某些学生，比如非洲加勒比男孩，他们可能表现出对权威的挑衅，也常给教师制造麻烦。

这些数据非常具有说服力。这也提示我们，作为教师，我们可能在不知不觉中持续工作，而忽视了其中存在的挑战和不平等。Gillborn（2008）提出教师、学校和教育系统可能都渗透着维系"白人常态"的观点，而不去挑战我们在教室里的做法。当然，20 世纪七八十年代大家都在讨论学校课程里的"色"盲问题，现在还在继续讨论教育政策中存在"色"盲的倾向。这是因为，人们理所应当地认为教育系统对所有孩子在很大程度上是公平和合理的，种族问题没有被明确地强调（Gillborn & Ladson-Billings，2004）。这也意味着，这种不公平性会被认为与学校教育无关而遭到忽视。然而，成绩数据中这种不公平性是非常清楚的，因此可以认为这种忽视现象非常严重。

反　思

对你自己的刻板印象进行一分钟的反思。画出一个成绩好、积极主动的孩子，他（或她）总是能与成人和孩子们互动，总是能在地毯上积极参与活动，不挑战你对他（或她）的行为要求……

- 这是男生还是女生？
- 他们是哪个种族的？
- 英语是他们的第一语言吗？
- 他们需要免费学校午餐吗？

教学过程中，我们需要反思我们在班级里对孩子的反应、态度和刻板印象。我们对于不同孩子有不同的期待吗？如果是，为什么？这些区别化的期待如何塑造和影响孩子在环境中的行为？我们也需要思考在教室里与所有孩子相关的课程和教学内容。课程是否鼓励所有孩子投入学习，还是只专注于白人的传统？不同文化背景、种族背景和不同英语水平的孩子在这个环境里是否都能找到可以认同的内容？这些是否可以在他们熟悉的家庭文化和学校这个不同的世界之间架起桥梁？

我们如何真正地而不仅仅是象征性地包容种族多样性？

包容教室里的多元文化已经不是什么新鲜概念，大多数学校都希望重视多元文化的思想，同时也秉承一系列宗教传统和信仰。然而这种策略存在着一种风险。这是因为，这样会导致多样性活动方式的碎片化。学校和教师可能会和学生们一起庆祝许多宗教和文化节日，如开斋节、丰收节、复活节、光明节和排灯节等等，这些活动很有意思也精彩纷呈，但是最终只是象征性的方式。如果他们的家庭文化、种族或宗教只是通过庆祝特殊节日或某些日子表现出来，那么这些活动反而可能会对孩子起到孤立作用。在教室里促进多样性，不仅仅是庆祝开斋节或排灯节，还应体现在一年中日复一日的反思：

图18.1　筷子和镯子：让孩子们去探索不同文化的大量资源

- 课程：我们教了些什么内容？为什么要教这些？这些对所有孩子们来说都合适吗？他们都能理解吗？我们反思过这些内容吗？这对所有的孩子来说意味着什么？
- 每日活动：我们的刻板印象、语言和行为对某些孩子是有利还是不利？我们为家庭和学校文化之间搭建桥梁了吗？

- 资源：我们的资源可以让孩子们通过活动来包容多样性吗？

重视种族文化的实践方法：提示和技巧

课程：慎重考虑孩子们学习的内容，你能找到包容差异性的方式吗？

角色扮演区域：孩子们可以使用很多反映文化多样性的资源，而不只是在特殊节日里才有庆祝活动。比如，在家庭角有一些筷子，衣柜里有许多不同文化的衣服。

展示：展示用不同语言来传授课本知识。比如，在写作区域你可以展示你们班或学校孩子们说的不同语言中的字母和关键词。

资源：从不同文化和国家中找一些可以分享的故事和人物书籍。给孩子们提供一些双语书籍和不同文化／种族的娃娃和小人儿。

音乐：确保教室里歌曲和音乐包含尽可能多的文化。在日常教室活动中，唱不同语言的歌曲，听不同风格的音乐。孩子们随时可以获取来自世界各地的乐器。

家长／社区的融入：鼓励父母进入课堂，并经常与孩子们分享家庭文化。同时，认真思考是否所有父母都能够平等获得作为孩子的老师的机会。由于有些父母英语水平偏低或者不能阅读，那么语言对父母来说是一个障碍吗？你们学校是怎样处理这些问题的？

性别与教育

"性别差距正在拉大""女孩再次超过了男孩"，大众媒体充斥着对性别和成就的社会评价。每年夏天英国公布中等教育普通证书考试（GCSE）和教育普通证书进阶（A-Level）考试成绩时，总会去分析和反思男女差异。可获得的数据显示每次成绩总会存在性别差异。在 2011/12 年度中，86.3% 的女孩有五科及以上 GCSE 的成绩在 A* 到 C 中，而男生的这一比例为 79.8%。把英语和数学 GCSE 成绩也包括进去的话，这个差异就更大了。因为在这部分成绩中，63.6% 的女生有五科成绩在 A* 到 C 级，而男生的比例只有 54.2%（DFE 2013，p.2）。

当前大家比较关注男孩和教育体制不合拍的趋势。近些年来，由于缺乏男性角色示范，校方非常重视招募男老师。同时也有很多研究探讨男女学习风格之间可能存在的差异，需要在课堂上满足这些要求。

虽然性别不同引起的成就差异相对较小，但是无法回避的是，很多孩子从很小开始就已经有了关于性别的刻板印象。只要看到玩具店和儿童电视广告，就可以发现它们仍然在肆无忌惮地传递给孩子们有关性别的刻板印象。许多儿童玩具和产品是根据粉／蓝色系进行分类，而大多数玩具的设计也是根据人们心目中特定性别而定的。任何粉色、毛绒、创意和家庭类游戏都包装成吸引女孩的样子，我们的文化中也反复灌输女性必须喜欢粉色，男性则相反。介绍 GCSE 考试时，我们会发现男生、女生会更倾向于选择自己性别专属的课程。我们只要看高等教育的课程选择和劳动力市场的职业选择，就可以发现女性和男性仍然在扮演着非常不同的角色。Reay（1998）、Younger 和 Warrington（2008）的研究说明了性别角色刻板印象和不平等在教育环境中长期存在。

作为早期教育工作者，我们需要认真考虑我们有关性别的观点，考虑我们无意识用到的刻板印象，以及我们明确或含蓄地传递给孩子们关于男女身份的各种信息。

> ### 反 思
>
> 请思考教师对小班两个孩子的总结：
>
> Alex 在上学期上学前班的时候是 5 岁。Alex 喜欢粉色。在新闻时间里，Alex 非常兴奋地分享周末得到的一台粉色滑板车。Alex 最喜欢探索化妆间，热衷于穿着婚纱。喜欢把所有的泰迪熊排排队，然后给它们讲故事。Alex 注意力很集中，总是先到地毯上来，也总是愉快地展示完成的工作，也总会带来在家里制作的画、艺术作品和手工作品。
>
> Frankie 是学前班年龄最小的孩子。Frankie 在地毯时间内保持听课状态十分困难，喜欢制造有趣的噪音来分散其他孩子的注意力。教师每次都需要花费很多时间来劝说 Frankie 回到座位上进行书写活动。教师明显感到 Frankie 的书写活动非常困难。纠正其握笔的姿势也是个非常棘手的问题。户外的时间里 Frankie 最开心，挖沙子、练习球技或者用棍子或布料建筑巢穴。
>
> 你认为 Alex 和 Frankie 谁是男孩谁是女孩？

我们很难不让自己去用性别的刻板印象来回答这个问题。这是因为我们会对相同的事物进行自动化分类。考虑到 Alex 喜欢粉色等等，似乎这就是一个女孩，而 Frankie 表现出许多让人联想起男孩在课堂上的特点。但是，上述教师的评价里分别指的是一个叫 Alex 的男孩和一个叫 Frankie 的女孩。你之前会认为 Alex 是女孩而 Frankie 是男孩吗？这个片段描述的内容正是人们对年幼女孩和男孩所共有的假设。人们经常讨论女孩更擅长于精细动作技能，喜欢坐着并集中注意力完成任务，有想象力等等。另一方面，会假设男孩更难集中注意力，他们精细动作很笨拙，宁愿在户外玩现实生活中的大型材料。这些观点有利于评估我们为儿童所提供的环境，并促使我们考虑是否同时满足了女孩和男孩的需求。但这些论点同样也会在某些方面延续性别刻板印象。

在性别角色问题上幼儿老师应该起到什么作用？

幼儿需要自由探索他们周边的世界，追随他们的兴趣。他们不可避免地会受到家庭文化的影响，也会受到环境中其他重要方面（如电视、媒体和玩具商家等等）的影响。但是理想的状态是，如果在早期教育中能够遵循以儿童为中心的方式，就需要允许孩子们自由探索一系列的男子气概和女性气质。如果我们将教学围绕在每个孩子独特的学习轨迹上，我们也可以避免根据上述的刻板印象将男孩和女孩进行分类。孩子们需要有许多材料来进行玩耍和探索，也需要有机会来获取不同类型的学习方法。在课堂上，我们需要挑战孩子们持有的传统性别角色和预设。比如，本章标题中提到的小女孩认为男孩不能选择粉色蜡笔，因为只有女孩才能使用粉色，这时就需要对她的这个想法提出挑战。当我们思考以下内容时，需要考虑性别：

- 课程：我们教了什么内容？为什么教这些内容？这个内容能吸引所有孩子吗？这个内容是女孩更喜欢还是男孩更喜欢？我们教的内容怎样才能让所有孩子都容易理解？
- 每日练习：我们的刻板印象、词汇和行为对某些孩子是有利还是不利？思考我们和孩子们在一起时使用的语言：我们会要求强壮的男孩去搬体育器械，而让一些友善的女孩去帮助孤独的小朋友吗？我们做这些事情却从来没有对其进行思考！
- 资源：我们的资源反映了我们对刻板印象的挑战？还是在延续这些刻板印象？我们的书里面，两种性别的孩子和成人们有没有进行大量的非性别刻板印象的活动？教室里的"微观世界"玩具可以让孩子们演绎不同的男女角色吗？我们鼓励孩子们使用和尝试大量的活动、材料和资源吗？

图18.2　扑灭大火：角色扮演区域允许孩子去挑战性别刻板印象

- 我们与孩子们之间使用的语言和我们自己的期待：审慎地思考一下你对班里男生和女生的看法。思考一下，你使用过哪些语言可能在不经意之间塑造了孩子的行为。你向孩子们传达男孩和女孩应该做什么的特定观点了吗？你会说"真是个棒小伙"和"真是个好姑娘"这类的话吗？有没有用"强壮"这一类的词汇——你使用这些词与男孩女孩有关吗？

- *所有孩子都容易理解的课堂内容/活动*：课程包含了特别的性别信息吗？比如，你考虑过历史上与重要男性一样重要的女性吗？有没有特别的活动和任务让某些孩子不想参加？尝试改变情境发生的地点、时间和活动，用更多的学习方式吸引他们，看看这些是与性别有关的吗？还是有其他的原因？比如，如果你们班里有些孩子不擅长精细动作技能，可以提供一些室内和户外活动，这可能会有一些帮助，如钳子和一盆有趣的小东西，可以拉扯的不同手感的橡皮泥，螺丝刀和带有可拧下螺丝的物品等等。

- *角色扮演区域*：在角色扮演区域孩子们可以尝试不同类型的活动，来探索不同性别角色。鲜花店、空间站和消防局这些角色扮演区可以让孩子去尝试不同类型的角色，挑战性别刻板印象。

- *文学作品*：尽量保证在许多呈现的故事中，孩子们和成人们都可以参与多种角色的活动。

- *角色示范*：尝试让父母和其他成人来示范多种工作的类型和兴趣。尝试鼓励男性和女性养育者都参与到课堂活动中。

社会阶层与贫困

作为幼儿教师，我们很少明确承认与我们的教学相关的社会阶层问题。对很多人来说，这个冲突或挑战性的观点最好还是避而远之。然而，目前的证据显示，接受免费午餐（FSM）的孩子在教育体制里是最为弱势的群体。孩子们是否接受 FSM 而形成的这种不平等在不同级别的学校教育中都比较严峻。在 2011/12 年度 GCSE 水平考试中，有 36.3% 的 FSM 孩子得到五科 A 到 C 的成绩，这其中还包括了国际 GCSE 学生成绩。而对于其他非 FSM 孩子来说，有 62.6% 可以得到这个级别的成绩（DFE2013，p.5）。

这种差距一直以来都要比性别和种族的差异更大。当然这些数据也是有限的，我们也不清楚不同阶层的孩子们在学校里是如何学习的。但我们又不得不去比较接受 FSM 和没有接受 FSM 的孩子们。我们假设接受 FSM 的孩子从某种意义上来说学业成绩更差，成长中伴有一定程度的贫困，他们的父母可能是工人阶层。那么，最近十几年，这些孩子们虽然有来自政府的大量资助和干预，为什么他们在学校里表现还是更差呢？

研究证据表明，并不是接受 FSM 的孩子的父母不关心教育。事实上，他们非常关心孩子们的教育。然而，这些家庭要面临许多额外的挑战，他们不能像中产阶级那样很好地支持孩子（Crozier，2000；Reay，1998；Vincent，1996）。Bourdieu（1997）提出的有关文化社会资本的观点可以帮助我们解释和理解这种不平等的潜在原因。Lareau（2003）和 Reay 的研究都显示，有些家长更擅长促进孩子在教育系统中的优势。文化资本是指在社会中的主导文化形式，社会的主流群体更重视这些形式。学校对孩子的期望反映了那些社会主流群体的期望。因而，家庭是否采取这些主导的文化资本形式，会影响到孩子能不能很好地参与到学校教育中。在早期教育环境中，有些父母能够从孩子很小时候就开始投入时间和财力，提供各种机会来丰富他们的经验。如果这些孩子在学前阶段已经上过音乐或体育课，参加过当地图书馆的"故事时间"等等，他们会发现自己很容易就可以满足学校的期望。所有这些活动都会教孩子们如何跟随指导、完成复杂任务和仔细倾听。

那些没有学前经验的孩子会发现适应学校生活的某些方面比较困难。如果孩子的父母无法阅读或没有资源来买书或借书，那么这些孩子在课堂上听故事和接触书籍方面，从一开始就处于劣势状态。社会资本也同样非常重要。它是指个体所具有的社会网络，这些社会关系可以让个体处于优势或劣势状态。具有广泛社会关系和高社交技能的家庭能够非常顺利地与教师交流，并支持孩子在教育体系中的发展。

相比而言，许多家庭成员自己可能有一些消极的学校经历，可能会感到来自学校制度的威胁。在协助学校教育方面，他们会更少参与，也更少寻求教师的帮助。因此，正如 Reay 所说，父母都非常关心孩子们在学校里的成就，但是有些父母更擅长和学校、教师建立关系，也更善于通过协助孩子完成家庭作业、倾听他们阅读、旅游度假和课外活动来帮助和丰富孩子们的学习。

同时，贫困家庭经常会面临很多实际问题，这些会影响到孩子的早期教育及在将来教育中的适应和进步，比如没有早餐吃、不适宜的临时住所、没有游戏空间和资源，或者是居无定所、就业或庇护身份等问题，都可能对儿童的学习产生影响。

面对社会和经济的不平等，我们可以做什么？

这种赤裸裸的不平等与社会阶层的关联一直存在着，这意味着学校并没有充分重视这些影响儿童在适应教育时所面对的问题和障碍。很明显，学校并不是影响孩子的唯一因素，也不可能克服所有的不平等，但是至少教师可以反思儿童所面临的家庭背景和文化资本方面的潜在困境。

教室规则： 通过各种方法给幼儿介绍课堂规则，并且记住，并非所有孩子在上学前都可以得到同样的资源和经验。

拓宽经验： 如果孩子们无法在课外得到相关经验，你可以考虑提供机会来丰富孩子们的经验。如果孩子们之前没有活动经验的话，你是否可以组织班级旅行或参观教室活动，通过主题活动来支持他们？你可以提供额外的书籍、故事口袋或纸笔，这样父母可以与孩子们一起进行学习活动。认真考虑你周围孩子们的不同经验，他们需要不同的支持来进入不同的学习领域。

与父母真诚地打交道：尽可能多地考虑父母 / 养育者在学校里和教师打交道时可能面临的障碍。如果父母自己有一些负面的教育体验，你怎样与他们接触呢？请记住，父母们与学校机构打交道时，他们有不同的技巧和资源。有些家长，特别是如果他们自己的学校教育中只有一些负面的经历时，他们与教师的交谈，会引发很大的焦虑感。他们可能会感受到威胁或担忧。在他们担心或关心孩子的时候，也可能不知道有什么合适的方法来应对。考虑一些可以让父母放松的方式，帮助他们表达和探讨他们所关心的事。与所有养育者建立良好关系非常关键。在早期教育中，我们更容易接触父母和养育者，可以与养育者简单分享一些积极词汇并尽量让他们在家里使用。请记住，对那些读写水平低或者英语是非母语的家庭来说，记录家校日记和阅读学习记录并不是很容易的。

重视家庭和学校文化并提升期望：努力寻找积极参与孩子家庭文化的方式，把这些文化视作差异而不是缺陷。同时考虑自己的刻板印象和对某些孩子的期望，这些可能会影响他们的学习体验。

对孩子的需求保持敏感：认识到贫困儿童进入学校后的额外需求。Lupton（2006）曾讨论过，在许多贫困地区的小学经常会面临不可预期的各种事情，这些可能是由不同家庭的孩子所带来的。教师需要处理孩子可能带来的各种各样的问题。为了确保所有孩子在教室里都能平等地获得教师所提供的经验，我们需要考虑到这些方面。

不仅仅是种族、阶层和性别……

正如我们所看到的，我们提及的不平等问题至今并没有直接的解决方案。每个孩子的情况都是独特的，比如特定的性别、种族、健康水平、社会和教育需求、家庭文化等等，所有这些都会影响他们的学习经验。

当我们反思教室里的多样性和差异性时，我们需要认识到性别、种族和阶层 / 贫困并不是孩子所形成和经历的差异与不平等的唯一来源。差异性和多样性的表现形式也是多种多样的，也还有很多其他因素会影响孩子们参与教育的状态。如果我们想真正和孩子们一起来包容差异性和多样性，那么在教学环境中也需要重视这些因素。

特殊教育需求、特定身体局限 / 残疾以及行为或情感需求

重视儿童个体水平的多种类型的需求非常重要。幼儿经常能够意识到差异，同时能够表现出接纳和适应。身为教师，在帮助孩子们受到同伴欢迎，让所有孩子适应课堂，并形成积极关系的过程中所起的作用至关重要。在这个过程中"融入"这个关键概念也会带来许多问题。首先，有一些实操方面的问题，如何让有特殊需求的儿童适应现有环境？如何给这些孩子进行活动学习的平等机会？如何鼓励他们去参与一些有挑战的活动？有着各种躯体、情绪和行为需求的儿童都必须融入到教室和学校生活中，那么，其他的孩子会怎么看待这些有特殊需求的孩子呢？教师包容性的示范作用很重要，这是在向孩子们展示怎样可以找到方法来包容这些有特殊需要的孩子。同时，孩子们可能会意

识到有些孩子与他们不同，这些孩子需要教师的特殊照顾，需要帮助大家去理解为什么要这样做。

大量的学习材料十分重要，不管孩子们在身体或心理方面有什么挑战，这些材料都可以让他们进行学习。教师也需要思考如何安排和管理教室的空间、规则，才能更好地让所有孩子参与活动，也要让教室尽可能舒适。比如，你可能需要为孤独症儿童营造一个安静、整洁的空间。或者为躯体残疾的孩子调整材料，这样他们就能够在所有区域内学习。同样重要的是，在班级里有一些材料可以向孩子们示范差异性——比如，"小小世界"玩具里有坐轮椅孩子的模型，还可以有一些反映和了解不同特殊需求孩子的书籍。

家庭各有不同，经常有一些重构家庭（单亲、双亲、重婚、多代同堂和同性父母）

最近30年，我们已经看到了一个天翻地覆的变化，核心家庭逐渐分散成为越来越多的单亲家庭、重组家庭或同性父母家庭。许多家庭的孩子发现他们有两个妈妈或两个爸爸，或者与同伴的家庭结构不同。幼儿经常评价这些不同，因此提前准备进行这些话题的对话会非常有用。现在，也有越来越多适龄的儿童书籍涉及了这些差异性。

另外还需要考虑一些额外的因素，它们可能也是孩子早期环境中的差异性来源：

- 非常不同的家庭文化和宗教
- 在机构中长大
- 照顾兄弟姐妹或父母
- 家庭成员中有人入狱
- 丧亲或亲密的家庭成员有身体或心理健康问题

为什么挑战性问题总是在放学时间提出来？

我们总是认为个体差异和不平等问题可以与孩子们擦肩而过，但是，任何从事儿童工作的人都会知道，儿童是社会世界的精明观察员，他们经常会问一些非常复杂的社会性问题。有一个3岁的孩子问我："杰克的爸爸做了个错误的选择。这是为什么他没有和杰克在一起生活的原因吗？"紧接着他又问："为什么有些孩子只和一个大人生活在一起？"我也清晰地记得，有两个孩子在幼儿园衣帽间里坐在一起，一个孩子直接问另一个孩子："为什么你们的皮肤都是黄色的？"

早期教育工作者需要能够谨慎而敏锐地回应孩子提出的这些问题，包括本章标题中的问题。孩子们要想成为独立的学习者，提问和思考是非常重要的部分。通过了解孩子提问的本质，可以进一步了解他们看待这个世界的方式和他们周围的社会经验。因此，挑战在于面对大的问题时该怎么做。孩子肯定会在最尴尬的时候提出这些问题，比如当下午3点15分放学铃声响起的时候，而那时你正在给30个等得不耐烦的孩子们穿外套。

幼儿希望感到被重视和被倾听，因此教师们要认真对待他们的观点和想法。有时，教师可以当着全班回答一个问题，而有时一些特别的问题还是最好与孩子单独讨论或进行小组讨论。无论什么样的情况，和孩子们真诚地讨论一些问题、关心孩子们亲身的体验都是非常重要的。另外，提供各种类型的书籍很重要，这些书籍敏感地处理有关多样性的话题，可以很好地帮助孩子接纳他们所经历的个体间的差异。

教师需要示范与所有孩子之间的积极互动，并且承认和包容孩子所带来的多样性和差异性。

结 论

那么，我们在早期环境中怎么才能解决本章所提到的问题呢？最终来说，我们作为教育工作者，是想要创造所有孩子都能被公平对待、都能尽展真实潜能、不被任何形式的歧视所束缚的学习环境。我们也想要确保孩子们学会尊重彼此和尊重彼此之间的差异。在当今多样化社会和越来越全球化的世界里，我们帮孩子们准备好接纳差异性、学会公平和宽容地对待持不同观点、信仰和价值观的人是十分重要的。

我们现在会不会放弃这些看起来不可能完成的任务？这种包罗万象的"融入"在实际操作中会变成什么样子？一个真正以儿童为中心的教育方法，都始于儿童自己的立场，这种方法会以积极的方式来包容差异性和多样性，会促进和有助于所有孩子的体验。我们作为教师的主要任务是不断反思在实践中的做法、我们对孩子的影响、我们的解释以及我们对孩子的期待。我们的做法会让一些孩子处于弱势地位吗？我们是否营造了性别的刻板印象？是否认为教室里的非洲加勒比男孩会有问题行为？我们带着学校的期望，有没有考虑过个体的需要呢？我们会不会觉得一些家庭的文化有些怪异？

我们也需要考虑教室的实际功能，以及和孩子们在一起时的工作方式，要鼓励理解和尊重差异，同时也要培养团队意识和所有人类的内在价值观。

早期阶段关于接纳差异性的建议

- 反思、反思、再反思你作为教师的和你自己的一些歧视和刻板印象，这些可能会塑造你看待和回应孩子的方式。
- 评估在环境中你给孩子提供的多元种族背景材料。
- 关注你在课堂中是怎样描述和传播性别角色的。
- 寻找可以联系家校文化的积极方式，思考贫困是怎样影响班里孩子的学习体验的。
- 延伸为包容所有孩子而使用的策略，他们可能有各种个人的特殊需求，也可能来自不同文化的家庭。
- 挑战学习不良的假设和刻板印象，鼓励所有孩子争取成功。
- 探讨问题时保持敏锐和坦诚，用适合孩子的方式，回应他们对多样性和差异性的理解和提问。

第四部分
展望

第19章

接下来会怎样?

——早期教育的未来趋势

玛丽・简・德拉蒙德 (Mary Jane Drummond)

在这一章中,我将探索我们思考和谈论儿童的方式。思考和谈论儿童的方式能够也确实会影响我们如何给儿童提供学习的机会并支持他们发展。换句话说,我们对儿童的理解以及我们对这种理解的看法会塑造我们以教育的名义对儿童的所作所为。我会从当前的早期教育情境(教室及其他情境)入手,探查和思考儿童及其学习的一些方式,并尝试去呈现如何采取措施才能重组和重塑我们的思想、假设和预期。我相信,未来早期教育的发展将会在教育者的努力中蓬勃而生。这些教师会优先把自己对儿童的学习思考作为一件严肃的工作来看待,从而能够提升自己对儿童和童年期的理解。

教师的教与儿童的学

在我读过的最具挑战性和娱乐性的书籍之中,有一本叫《CNYS AT WRK:一个学习书写和阅读的孩子》(GNYS AT WRK: A Child Learns to Write and Read)(Bissex, 1980)的书让我印象深刻。它以一种详实生动的直接叙述的方式,记录了5岁的保罗如何成为一个有成就的作家和读者。这本书与众不同的地方不仅仅是它令人费解的标题(取自保罗5岁半时在他的书桌上钉的一个通知),而且还有书的作者 Glenda L. Bissex——保罗母亲的观点。在故事开始时,保罗的母亲也是一位老师,正在攻读教育学硕士学位。一天下午,当她想要看书的时候,保罗想让她和自己一起玩。保罗几次想让妈妈把书放下来,但妈妈都没有理他。保罗很沮丧,于是他离开了。过了几分钟后,他带着一张纸回来,上面用橡皮图章印着4个字母 RUDF ("Are you deaf?")(你聋了吗?)。看到这张纸,妈妈目瞪口呆,用她自己的话说"当然,我放下了手中的书"。

这本书的大部分内容都是 Bissex 对保罗的书写和阅读行为所做的定期观察,并从保罗在六年学习期间所写的书写材料中摘录了大量内容作为说明。这些内容包括故事片段,清单,通知,笑话书,为宠物做的报告(包括为 PEING 做标记)。在这个过程中可以看到，保罗刚上学时（5岁10个月）在教室里写的第一份文字作品，这些文字僵硬地排在纸张上，令人难过，与他之前的书写作品的丰富性形成了鲜明的对比。例如，在6岁10个月的时候，他在学校里写道"这是我的阅读书"。而3个月前，在家里，仅仅在一天之内，他利用卡通画、新闻、广告和天气预报完成了四份报纸。

Bissex 基于她作为母亲和教师的优势对孩子的行为进行了评论并得出结论。她洞察到了一些令人不安的事实——教育工作者是如何干预儿童的学习的。她写的一段话令人难忘：

> 我们口头上说的是从"儿童的立场"出发。这句话在某种意义上并不是要断言教育的愿景，而是一个不可避免的事实：孩子没有别的立场可以出发，只有教育工作者才可以有。
>
> （Bissex，1980，p.111）

这种观点让我感觉很不舒服。我希望我不是唯一一个感到不舒服的人。在我看来，Bissex 似乎是在暗示，教育工作者确实是（有时？经常？）与孩子有不同的立场。这样的结果就是孩子的学习常常是令人不满意的。进一步来说，这似乎是另外一种观点的翻版。正如我在本章开头所提到的，我们思考和谈论孩子的方式对我们如何教育他们是至关重要的。但是，这个观点不管怎么说，都提出了一些值得担忧的问题。如果幼儿教育工作者不像 Bissex 所说的那样，带着一贯的、有原则的对儿童学习的理解，从儿童的立场出发，那么教师的立场在哪里？为什么？我们能学着去接近一个更理想的出发点吗？这个出发点会是什么样子的？我们的"教育愿景"或者说有原则地理解儿童的学习的真正意思是什么？

我相信 Bissex 是基于两种截然不同的证据，告诉我们有关教学和学习的一些重要的东西：第一，我自己作为一名教育工作者和观察者在儿童早期发展环境中的经验。第二，关于早期教育工作者实际做的事情的书面记录和研究，以及它们是如何将教学之间的关系概念化的。

我自己所拥有的第一手经验告诉我，在很多情况下，我精心准备的活动、认真设计的主题网站、精细调整的工作计划，都未能与孩子们迫切的智力和社会性发展的需要，或者说精力充沛、充满智慧的头脑联系在一起。多年来，我在教室里的观察结果证实了我自己所认为的"课程鸿沟"的存在。这种教师准备与儿童需要之间的距离有时只有一根头发那么窄，但有时又宛若鸿沟。这就是教师教和孩子学之间的距离。

如果存在这样的距离，我可以肯定会存在的，至少在某些时候是这样的，在每一个孩子的环境中都会如此。我同样可以肯定的是，这个距离不能归因于早期教育工作者内心和思想的冷漠或有意为之。至今，还没有对儿童早期在校经验的研究报告（例如，Wells 1987，Hughes1989，或 Brooker 2002）是用指责的语言来解释研究者在教室里所看到的内容。这些作者没有装腔作势地指出教育者的仁慈和教育意图与孩子学习之间的不匹配，但他们也不建议教育工作者有意使学习者变得无能，或者有意识地创设不正常的学习环境。那么，到底是哪里出了问题？我们可以做点什么能让这种状况得以改善？

一些证据表明，部分问题在于我们描述和评判我们工作时所用的语言的弱点。一项早期对幼儿教师工作认识的研究（社会学家对幼儿教师如何谈论自己工作的调查），Sharp 和 Green（1975）报告了一篇对"卡彭特夫人的采访"，她是一名给 5 岁和 7 岁孩子在一个班内上课的教师。当访谈转向是否需要结构化的教学时，便有了如下的讨论：

访谈者：你说的意思是什么？

教师：我是说，我们所有人，都有一个小的计划，但是我并不是真的……我只是想要搞清楚每个孩子处在什么阶段，然后在这个基础上实施我的计划。

访谈者：那你是怎么做的？教师怎么才能注意到每个孩子所处的阶段？

教师：哦，我们其实不知道，你只能说孩子他不处于哪个阶段，因为你知道孩子什么时候不知道，但你不知道他什么时候知道。你明白我的意思吗？你通常可以知道他们什么时候不知道（长时间的停顿）。（在此时，访谈中的注意力分散了）。我刚才在说什么呢？

访谈者：特定的阶段，知道他们什么时候知道——

教师：——知道他们什么时候不知道。但即使如此，你还是不知道他们什么时候是真正的不知道（停顿），你不能真正说他们不知道，是吧？……这就是教师们想要实施的计划行不通的原因。我也不可能完全按照计划去做，因为你就是……你知道他们什么时候不知道，但你不知道他们什么时候知道。

访谈者：那你是怎么知道他们什么时候不知道呢？

教师：我是怎么知道他们不知道的？（停顿）嗯，不，你不知道的其实并不多，我知道什么时候他们还没准备好去学习。也许这是一种更好的方式。

（Sharp & Green 1975，p.168）

以上的这些话语说得直接明白，我们不应该忽视对她们所表达的内容的理解。这位教师所有好的出发点，我都愿意认为是理所当然的，但都不太可能去从"孩子的立场"出发。基于这次访谈的内容可以看出，她没法解释（即使是对自己来说）教师知道孩子什么时候知道的知识是什么，也无法解释教师该如何运用这些知识。

Sharp 和 Green 的工作已经被其他的研究所取代，少了些理论驱动，但得出同样令人担忧的结论。例如，Bennett 等人（1984）调查了教学任务与学生之间的匹配程度，并发现教育者在诊断技能方面的"长期弱点"。在这一精心计划和谨慎量化的"学生学习体验"的研究中，研究人员发现，有超过一半的任务与学生的理解能力和成绩不相匹配。高成绩的儿童经常被低估，而低成绩的儿童则被高估了（p.65）。

研究者对 17 名有经验的幼儿教师的诊断技能进行了详细的研究。作为一门在职课程的一部分，研究者要求他们检查在研究早期留下来的一些不匹配任务的记录。研究者邀请这些教师去讨论可能发生的事情，假设孩子的理解水平，并探索观察者所提出的问题。研究者报告说教师们非常不愿意用这种方式来讨论课堂材料，"他们认为所有的问题都是不言而喻的，……（他们）没有使用直觉或假设的概念，所有的问题都是通过直接教学来解决的（第 197 页）"。这些教师似乎最关心的是教学质量，对学生的学习则不感兴趣。

诸如此类的研究证据表明，在教育实践中确实存在严重的问题。早期教育工作者的专业语言似乎不够有力，不足以对儿童及其学习进行适当的或有效的描述。我认为，问题不仅仅是我们使用的那些让我们失望的词语是松散的、模糊的，更根本的问题在于，"从儿童的立场出发"这一大家所熟知的口号，作为一种教育的愿景，并不是最好的起点；它不是一种对早期教育事业进行概念化的有效方法。

"占有"与"成为"

我的这个论点深受社会学家和心理分析学家艾瑞克·弗洛姆的著作《占有还是生存》（*To have or To Be*）（1976）的影响。这本书提到，人类正在遭受西方社会"占有"欲的主导，让我们为理解什么是"成为"而付出了代价。将"占有"和"成为"的区分应用到早期教育中，应用到课程和教学法以及最理想主义的愿望中去，意味着需要再一次强调我们对孩子的理解，而不是孩子在哪里或者我们想让他们拥有什么。正如弗洛姆所说，"没有人不是在成为同时又在改变着"。那么，如果我们知道我们想要孩子成为什么样的人，那么在他们受教育的最初 4 到 5 年里我们就很有可能帮助他们成为受过良好教育的七八岁的孩子，并将进入下一阶段的教育。我们也会在他们的早期教育中，很好地支持他们最大化地呈现"成为自己的力量"，这是弗洛姆的另一个令人难忘的短语［取自《为自己的人》（*Man for Himself*），1949］。

自从一遍一遍地阅读弗洛姆的著作以来，在我的思考和写作中，我一直在理解他所说的孩子们的"成为自己的力量"。我慢慢地开始相信，在思考早期教育的未来时，这一出发点的优势。这一重要的教育阶段直到最近才成为法定的与其他教育所不同的阶段。现在，从出生到 5 岁的这几年被称为早期基础阶段，教育工作者也被鼓励去思考这一时期作为特别的教育阶段的重要性。当进入关键阶段 1 的时候，"基础阶段"的儿童将会在家里和"令人眼花缭乱"的各种各样的环境中生活和学习 5 年。在儿童满 5 岁之前和之后，我们的教育工作者仍然可以自由地思考这些问题，以符合我们的理念和原则。无论未来的教育部为我们制定了什么样的新的官方框架，我们仍然可以使用官方政策文件中的分类和概念，选择为我所用的内容来思考学习及学习者的问题，而不是用官方文件来替代"我们对自己工作的思考"。我的观点是，以我们所知道的儿童的力量——儿童去做的力量，去想的力量，去感受的力量以及去理解、表征和表达的力量来看，我们不可能做的比想的更好。没有要求让我们认为，处在发展早期的儿童是一个会计算、懂读写的学生。如果孩子的学习是我们的首要任务，那么会有更有效的方法让我们成为教育者，这远比交出我们自己的权力，认为我们给学生慷慨地提供了那么多的指导更有效。

我们应该明智地转向在新西兰所使用的早期课程文件（教育部，1996）。这份文件被视为从出生到 6 岁的儿童（开始上学的年龄）的教育指导方针。这份双语文件的毛利语标题 Te Whariki，指的是一个传统的手工制作的垫子，可以编织成无数的图案。它代表了基于人们普遍认同的目标和原则所设计的课程，在每一个早期教育服务机构中以及每个早期教育中心中都有着不同的模式。从国家的角度来看，这是一种鼓舞人心的方法，而更具挑战性的是构成指导方针核心的五个目标中所蕴含的一系列理念。

这些目标是：

1 幸福（儿童的健康和幸福应受到保护和培养）
2 归属感（儿童和他们的家庭应有归属感）
3 贡献（学习的机会是平等的，每个儿童的贡献都是有价值的）
4 交流（儿童自己的以及其他文化的语言和符号体系应该得到促进和保护）
5 探索（儿童通过积极地探索环境来学习）

新西兰的早期教育工作者，无论在什么机构工作，都会被邀请去为达到这些目标做出承诺。这些目标中的一些内容看上去可能容易达到，但是另外的内容都很值得仔细思考。幸福的目标与英国的传统是很契合的，我们仍然可以骄傲地感受我们早期教育的伟大先驱 Rachel 和 Margaret McMillan 所留下的遗产。例如，她们在布拉德福德和德福德的后街工作，将健康和卫生带入到儿童的生活之中（Steedman 1990）。交流的目标也同样能得到早期教育工作者的普遍认同，尽管英国教育部要发布两种语言的课程大纲可能还需要几年的时间。但是，归属感和贡献的目标与我们熟悉的思维方式还是有很大的不同的。

在我看来，新西兰的教育工作者大胆地表达了他们对儿童"成为自己的力量"的渴望。他们明确地提出儿童能够也应该成为一个和谐社会的成员的原则。儿童拥有一个可以做出贡献的地方。我相信，这是一种思考儿童及其应该受到的教育的方式，我们可能会热情地为自己而努力。

代表儿童的力量的新西兰早期教育是从 Te Whariki 文件开始的，由于其易于阅读，使其扩展为儿童学习的范本，并在《开展评估工作：评估儿童学习的价值观及原则》一文中提出一系列问题（Drummond，Rouse & Pugh 1992）。在这些讨论中，作者认为，有效的评估是基于教育者对早期教育目的的基本理解。请教师回答他们自己对于儿童的期望，我们想让我们的孩子：

- 去做什么？
- 去感觉什么？
- 去思考什么？
- 去认识和理解什么？
- 去表征和表达什么？

我相信，对这些问题的回答是推进英国早期教育发展的一个部分。幸运的是，我们还有很多资源可以支持我们的思考。在这本书里，很多作者都写出了他们理解儿童的力量的个人经验，以及儿童在结构适宜的环境中学习的灵活性和热情。在本书的各个章节中都强调了一个重点——儿童的游戏。在游戏中，儿童的力量得以发挥。

游戏与想象力

对游戏的强调是早期教育区别于其他教育的独特特征，也是摆在教育者面前的一个特别具有挑战性的任务。一般来说，每隔几年就会发现，教育工作者曾经费力气认识到的游戏在教育环境中的重要性并没有得到普遍认可。尽管最近出版的一些著作已经接受了这一挑战，并且为游戏的教育价值和结果进行了辩护，但情况依然如此。也许是我们在专业上投入了太多的精力来捍卫"去玩"（to play）这个有争议的动词，因为这个词有时会被用在与"去学习"（to learn）相对立的另一端。所以，或许我们最好要强调"游戏"（play）的名词形式，围绕游戏做一个全面的描述。比如，在游戏的背景下，儿童思考了什么，感受了什么，理解和表达了什么。游戏具有什么重要的思维和情感特征？我们难道不应该为这些而去想象、去同情、去实验和探索吗？（只有一些心灵的行为在孩子们游戏的时候很容易被看到。）

在这样的情况下，作为一名在职教育工作者与幼儿教师一起工作，我发现一些早期教育领域之外的教育学家也持有与我相同的立场，这增强了我的自信与热情。例如，Mary Warnock，一位道德哲学家，也是教育改革者，在《思想的学校》（*Schools of Thought*，1977）一书中认为，想象力本身就是好的。一个人要更具有想象力就像要更健康一样，不需要别的理由（p.153）。在《想象力》（*Imagination*，1976）一书中，Warnock进行了更大胆的表达：

> 我们非常强烈地相信，想象力的培养才应该是教育的主要目的。而在当前的教育体系中最明显的失败也正是没有培养想象力……在教育中，我们有责任把想象力的教育放在重中之重的位置。

（Warnock，1976，p.9）

她把想象力看成是人类"超越眼前的事物"的力量，这个短语是她从Wordworth的长诗《丁登寺》（*Tintern Abbey*）那里借用过来的，用来描述一种"看透事物的生命"的能力。这种力量不仅是智力上的，"它的动力来自情绪，正如来自头脑中的那么多"。想象力既是必需的，也是普遍的。作为人类智力的一个部分，它需要教育。这将会使"教育不仅仅是智力的教育，而且在这个过程中还伴随着感情"（1976，p.202）。

高期望的需要

Warnock对人类处境的愿望，即使是最简短的总结，也照亮了令人激动的、儿童早期学习的可能性。如果我们能认识到（我相信我们可以），年幼儿童的思考和感受的能力，我们就可以清楚地看到我们有责任去教育、锻炼和加强儿童的这些能力。

近年来，人们对一种早期教育的方法相当感兴趣。这就是在意大利北部的埃米利亚-罗马格那区的教育实践。"儿童的一百种语言"的巡回展呈现出他们的工作，最近几年来英国做了三次访问，证明了他们给儿童提供的早期教育是丰富多彩的。最近，这个地区的儿童服务主任 Carla Rinaldi 说"我们的经验的基石"是将幼儿理解为"丰富、强壮、有力量"的人。她阐明了其中的含义：

> 他们具有……可塑性，渴望成长，有好奇心，有对事物表现出惊奇的能力，渴望与别人交流……渴望以多元化的符号语言表达自己……[他们] 开放地交流，表现出互惠有爱的行为。他们不仅想要接受爱，也想要付出爱。

（Edwards，Gandini 和 Forman 1993，pp.101-2）

有趣的是，我认为这些理念和新西兰教育目标中提到的归属感与贡献是一样的。但是，意大利教育家并不只对学习的社会性维度感兴趣，他们教育的核心特征是工作室，一种有创意的工作室，工作室中有丰富的材料和工具。在工作室里，从出生到 6 岁的儿童会成为多种表征的大师（如画画，跳舞，黏土塑造）。在工作室里，孩子们发明出自主的表达自由、认知自由、象征自由以及交流的途径（ibid，p.120）。在工作室里，他们正在发挥 Warnock 所描述的力量："看透事物的生命"——不仅仅是看到，还要表征和表达他们所看到的。

我认为埃米利亚 - 罗马格那的儿童早期教育方法教给我们很多东西。我不是建议我们应该按照他们的方法去行事，也不是要全盘接受他们的优点和观念，但我相信他们看待孩子的方式——孩子从出生起就有能力去做、去感受，他们有熟练的学习能力和强大的沟通能力——对早期教育课程的设置有着深远的影响。他们提供的课程与儿童正在发展的"成为自己的力量"非常匹配，同时也对儿童具有挑战性。他们对孩子们所能做的、所能思考的以及所能感受的事情的期望在英国人看来是很高的，但在意大利，孩子们却能达到这些期望。因为儿童探索的是在他们面前打开的世界，以及他们自己内心的感受和想象。很多人都想知道这些意大利的教育工作者是如何在早期教育情境中给儿童提供经验的，在 Edwards 的书中以及越来越多的其他著作中（例如，Comune di Sant'IIario d'Enza 2001；Vecchi 2002）对他们的交叉课程项目有详细描述。

在一些地区，我自己对 4 岁儿童进入幼儿园后第一学期的观察表明，在有些教室里，孩子们的力量被严重低估。幼儿园对孩子的要求是让他们遵守指示，完成作业表格，按照教师的要求去剪裁、粘贴和涂色。这些对于孩子们充满活力和热情的头脑是不公平的。在一个教室中，作为地方当局评估项目的一部分（Drummond，1995），我观察到一个孩子在一个方形的墙纸上，用一个模板来画一个图形代表 T 恤衫。这款 T 恤是 20 个类似的图案中的一个，是要把绒毛玩具泰迪熊的冬季服装换成夏季服装，是教室"夏天"主题的一个部分。这个孩子尽最大的努力听从教师的指示，但是剪刀还远远不够锋利，而且墙纸很容易撕裂。孩子很受挫。几分钟过后，孩子抬头看着带领孩子们活动的教师说："我可以缝起来的，你知道的。"我很认真地对待这个孩子的话，并把它作为一种温柔的——甚至是原谅的警告传递给教育者。孩子的话语就好像要告诉教师需要再想一想；就好像是质疑教师要求他进行这个无意义、无奖励的任务的动机所在；就好像是最有礼貌地指出，他有去思考、去做以及去感受的能力，这些能力不会在课程模板和毛绒泰迪熊的活动中得到滋养和锻炼。

Bennett 等人（1984）已经注意到，有证据表明，教师们不仅会高估，也会低估儿童完成语言和数字任务的能力。其中一个特别有趣的发现是，当任务设置对孩子来说太容易的时候，对教师来说，低估的问题似乎是看不见的（p.49）。在研究中，教师没有识别出任何低于孩子当前水平的任务，或者说对孩子还不够有挑战性的任务，或者是浪费了孩子的时间。Bennett 等人对这个发现的解释是，在读写和计数任务中强调的是过程而不是结果。当教师看到孩子们能正确地遵循这些程序时（例如在书写中使用了句号，或者进行 10 以内的加法），是不会对孩子的学习结果和他实际的理解水平进行比较的（p.63）。他们似乎对孩子遵守他们所教授的程序感到满意。这个解释似乎是合理的，但它可能只是一个方面的原因。如果其中一个问题是教育工作者对其所定义的程序过度关注，那么另一个同样重要的因素是，孩子们对自己所能做的事情缺乏关注。看来，这项研究中的教师对孩子们所能做的比教师所要求的要多并不感兴趣。他们似乎对孩子们的创造力、独特的看待事物的方式以及个人对未知事物的探索视而不见。

相比之下，评估研究所引用的另一间教室里的情况却很不同（Drummond，1995）。一组幼儿花了 25 分钟专注地进行玩水游戏。在他们的要求下，幼儿园教师在水里加入了一些蓝色染料。孩子们被他们所看到的不同深浅的蓝色所吸引：在浅水边蓝色比较浅，在水托盘的中心的最深处蓝色更深。一个孩子对另外一个相关的现象更感兴趣。他在玩水游戏中花了将近 10 分钟的时间观察他自己的鞋子，琢磨当他透过水和透过透明的水盘看鞋子的颜色是如何变化的。当这个孩子把脚放在不同的位置时，他似乎对所发生的事情很着迷。他专心地俯身在盘子上，看看他的鞋子在每个阶段都是什么颜色。他没有使用"实验"或"观察"这个词，但是他进行的正是实验或观察活动。在每次尝试后，他把自己的脚撤到自然光下，仿佛要检查一下鞋子的颜色有没有变化。如果把颜料放在水里，那么颜料去哪里了？是不是有些颜料已经渗出来流在他的鞋子上了？

在上午的活动结束时，教师和保育教师宣布该收拾玩具了。孩子们清空他们用过的筛子、漏斗和烧杯。他们把壶、茶匙和勺子都拿出来，清空，然后放在一边。就在快收拾完的时候，一个男孩停了下来，大声地问大家："我们怎么把蓝色弄出来呀？"

我想这是一个值得注意的问题，表现出这个小科学家在工作中的思维状态。只有与他进行进一步的交谈，才能揭示他目前对光、色彩和可逆性等概念的理解。但是他的问题毫无疑问地表明，他渴望知道世界是如何运作的，想要知道怎么解释它的规律和不可预测性。这也证明了他"作为世界上积极的一员"已经牢固地掌握了知识。他在理解过程中，可以对这些知识进行实验，对它施加影响，对它进行质疑，并对其进行反思。

儿童强有力的问题给教育提供了令人兴奋的机会来促进他们的发展，但前提是对儿童能做什么以及正在做什么能够做出回应。如果教师关注的是儿童不知道的内容或者是不完全理解的内容，就会失去滋养和锻炼儿童正在发展的提出假设和进行实验的能力的机会。教师将一个孩子的问题概念化的方式——真诚的询问或者盲目无知——都会直接影响到教师为儿童所提供的经验。

结　论

我认为，早期教育的发展应该要重新审视我们认为理所当然的假设和期望。如果教育工作者，在没有任何不良意愿的情况下，选择把幼儿看作是不成熟的、没有能力的、没有文化的或无知的学生，那么他们所提供的经验和活动将不会给孩子们机会来证明孩子们真正的样子——丰富、强壮和有力量。正如 Rinaldi 所言：儿童是有成就的学习者、充满激情的探索者、充满爱的伙伴。幼儿园课堂及其预先设定的任务，幼儿园及其学习目标，不是简单地让儿童练习各种"成为"的力量：成为科学家、艺术家、公民、剧作家、伦理学家，建构和重构世界。

早期教育工作者通常会因为他们打交道的孩子是教育系统中年龄最小的孩子，还没有准备好适应关键阶段的学业要求，就认为他们是最不具备能力的，也是不能胜任的。但是，如果早期教育工作者能够摆脱这个观念，前途就会一片光明。我们可以给那些在上学前就已经有能力、能胜任、有想象力和有口才的学习者提供经验，时间和空间，食物和锻炼的机会。

多年来，瑞吉欧的联合创始人兼首席执行官 Loris Malaguzzi 备受尊敬。在一个长篇采访中，他描述了在意大利发展教育所遵循的原则以及后期教育的压力如何会使早期教育实践扭曲和变形。

> 如果幼儿学校必须准备好，并且与小学连续起来，那么我们作为教育者就已经成为一个漏斗模型的底端囚徒。此外，我认为这个漏斗是一个令人讨厌的东西，而且它也不太受孩子们的欢迎。它的目的是将大的东西缩小到一个小的范围之中。这种令人窒息的装置是违反自然的。

（Malaguzzi，出自 Edwards Gandini & Forman 1993，p.86）

但是 Malaguzzi 是乐观的，有远见的。在他看来，早期教育不会去扼杀或者被扼杀。他的基本立场是对我在此提出的论点的简明总结："足以说明，儿童的学校必须对孩子做出反应。"我建议，为了让幼儿园为孩子们做到这一点，我们的出发点必须是彻底了解孩子，以便我们能够支持他们的存在和发展。如果我们能够达成这样的共识，我们将很好地分享 Malaguzzi 对未来的展望。他说，"我们工作的持续动力"（p.88），是为了"释放人们对一种新的关于儿童的人类文化的希望。这是一种动机，它源自对未来和人类的强烈怀旧之情"。

查找本书的参考文献，请扫描以下二维码：

作者简介

艾米·阿诺德（Amy Arrold）在早期阶段和小学低年级都有教学经验。她曾担任过许多高级领导职务，包括副校长、代理校长和地方当局早期教育顾问。她的著作包括《激发创造力和探究精神》《与父母合作》和《多感官故事小书》。她目前在剑桥大学任教，在早期教育和小学 PGCF 课程中鼓励和激发受训的教师。

琳达·班斯（Linda Bance）的职业生涯始于一名拥有音乐技能的托儿所护士。在过去 40 年里她一直从事早期教育和音乐教育工作，通过写作、教学和咨询，鼓励教师、早期从业者、音乐家和家庭把音乐转变为完美支持儿童整体发展和幸福的方式，同时获得音乐能力的提升。琳达是剑桥教育学院 PGCE 课程的客座讲师。

迈尔斯·贝里（Miles Berry）在剑桥大学读艺术史，获得了 PGCE 学位。他研究早期教育，强调使用技术来参与、激励和记录学习。他的早期职业生涯始于剑桥，在一所幼儿园和儿童中心教书。他现在是伦敦一所预科学校的接待教师和技术课程协调员。迈尔斯还是一位爱摄影的业余摄影师——本书中的照片是他第一次出版的作品。

苏·宾厄姆（Sue Bingham）在加州和伦敦接受蒙特梭利早期教师培训后，在贝德福德运营了 10 年的幼儿园。她在贝德福德郡议会和卢顿市学前学习联盟担任了 5 年的早期顾问。2012 年，苏在剑桥大学获得博士学位，主要研究如何测量幼儿的情绪调节，以及教师如何在幼儿早期教育中更好地支持幼儿的情绪和社会性的发展。

海伦·布拉德福德（Helen Bradford）就职于剑桥大学教育学院，负责协调早期的 PGCE 专业的学习和英语课程。她有多年的教学经验，曾为许多出版物撰稿，特别是有关早期语言和读写能力的内容。

海伦·布罗姆利（Helen Bromley）是一名杰出的幼儿教师，她在初等教育读写中心工作，后来成为早期教育顾问，在全国各地开展富有启发性的课程，尤其是关于游戏、交流、语言和读写的课程。她在霍默顿学院取得了高级文凭，她的书包括劳伦斯教育系列的"50个激动人心的想法"、基于书籍的阅读游戏和《留下自己的痕迹：通过游戏来书写》。海伦于2013年12月去世。

彭尼·科尔特曼（Penny Coltman）在埃塞克斯拥有丰富的学前和关键阶段1的教育教学经验，现在在剑桥大学教育学院教授早期教育和基础教育的PGCE课程。彭妮编写了大量的课程材料。她的研究兴趣包括幼儿数学元语言的发展，以及与早期阶段相关的自我调节能力的发展。彭妮是东盎格鲁地区剑桥初级审查信任网络的协调人。

凯特·考恩（Kate Cowan）在剑桥大学教育学院完成培训后，曾作为幼儿教师在剑桥郡的一个早教中心工作了几年。她对支持儿童多样化的、具有创造性的沟通方式特别感兴趣，其灵感来自瑞吉欧·埃米莉亚的方法和早期教育的多元模式的教学法。她目前在伦敦大学教育学院攻读全日制博士学位，研究分析儿童早期游戏视频的多模态方法。

瑞贝卡·道金斯（Rebecca Dawkins）在法国获得教育学士学位和儿童早期教育（3-8岁）的学位。从1989年开始，她主要在剑桥郡的早教中心教书。在第二年的教学之初，她建了一个新的托儿所，成为一名幼儿园老师，在幼儿学校中做基础阶段教育的协调员和科学协调员。瑞贝卡参与了2001年剑桥郡"自主学习"项目的早期研究，并对第二批和第三批培训成员提供支持，促使了"教育咨询资格证书"的产生。瑞贝卡现在仍在剑桥大学教书。

玛丽·简·德拉蒙德（Mary Jane Drummond）退休前是剑桥大学教育学院的讲师，她在那里专攻早期教育，并为各种跨学科的专业发展课程做出了贡献。她最持久的爱好是研究孩子们的学习。2012年出版了专著《评估儿童学习能力》第三版。她是《亲身体验：对儿童来说什么是重要的》一书的共同作者，这本书是早期教育工作者的重要资源。她也是《学习：对儿童来说什么是重要的》一书的共同作者，这本书支持教育从出生至11岁儿童的教师去思考学习者以及学习者在做什么。

苏·吉福德（Sue Gifford）在罗汉普顿大学从事数学教育工作，她曾在伦敦的学校担任小学教师和数学顾问。曾出版幼儿数学与数学学习困难儿童方面的著作，包括《教3-5儿童学数学》以及《数学教育研究》等文章。她目前的兴趣包括早期数学教育，预防数学困难和在数学教学中使用操作技能。

杰恩·格林伍德（Jayne Greenwood）自1977年起担任执业教师，在幼儿园和关键阶段 1 的环境中教授各种各样的课程。她现在伦敦陶尔哈姆莱茨区的一所小学做一年级的兼职老师。杰恩也是剑桥大学教育学院 PGCE 课程的专业研究导师,也给受训的幼儿教师教授地理和设计技术。

纳塔莉·希思(Natalie Heath)在 2001 年获得了早期教育教师资格,并获得了教育社会学博士学位。她在各种各样的基础阶段和关键阶段 1 的环境中工作过,也曾在剑桥大学作为教学人员,教授教育社会学论文选读。

凯特·赫明(Kate Hemming)1998 年毕业于剑桥大学霍默顿学院,专业是早期教育。她在伦敦和剑桥有 9 年的教授低龄儿童和一年级儿童的经验。2003 年至 2004 年,凯特参与了剑桥大学的剑桥郡自主学习项目,这让她有机会去研究幼儿作为自我调节的学习者的发展。

莱斯利·亨迪(Lesley Hendy)曾是霍默顿戏剧与教育学院的高级讲师,剑桥大学教育学院高级研究员。在成为戏剧专家之前,她曾担任幼儿教师,并在第一学校担任校长。在过去的几年里,她专门研究儿童早期的戏剧,并著有《支持儿童早期的戏剧与想象剧》一书。离开霍默顿后,她是一名教育顾问,并一直在英语专家专题小组工作。

霍莉·林克莱特(Holly Linklater)拥有小学班主任的丰富经验。她在攻读博士学位期间研究的是她在英国一所大型小学所进行的教学,探讨如何做出正确的教学选择和决定。霍莉在剑桥大学和阿伯丁大学的教师教育和支持教师研究方面也积累了丰富的经验。她的研究集中在发展对全纳教学法的理解上,这涉及与英国和国际教师的合作。

帕特里夏·莫德(Patricia Maude)多年来在学校里、霍默顿学院以及剑桥大学教育学院从事儿童教育、培训和教师工作。她现在是一名作家和顾问,在英国和国外广为人知。她的专业领域是儿童的运动发展和身体素质,以及提高成人的能力来确保儿童在其身体能力的所有领域实现其潜力、获得信心和乐趣。她最近出版了《创造性地教授体育》一书。

克里斯蒂娜·帕克(Christine Parker)在小学和幼儿园任教超过 30 年,还在巴基斯坦担任了两年半的顾问教师,在各种各样的环境中为教师提供积极学习的机会。克里斯汀的研究兴趣包括儿童的艺术制作,家长参与课程事务和新兴的双语儿童的需求。

哈丽雅特·罗兹(Harriet Rhodes)在成为剑桥大学教育学院的教师和辅导人员之前做了 12 年的教师,从事早期数学 PGCE 项目的工作。她认为以游戏为本和独立性的发展均是早期有效练习的基础。她目前在普利茅斯的圣马克和圣约翰大学担任讲师,负责早期和初级教育的教师培训。

约翰·西拉杰－布拉奇福德（John Siraj-Blatchford）是斯旺西大学的名誉教授，也是独立教育研究者和顾问。他曾受聘于剑桥大学教育学院，担任 ESRC 教学研究项目的副主任。他的著作包括《幼儿教育中的 ICT 课程发展指南》《幼儿教育中的信息与通信技术支持》和《幼儿新技术开发》。目前在威尔士和台湾联合指导幼儿信息通信技术研究项目，同时还参与多个其他项目。

南希·斯图尔特（Nancy Stewart）是一名独立顾问和作家。多年来，她在包括学校在内的各个部门中与儿童和家庭打交道。她以顾问的角色为地方权威机构以及国家工作，参与制作国家指导教材。她特别感兴趣的是成人在游戏化的教学和学习中的作用、用于思考的早期交流和语言以及儿童作为自主学习者的发展。

大卫·怀特布莱德（David Whitebread）是剑桥大学教育学院的高级讲师。他是一位发展心理学家和早期教育专家。他的研究兴趣是儿童的发展及其对早期和初等教育的影响。他发表了大量的研究文章，出版了几本著作，包括《小学教学心理学》和《发展心理学与幼儿教育》。他目前在指导研究项目，研究游戏在儿童元认知和自控发展中的作用及其对儿童学习的影响。

图书在版编目（CIP）数据

高质量的幼儿教育：儿童早期的教与学/（英）大卫·怀特布莱德,（英）
彭尼·科尔特曼主编；李甦等译.—上海：华东师范大学出版社，2019
　　ISBN 978－7－5675－9068－7

　　Ⅰ.①高… Ⅱ.①大…②彭…③李… Ⅲ.①幼儿教育—研究 Ⅳ.① G61

中国版本图书馆 CIP 数据核字（2019）第 203200 号

大夏书系·教师教育精品译丛

高质量的幼儿教育：儿童早期的教与学

编　　　者　（英）大卫·怀特布莱德　彭尼·科尔特曼
译　　　者　李　甦　等
责任编辑　仟红瑚
封面设计　淡晓库

出版发行　华东师范大学出版社
社　　　址　上海市中山北路 3663 号　邮编　200062
网　　　址　www.ecnupress.com.cn
电　　　话　021－60821666　行政传真　021－62572105
客服电话　021－62865537
邮购电话　021－62869887　地址　上海市中山北路 3663 号华东师范大学校内先锋路口
网　　　店　http：//hdsdcbs.tmall.com

印　刷　者　北京密兴印刷有限公司
开　　　本　787×1092　16 开
插　　　页　1
印　　　张　19
字　　　数　310 千字
版　　　次　2019 年 10 月第一版
印　　　次　2022 年 12 月第二次
印　　　数　6 001－8 000
书　　　号　ISBN 978－7－5675－9068－7
定　　　价　69.80 元

出版人　王　焰

（如发现本版图书有印订质量问题，请寄回本社市场部调换或电话 021-62865537 联系）